国家级专业技术人员继续教育基地
专业技术人员知识更新系列丛书

孟添　赫赫　编著

氢能发展与展望

CHANYE KEJI JINRONG
QINGNENG FAZHAN YU ZHANWANG

上海大学出版社
·上海·

图书在版编目(CIP)数据

产业·科技·金融:氢能发展与展望 / 孟添,赫赫著. -- 上海:上海大学出版社, 2024.12. -- ISBN 978-7-5671-5178-9

Ⅰ. F426.2

中国国家版本馆 CIP 数据核字第 2025MU2167 号

责任编辑　傅玉芳
封面设计　柯国富
技术编辑　金　鑫　钱宇坤

产业·科技·金融
——氢能发展与展望
孟添　赫赫　编著
上海大学出版社出版发行
(上海市上大路 99 号　邮政编码 200444)
(https://www.shupress.cn　发行热线 021-66135112)
出版人　余　洋

*

南京展望文化发展有限公司排版
上海光扬印务有限公司印刷　各地新华书店经销
开本 710mm×1000mm　1/16　印张 15.25　字数 250 千
2024 年 12 月第 1 版　2024 年 12 月第 1 次印刷
ISBN 978-7-5671-5178-9/F·254　定价　68.00 元

版权所有　侵权必究
如发现本书有印装质量问题请与印刷厂质量科联系
联系电话: 021-61230114

序　言

在人类历史上,每一次能源的变革都伴随着技术的革新和经济的飞跃。从柴薪到煤炭,再到石油和天然气,每一次能源的转换都是人类社会进步的标志。如今,随着全球气候变化的加剧和化石能源的枯竭,氢能作为一种清洁、高效、可再生的能源载体,逐渐成为能源领域的新宠。无论是在交通、工业还是电力领域,氢能的潜力正在被越来越多的人认知。然而,氢能技术的研发和商业化应用并非一帆风顺,它需要重大技术的突破、强大的资金支持和长期的战略规划。

对中国而言,当前的最大挑战并不是卡脖子的技术,而是如何将技术和其他要素重新组合,使创新活动形成完整的价值闭环。在此过程中,推动产业—科技—金融的良性循环是非常关键的。必须让市场需求成为技术创新与产业转化的主要动力,才会有一个创新生态:鼓励创新、风险共担、包容失败、生生不息。

本书正是在这样一个背景下,围绕氢能产业、科技和金融的发展以及三者之间的关系展开,探讨三者如何协同互动推进全球能源转型,从而为氢能发展提供建议。首先,我们将概述氢能技术的基本原理、发展现状以及应用领域。这一部分将帮助读者全面了解氢能产业作为清洁能源的独特优势和潜在市场。接着,将重点探讨科技金融如何在氢能科技的推广应用与产业转化过程中发挥作用以及如何通过政策支持引导更多的资本投入氢能领域。金融在这一过程中,既是推动者,也是保障者。因此,本书的初衷便是探讨氢能科技与金融的深层关系,挖掘金融如何能够助力氢能产业的蓬勃发展,为政策制定者、投资者和行业从业者提供有价值的参考。"往昔已展千重锦,明朝更进百尺竿。"通过本书,我们希望让更多的人掌握氢能科技和氢能科技金融的发展脉络,更好地理解技术和金融对于人类可持续发展的推动,进而让清洁能源成为主流,而不再是昂贵的替代品。

本书的顺利完成得到了许多人的帮助与支持。要感谢上海市科委、上海大学、上海市软科学研究基地—上海科技金融研究中心、上海大学上海科技金融研究所、上海大学经济学院的各位领导与同人的大力支持与帮助;要感谢我们的研究团队,帮助完成了大量整理、编辑、校对、修订等工作,他们分别是:张国鑫、王一鸣、鲁溢、谢艺阳、国旭、顾博惠、余继超、杨腾愉等;也要向参与本书编辑的上海大学出版社傅玉芳编审等各位工作人员表示感谢,他们为此付出辛勤的劳动与汗水,保证了本书高质量的编辑与出版。氢能是一个前沿领域,发展日新月异,为了尽可能地帮助读者与学员们扩展视野、更新知识,本书在撰写过程中参考了大量国内外专著、教材、文献和案例资料等,所有引用部分,都已尽量在参考文献中一一列出,但仍有可能有所疏漏,在这里一并请大家指正与谅解,同时也向这些参考文献的作者致以诚挚的谢意。

本书虽然力求全面、客观,但由于时间仓促,加之我们能力水平有限,书中定有不足之处,恳请读者谅解并给予批评指正,以使本书有机会得到修改与完善。希望这本书能为中国氢能产业的发展贡献力量。

2024 年 12 月

目 录

1 氢能概述 ·· 1
   1.1 氢气的基本概念 ··· 1
   1.2 氢能的来源与生产 ·· 2

2 氢能应用领域 ·· 4
   2.1 氢能在储能与发电领域的应用 ································· 4
   2.2 氢能在交通运输领域的应用 ···································· 4
   2.3 氢能工业生产领域的应用 ······································· 5
   2.4 氢能在汽车领域的应用 ·· 7
   2.5 氢能航天领域的应用 ··· 8

3 氢能政策环境 ·· 9
   3.1 国际氢能政策环境 ·· 9
   3.2 中国氢能政策环境 ·· 19

4 氢能产业链分析 ··· 31
   4.1 氢气生产环节 ··· 31
   4.2 氢气储存环节 ··· 39
   4.3 氢气运输与配送环节 ·· 49
   4.4 氢能应用环节 ··· 60

5 氢能技术进展 ·· 62
   5.1 氢气生产技术的发展 ·· 62
   5.2 氢气储存技术的发展 ·· 69

5.3 氢能利用技术的发展 ·· 71

6 氢能市场前景 ·· 72
6.1 国际氢能市场规模及发展趋势 ·································· 72
6.2 国际氢能市场主要参与者及潜在机会 ·························· 74

7 发展氢能的风险与挑战 ·· 77
7.1 氢能的高发展成本问题 ·· 77
7.2 氢能的基础设施建设不足 ··· 79
7.3 氢能的市场需求不足 ·· 80
7.4 氢能的技术发展瓶颈 ·· 81
7.5 氢能的行业人才短缺 ·· 81
7.6 氢能的能源效率与可再生能源发展不匹配 ··················· 82
7.7 氢能的政策体系不完善 ·· 82
7.8 氢能的生产与运输过程中的安全挑战 ·························· 84

8 氢能金融现状 ·· 85
8.1 氢能金融概述 ··· 85
8.2 氢能金融的国内现状 ·· 86
8.3 氢能金融的国际现状 ·· 89
8.4 氢能金融国际发展趋势 ·· 94

9 氢能金融政策 ·· 97
9.1 政府支持政策：专项资金、财政补贴、绿色金融政策 ······ 97
9.2 市场准入政策：审批简化、标准制定 ························ 101
9.3 研发支持：科研项目资助、示范项目 ························ 103
9.4 国际合作：技术引进、经验分享 ······························ 107
9.5 产业规划：中长期发展规划 ···································· 110

10 氢能金融发展关键点 ·· 116
10.1 氢能金融融资渠道多样化 ···································· 116
10.2 氢能金融政府支持 ··· 122

  10.3 氢能金融风险管理 ·············· 125
  10.4 氢能金融投资回报 ·············· 128
  10.5 氢能金融的可持续发展 ·········· 129

11 氢能科技金融 ························ 131
  11.1 氢价值链融资：风险和去风险机制 ·············· 131
  11.2 为氢能科技增速的创新业务模式——以清洁氢为例 ········ 134
  11.3 氢能科技金融的国际合作与展望 ·············· 143

12 氢能发展建议 ························ 145
  12.1 加快全球氢能科技创新布局 ·············· 145
  12.2 推动绿色制氢技术进步，增强可再生能源的应用 ········ 147
  12.3 建设氢能应用产业集群与园区 ·············· 148
  12.4 加速氢能基础设施建设，优化氢气运输体系 ········ 148
  12.5 完善政策框架、标准化体系与监管机制 ·········· 149
  12.6 氢能金融发展的对策与建议 ·············· 150

13 "绿氢"发展建议 ······················· 153
  13.1 全球"绿氢"政策现状与发展趋势 ·············· 153
  13.2 "绿氢"成本分析与案例研究 ·············· 193
  13.3 金融支持"绿氢"产业突破的策略与路径 ·········· 228

参考文献 ···························· 230

1 氢能概述

氢能属于二次能源,其来源丰富、绿色低碳且应用广泛,有着燃料热值非常高、零碳排放、利用途径多样等特点,是新型化石能源的替代品,更是达成脱碳社会与碳中和的关键。

最新研究结果表明,到 2030 年,氢气使用量的增长会极大地降低全球二氧化碳排放量,每年削减的二氧化碳量等同于英国、法国和比利时十年二氧化碳排放量之和;到 2050 年时,氢能技术应用所达成的减碳量将超过全球总减碳量的 20%,累计可削减 800 亿吨二氧化碳[1]。所以,氢能有助于达成绿色低碳转型,是能源消费终端的重要载体。当前,氢能产业已被视作具有战略意义的新兴产业,也是未来产业发展的重要方向[2]。

1.1 氢气的基本概念

氢常见的单质形式为氢气,氢气属于双原子气体分子,无色、无味且无臭,其密度极小,是自然界中分子量最小的气体。在标准状况下,1 升氢气的质量是 0.089 克,质量约是空气的 1/14。氢气是非常难液化的气体,在 101.325 千帕下,到达 −252.8℃ 时氢气能变成无色的液体,液体氢具有超导性质。在 −259.2℃ 时,液体氢能变为雪花状的固体氢。相对于其他气体,氢的吸热和导热性能都比较强,氢气导热率比空气大 7 倍。在相同的压力下,氢的比热是氮的 13.6 倍、氦的 2.72 倍。同时,氢气的渗透性相当强,在常温状态下就能穿透橡皮和乳胶管,并且在高温时能够透过钯、镍、钢等金属薄膜。不仅如此,在高温、高压下,氢气甚至可以穿过很厚的钢板,这种性质给氢气的储存和运输带来很大困难。

常温下氢的化学性质稳定,但在点燃或加热时,氢很容易与多种物质发生化学反应。在氧气环境中,氢气的燃烧浓度范围是 45%～94%。当氧气浓度低于 4% 时,即使在非常高的压力条件下,氢气和氧气的混合气都不会燃烧。基于这个特点,可以设计安全呼吸氢气的设备用于潜水作业。氢气具有还原性和氧化性,能与氧发生化合反应生成水,容易发生燃烧和爆炸。氢气的双原子分子结构使氢气能够作为氧化剂与金属反应成为氢化物,氢化物具有强还原性,容易与水发生反应并释放大量氢气。

1.2 氢能的来源与生产

氢气是一种二次能源,自然界中不存在纯氢,只能通过分解含氢化合物得到,可根据地区、行业、资源选择不同的制氢方法。现今主要的制氢方法可以分为以下几大类:化石燃料制氢、工业副产品制氢、电解水制氢、可再生能源制氢。在每一大类中还存在很多不同的制氢方法。各种制氢方法及比较将会在本书第四部分——"氢能产业链分析"中详细阐述,这里先作简单介绍。

氢气的制取可主要利用煤炭、石油和天然气等化石燃料,采用化学热解或者气化方式进行。这种化石能源制氢的技术路线已经比较成熟,成本也比较低,是当下氢气制取的最主要途径。不过在制氢过程中,会有大量二氧化碳产生和排放,所以由此制得的氢气被叫作"灰氢"。若运用碳捕集与封存技术(CCS),就能有效减少这种制氢方式的碳排放量,让"灰氢"变成"蓝氢",达成未来能源可持续发展的目的。预计在未来很长的一段时间里,化石能源制氢依然会是最主要的制氢方式。

工业副产品制氢的原料是富含氢气的工业尾气,通过变压吸附法来回收提纯氢气。在氯碱工业、煤焦化工业等生产进程里,会产生大量副产氢气,不过这些资源还没有得到充分的开发与利用,主要是由于副产氢气的纯度低、提纯工艺对设备和资金的要求高,并且当下下游市场对氢气的需求量比较小。目前,主要的尾气来源包含氯碱工业副产气、焦炉煤气、轻烃裂解副产气。相较于其他制氢方式,工业副产品制氢的最大长处在于基本上不需要额外的资本投入以及化石原料投入,所以其制取的氢气在成本和减排方面有着明显的优势[3]。

电解水制氢是通过解离水产生氢气和氧气来生产氢气的。这项技术主要利用可再生能源产生的电力,这个过程不会产生二氧化碳排放或者其他有毒有害物质，这样就能得到真正的"绿氢"，而且电解水的理论转化效率很高，制氢的纯度也很高。

可再生能源制氢指通过光催化、光电催化等技术来获得氢气，其发展仍处于初期阶段，技术并不成熟，因此目前的使用率还不高。

目前对氢气的需求几乎完全由化石燃料的氢气生产来满足。2021年，全球氢气总产量为9 400万吨，煤炭制氢占总产量的19%，主要集中在中国。有限数量的油（少于1%）也被用于生产氢气。2021年，低排放氢气产量不到100万吨（0.7%），几乎全部来自具有碳捕获、利用与封存技术的化石燃料，只有3.5万吨氢气来自电解水。通过电解水产生的氢气量虽然很小，但与2020年相比增加了近20%。

在我国，氢气的来源大多是通过化石燃料制氢。西部天然气资源丰富，因此西部制氢以天然气为主；炼油企业利用干气制氢、天然气制氢较多；北方企业大部分是以煤为原料获得氢气，煤制氢成本低但是环保投入大；焦炉气制氢是副产氢气，变废为宝；当下，电解水与甲醇制氢主要侧重于满足小型氢气需求，成本高昂。

2 氢能应用领域

2.1 氢能在储能与发电领域的应用

氢气作为一种储能介质,其能量密度约为燃油的3倍。相较于传统电池储能技术,氢气的储存时间更长,并且能够通过管道、船舶等途径进行长距离运输,将氢气能源远距离输送至所需地点,以满足不同地区的能源需求,这对无法直接利用可再生能源的地区来说优势明显。但氢气的生产成本较高,这一问题直接限制了氢储能技术的应用规模。

2.2 氢能在交通运输领域的应用

2021年,运输领域的氢需求总量超过3万吨,比2020年增长60%以上。然而作为总氢需求的一部分,运输只占0.03%,作为总运输能源的一部分,氢只占0.003%。到目前为止,公路车辆是交通运输中主要的氢需求者,其中大部分消耗在卡车和公共汽车上,因为其年行驶里程高,重量也比燃料电池电动汽车大。2021年,重型氢卡车的数量大幅增加(比2020年增加了60倍以上);商用车(即货车和卡车)的氢需求也在不断增加,2021年,商用车的氢需求首次超过公共汽车,达到运输部门氢总需求的45%(见图2.1)。

在海事和航空部门中使用氢和氢衍生合成燃料越来越受到人们的关注,尽管这些技术不如陆地交通中运用的相关技术成熟,但在未来十年内,将有许多可以使用氢、氨和甲醇的船舶项目和订单落地。目前,包括空中客车(Airbus)在内的许多公司也在开发氢燃料飞机,不过商业化应用可能要到2030年以后。同样,在航空领域使用氢衍生的合成燃料预计在短期内也不会取得进展。在既

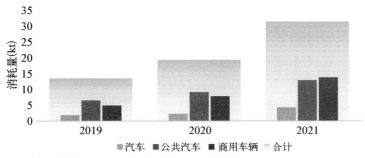

注：商用车包括轻型商用车、中型卡车和重型卡车

图 2.1　2019—2021 年按车辆细分的道路运输氢消耗量

定政策情景下,到 2030 年,运输中的氢需求将达到 70 万吨,其中大部分需求来自公路运输,特别是在部署氢卡车的情况下。根据国际能源署既定政策情景(STEPS),氢在其他运输方式中的渗透率很小,主要集中在氢衍生燃料用于海运(以氨、甲醇和合成柴油的形式)和航空(以合成喷气燃料的形式)中的长途运输。预计到 2030 年,运输氢的需求将达到近 800 万吨,其中 60% 以上用于航运。

在交通领域,把氢燃料当作动力,车辆使用时能够达成零碳排放。与电动力相较而言,氢动力续航更久,在低温环境下适应性强,并且氢气加注的速度要比充电速度快得多。所以,在货用卡车和长途汽车的应用方面,氢动力有着独一无二的优势,氢动力叉车由于其灵活性和快充特性已经得到推广使用[4]。氢动力飞机、氢动力船舶使用氢来替代传统燃油,在确保续航和载重能力的同时更加环保清洁。另外,氢动力在使用时只会产生水,不会有噪声和高温出现,是军事交通理想的动力来源。在交通领域,氢动力可降低长距离高负荷交通对燃油的依赖,彻底实现交通终端用能清洁化,尤其是近年来蓬勃发展的氢燃料电池汽车产业,更是得到了世界各国政府的高度支持。虽然氢能在交通运输领域的城市用车和短程公共汽车方面已逐步得到应用,但氢燃料电池和车载氢罐的成本以及氢供应链基础设施的完善程度,限制了氢能的大范围推广。

2.3　氢能工业生产领域的应用

根据国际能源署(International Energy Agency,IEA)发布的《全球氢能回顾 2022》(Global Hydrogen Review 2022),氢在工业部门的主要用途是生产氨

(3 400万吨)、甲醇(1 500万吨)和钢铁行业的直接还原铁DRI(500万吨)。在其他工业应用中,相对少量的氢气是在现场生产的,或者是从供应商那里进口的,包括电子、玻璃制造和下游化学工业的各种工艺。工业生产中的氯碱过程以及蒸汽裂解炉、高炉和焦炉的运行过程中会产生大量氢气,这些氢气通常在现场燃烧或以其他方式加以利用,如用于加氢或发电。2020年,主要工业用途的氢需求相对强劲。相较于2019年的水平,2020年氨产量(最大的工业氢应用)增长了2%,而全球甲醇制氢产量下降了4%,部分原因是受新冠肺炎疫情影响,运输部门的活动大幅减少——全球约三分之一的甲醇需求(包括其衍生物)用于燃料应用。虽然钢铁在世界各地生产,但DRI的生产高度集中在中东(约占全球产量的40%)和印度(约占30%)。受疫情影响,印度的粗钢产量在2020年遭受重创,下降了约10%,这是自世纪之交以来的首次下降。

  2021年,工业生产对氢的需求恢复,略高于疫情发生前的水平(见图2.2)。许多国家历史上最高经济增长率的出现一定程度上反映在对氢衍生产品需求的激增上:全球氨产量增长了3%,甲醇产量增长了12%,还原铁产量增长了12%[5]。到2022年,由于俄罗斯对乌克兰特别军事行动的局势尚不明了,全球能源市场的动荡严重抑制了2021年工业活动的反弹。推动工业氢需求的关键终端产品市场在2022年又受到严重干扰。同时,粮食、化肥、氢气和天然气供应之间的相互联系意味着全球能源危机正在加剧全球粮食危机。目前,工业部门使用的所有氢气几乎都来自未减排量的天然气或煤炭,这导致出现了6.3亿吨二氧化碳的直接净排放,占2021年工业二氧化碳排放量的7%。鉴于目前的趋势和已公布的政策,随着人口的增加和经济产出的增长,全球对氢气衍生产品的需求将大幅上升,对氢气的需求也将大幅上升。在这种情况下,预计到2030年,工业氢需求将比2021年增加1 100万吨,且到那时氢在工业上的新应用有可能抑制温室气体排放的增长。目前正在开发的许多技术构成了净零排放能源系统的基础,这些包括用于传统工业产出的新的低排放生产工艺,如电解和配备利用碳捕集,利用和封存技术(CCUS)制备的氨、甲醇及钢铁生产,用于工业热需求的氢气,以及其他应用。如果各国政府制定了实现其气候承诺中设定的目标所需的政策,到2030年,这些新技术可能会产生1 300多万吨工业氢气,这足以抵消更有效地利用氢及其衍生产品(包括材料和养分利用效率策略)所带来的总体需求下行压力。

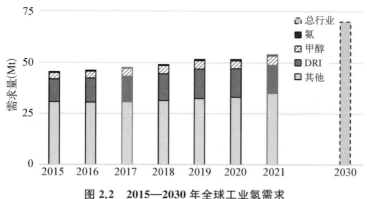

图 2.2　2015—2030 年全球工业氢需求

氢技术在工业领域有着广泛的应用潜力。通常来说,其最常见的应用为工业原料与能源载体。在工业生产里,氢气能用于氢气焊接、氢气还原、氢气气氛保护等多个方面。而且,氢气还是合成气、氨、甲醇等化工原料的重要来源,可用于生产化肥、石化产品、电池材料等。生产化肥时,氢气和氮气可通过哈柏法合成氨,进而用来制备尿素等化肥产品。氢气在金属加工中同样能发挥重要作用,像氢气焊接和氢气还原,把氢气用作保护气体,能够减少氧化、氮化等不良反应,提升焊缝质量。在工业上,氢气也可充当一种储能介质,如可以借助电解水的方式把多余的电能转化为氢气并储存起来,等到能源需求高峰时,通过燃料电池再次释放氢气发电,供应工厂或设备使用,达成能源的高效利用。

2.4　氢能在汽车领域的应用

在汽车行业,氢技术作为一种颇具潜力的清洁能源解决方案,正被广泛地研究与开发。氢燃料电池汽车以氢气和氧气发生化学反应产生电能为运行原理,这种汽车被视作零排放且能量密度高的可持续出行方案。因为燃料电池汽车要以氢气为燃料,所以建设氢气充电站成了推动燃料电池汽车普及的关键。氢气充电站是为燃料电池汽车提供氢气的设施,一般包含氢气储存、氢气制备、氢气压缩等设备,其作用是把氢气储存起来并输送给燃料电池汽车。随着燃料电池汽车逐渐走向商业化,氢气充电站的建设数量也在持续增多,从而满足汽车用户对氢气的需求。

2.5　氢能航天领域的应用

氢气是一种能量密度较高的燃料,在航天领域里被广泛用作火箭燃料。氢气在火箭发动机中和氧气或者其他氧化剂燃烧,会生成高温高压的气体,进而产生推力,将火箭送入太空。很多大推力火箭都以氢氧燃料为主要燃料。氢气作为航天器动力系统的组成部分,可用于发电或者提供动力。如今,氢气燃料电池能够在航天器上发电,为电动推进系统或者电力系统供电,以驱动航天器并提供电力。

3 氢能政策环境

3.1 国际氢能政策环境

《巴黎协定》(The Paris Agreement)给 2020 年之后的全球气候变化进程作出了制度方面的安排,设定了如下目标:相较于前工业化时期的上升幅度,把全球平均气温上升幅度控制在 2℃ 以内,并且努力将其控制在 1.5℃ 以内。要达成这样的目标,减排进程迫在眉睫。全球的温室气体排放必须迅速达到峰值然后开始下降,到 21 世纪下半叶达成净零排放[6]。在能源体系方面,2050 年之后,世界要尽快告别化石能源时代,构建以新能源和可再生能源为主的近乎零碳排放的能源体系。但需要注意的是,在大多数排放领域,深度脱碳情景下的边际减排成本呈非线性快速上升趋势。只有革命性先进技术的突破和大规模的工业应用,才能在 2050 年前实现"碳中和"的目标。

氢能技术及其产业化应用为实现上述目标提供了可行的选择。氢能是构建未来以清洁能源为基石的多元能源供应体系的关键载体。新一轮世界能源技术变革中,氢能的开发利用已成为重要方向。世界主要发达国家近年来大力支持氢能产业发展,因为氢能在世界能源转型中的作用价值愈发受到重视。美国、日本、德国等发达国家都制定了支持"氢经济"发展的相关政策。壳牌、英国石油公司(BP)等大型石油公司也积极参与"氢经济"产业链。相较于其他化石能源,氢能具备可再生与零排放这两大特性。氢能的功率密度达到汽油和柴油的 3 倍,而且在发电过程中的运行成本比光伏、风能以及石油更低。氢能的发展对保障能源安全、推动能源产业升级有益。

3.1.1 世界总体氢能政策趋势

气候变化源于化石燃料的大规模使用与消费,在此情形下,清洁能源必然要替代化石能源。能源可持续转型包含多个领域的多种转型,比如在电力领域,要逐步用可再生能源取代化石能源以调整供给结构,进而达成低碳乃至零二氧化碳排放的目标。氢能具备绿色、清洁、可再生、来源广泛等特性,是新时代实现低碳转型的关键手段。

氢能对能源转型的贡献主要有三个方面:

一是氢能具有成为多功能、智能化的能源载体的潜力。通过与其他能源的转换,氢将提高可再生能源的消耗,从而最大限度地减少可再生能源的弃电。

二是氢能具有成为高效二次能源的潜力。在交通运输领域,氢燃料电池汽车(HFCVs)是纯电动汽车(BEVs)的重要替代品。

三是氢能可作为一种绿色环保的工业原料。

2022年,全球制氢市场规模为9 777亿元,其中天然气是主要的氢气生产方式,占所有氢气来源的48%,煤炭占18%,其他方法约占4%[7]。预计到2050年,全球能源消耗中有18%将由氢能占据。与此同时,氢能在交通、工业以及电力领域的运用,能够使二氧化碳的排放量减少60亿吨。

在全球治理领域,世界上多数国家的中央政府主要借助宏观经济政策的引导,来推动氢能产业发展,达成能源的低碳转型。发展氢能产业已成为国际共识,许多国家政府出台了一系列与氢能相关的政策,在能源转型过程中积极推动脱碳和氢能的发展。根据国际能源署(IEA)发布的《全球氢能观察2023》,在世界范围内有许多国家已经制定或者正在制定氢战略,其中,日本最具活力和响应力,其次是欧盟成员国、美国和韩国,另外,印度、冰岛、澳大利亚、新西兰、加拿大和巴西等国也有部署,中国也出台了许多相关政策。

目前,尽管全球范围内几乎没有证据表明具有刺激低排放氢需求的目标,但所有国家制定的氢战略都承认,氢在脱碳较为困难的行业中具有重要的潜在作用。一些国家已经宣布了在工业应用中使用低排放氢的目标,特别是在炼油和化学品等用途中取代化石燃料氢。然而这些国家宣布的目标仅覆盖目前全球工业氢需求的4%左右,即约400万吨氢气。在工业中使用低排放氢的国家大多数都为欧盟成员国[8]。2021年6月,欧盟委员会在其Fit for 55一揽子计划中提出了一个目标,即到2030年用可再生氢满足50%的工业氢需求[9]。欧洲理事会提议到2030年将这一目标降低到35%,到2035年达到50%。而2022年欧盟委员会关于REPowerEU计划的最新通信提议将这一目标提高到75%。哥伦比亚已经设定了一个目标以刺激工业部门的氢需求,印度也宣布打算为可再生氢在化肥生产中的使用设定配额。

交通运输是近年来政府为刺激氢使用而制定目标的另一个行业。到2021年,全球部署氢燃料电池汽车的累计目标仅增长13%,达到120万辆。日本和韩国仍然拥有最雄心勃勃的氢燃料电池汽车目标,到2030年占全球承诺量的80%左右,与2021年持平[10]。许多政府已经为特定的运输部门制定了氢目标,其中大部分集中在公共汽车和中型、重型卡车上。然而,在中国、日本和韩国,政策目标并没有具体说明汽车的类型,也没有把重点放在轻型汽车上。匈牙利的目标是到2030年部署4 800辆重型燃料电池汽车,并在公路运输中使用10万吨无碳氢。2021年7月,作为Fit for 55一揽子计划的一部分,欧盟委员会提出了对可再生能源指令的修改,其中包括一个目标,即使用非生物来源的可再生燃料(包括氢和合成燃料)满足交通运输2.6%的能源需求。这一修改得到了欧洲理事会的支持,尽管它仍未生效。2022年5月,欧盟委员会发布的REPowerEU工作文件建议将这一目标提高到5%以上。同时,各国政府还在基础设施(如加氢站)、氢混合、发电和家庭氢应用等领域制定了与氢相关的目标。

氢能政策首先强调的是技术,典型的工业化国家将先进技术的开发和应用视为实现氢能大规模部署的关键途径。然而,由于国情和发展状况的不同,各国的政策也不尽相同。例如,由于产业链自上而下的发展模式在早期发挥了重要作用,美国政府更加重视制氢和储氢。近年来,碳中和的目标在下游加速实施,政策的制定要符合国情。以日本为例,由于能源供应不足以满足国内需求,日本一直将氢能作为一种高效的二次能源。具体地说,日本在提高能源效率和实施终端应用方面的努力,将使其在全球范围内发挥更大的作用。而德国则主要是从深度脱碳的视角来关注氢的多元化应用,长远来看,德国将致力于利用可再生能源生产绿色氢。

未来,部署氢技术的目标将越来越集中于生产低排放氢方面。在国际能源署发布的《全球能源回顾2021》(Global Hydrogen Review 2021)中指出,到2030年全球电解产能的国家目标为74吉瓦(1吉瓦=10亿瓦),而在《全球能源回顾2021》(Global Hydrogen Review 2022)中,该目标增加了1倍多,达到145～190吉瓦。在某种程度上,俄乌战争导致的全球能源危机推动了欧洲氢能源的发展。2022年4月,英国启动了《英国能源安全战略》(British Energy Security Strategy),并将至2030年低排放氢气产量的目标提高了1倍,达到10

吉瓦,其中至少一半来自电解氢[11]。荷兰宣布计划修改目前3~4千兆瓦的电解产能目标,并将其翻一番并准备氢能路线图,以补充其现有战略。2022年5月,欧盟委员会提出了REPowerEU计划,旨在使欧洲于2030年之前摆脱对俄罗斯化石燃料的依赖,其中包括在成员国内部生产1 000万吨可再生氢,并在2030年之前进口1 000万吨可再生氢的目标。根据REPowerEU计划的工作文件显示,这将大大提高欧盟氢战略(2020年7月)中40吉瓦的目标和Fit for 55一揽子计划(2021年7月)中44吉瓦的目标。要实现进口目标,需要在欧盟以外部署同等规模的产能。

不过,从最新的氢能发展战略来看,各国已不再局限于技术路线,而是围绕技术研发、规模化生产、市场培育、氢能供应体系等多个方面,部署并实施了逻辑紧密、重点突出、层次递进的阶段性战略。比如日本,第一阶段是通过政府补贴创造市场需求,支持和推动企业加强产品研发,完善产业链,扩大生产规模,从而实现成本的快速降低;第二阶段是提前构建以氢能发电为过渡的大规模氢能供应体系,以较低的成本保证未来氢能供需平衡;第三阶段是利用本土和海外可再生能源的成本制氢,最终实现零碳排放。

目前,世界范围内的氢能利用主要由石油炼制和化学加工两部分组成,商业化利用所占比例相对较小,而氢燃料电池正成为终端应用的重要方向。从目前来看,各国都把氢燃料电池汽车的推广和加氢站的建设放在首位,并提出了比过去更加积极的目标。近年来,全球燃料电池汽车发展迅猛。2013—2017年,全球氢燃料电池汽车的销量仅有6 475辆,其中丰田Mirai系列占了大部分。2018年时,氢燃料电池汽车的销量有了显著增长,总量达到5 525辆。2019年,全球氢燃料电池汽车销量增长到7 500辆,主要的增长源是中国。2022年,中国氢燃料电池汽车的销售量新增3 367辆,总销售量为3 367辆,保有量达12 682辆,同比增长幅度约为36%。氢燃料电池作为全球能源可持续发展和战略转型的重要技术路径,已被确定为全球能源和交通运输的重要支撑。美国、欧盟、韩国等国家大力推出燃料电池汽车,加大加氢站建设力度。中国也在大力推进氢燃料电池汽车绿色环保产业的发展。未来,燃料电池有望在新能源汽车领域占据重要地位。与此同时,金融业和汽车业也逐渐涉足氢能源业务,形成了产业协同创新发展的新格局[12]。

综上所述,当前各国氢能发展呈现出六个特点:

一是在政策层面上,氢能已经从能源发展的一种选择,上升为能源战略乃至国家战略的重要组成部分。

二是在推广路径上,形成了以燃料电池汽车为龙头、以氢能大规模供应为辅、以大规模可再生能源制氢和应用为最终目标的阶段性安排。

三是在组织实施上,一般设立专门的政府机构协调氢能事务,建立以公私合作为基础的非营利机构,推动相关项目实施。

四是在政策支持上,政策的重点从早期的研发验证转向更多的支持推广应用。

五是目前各国都把推广氢燃料电池汽车和加氢站放在首位,并提出了比过去更加积极的目标。

六是除了跨国车企和燃料电池企业外,能源、工业气体等行业巨头也开始大规模布局氢能开发。因此,可以判断,各国氢能战略已进入加速实施阶段,全球氢能将呈现加速发展、竞争日益激烈的趋势。

3.1.2 氢能刺激需求的政策方面进展缓慢

增加对低排放氢的需求是刺激其作为清洁能源载体的基础。如果没有足够的需求,低排放的氢气生产商将无法获得承购者,也无法释放投资来扩大生产。刺激需求的政策可以帮助项目开发商获得买家,从而释放对生产性资产的投资,这有助于扩大生产规模、降低成本、激发尚未商业化的最终用途技术的创新和示范。

2022年,全球氢需求达到历史最高水平,但仍集中在传统应用中(见图3.1)。全球氢气使用量达到9 500万吨,同比增长近3%,除欧洲以外的所有主要消费地区都有强劲增长,由于天然气价格大幅上涨,欧洲的工业活动受到了打击。这种全球增长并不是因为扩大氢使用的政策努力取得了成功,而是与全球总体能源趋势有关,氢需求仍然集中在工业和炼油领域,只有不到0.1%的需求来自重工业、运输或发电领域的新应用。低排放氢在现有应用中的应用非常缓慢,仅占氢总需求的0.7%,这意味着2022年氢的生产和使用与超过9亿吨的二氧化碳排放有关。

目前来看,各国在采取刺激需求创造的政策方面进展非常有限。大多数现有的产生氢需求的政策都集中在交通运输上,很少有政策针对工业应用,尽管工业是创造低排放氢需求的最佳短期机会。在其他方面,如发电领域,政策行动也十分滞后,仅有少数的行动如南澳大利亚政府的氢工作计划,旨在建立一

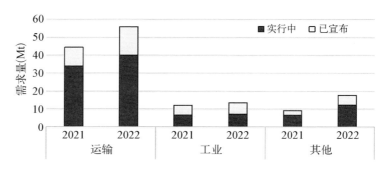

图 3.1　2021—2022 年各部门支持创造氢需求的政策数量

个使用氢的 200 兆瓦发电厂。许多欧盟成员国表示,其有意在工业中采用可再生氢的配额以配合 2021 年的 Fit for 55 一揽子计划。俄乌战争的爆发预计将加速欧洲广泛采用配额,因为工业应用是短期和中期减少化石燃料消耗的最佳选择。印度宣布有意在化肥生产中采用可再生氢的强制性配额(2023—2024 年占需求的 5%,在接下来的五年内增加到 20%),并且配额的使用可能在不久的将来扩大到钢铁行业。但是这些配额都尚未生效。

刺激低排放氢使用的措施直到最近才开始受到关注,仍然不足以实现气候目标。政府的行动一直侧重于支持低排放的氢气生产,而对需求方面的关注较少。目前,所有政府低排放制氢目标的总和为 27 亿～35 亿吨,但创造需求的目标仅占 1 400 万吨,其中不到一半的目标集中在现有的氢利用上。即使实现了这些目标,它们也只占到 2030—2050 年净零排放情景(NZE 情景)中低排放氢使用量的五分之一。如果没有强劲的需求,低排放氢的生产商将无法获得足够的承购者来支撑大规模投资,进而危及整个低排放氢行业的生存能力[13]。

私营部门已经开始通过承购协议采用低排放的氢,但规模仍然很小。各公司已经签署了高达 200 万吨低排放氢气的承购协议,尽管一半以上是不具约束力条件的初步协议。另外,一些公司正在开发项目,在不需要承购协议的情况下再生产 300 万吨低排放氢气供自身使用。但是即使这些数量有所增加,低排放氢的使用仍远未达到实现气候目标所需的水平。

国际合作倡议有助于增加对低排放氢的需求,但这些倡议的需求信号尚不清楚。各国政府和企业已经启动了一系列合作计划,以促进包括氢在内的低排放技术的应用。根据这些倡议的承诺,到 2030 年,可以创造 80 万～300 万吨的低排放氢需求,然而他们的承诺的真正影响还有待观察。这些举措主要针对氢的新应用，并且没有专门针对化学和炼油行业的联盟，这些行业更适合在短期内大规模采用低排放的氢。

在运输方面，许多政策不是专门针对氢，而是普遍适用于低排放和零排放车辆(ZEVs)。这些政策措施包括二氧化碳排放标准、ZEVs配额和授权、城市低排放区、税收奖励、补贴和非货币奖励。购买价格是燃料电池汽车普及的一个关键障碍。2022年，大约有20个国家（主要在欧洲）为燃料电池乘用车提供购买补贴和税收优惠、15个国家为购买燃料电池汽车的公司提供税收优惠，很少有国家对轻型商用和重型燃料电池汽车提供支持。重型燃料电池汽车是一个需要更多努力的领域，因为给重型卡车通电比乘用车更具挑战性，这使得氢燃料成为可能的替代方案。

3.1.3 美国、日本、德国氢能发展战略对比分析

氢能的发展是一个长期的过程，从全球范围来看，中国、美国、日本和德国对世界氢能的发展具有较大影响。首先，根据国际货币基金组织（IMF）发布的《世界经济展望》（2023年4月），这四个国家的GDP总量占全球GDP的52.05%。其次，这四个国家是主要的工业化国家。根据《BP世界能源统计年鉴2021》，到2020年，这四个国家共消耗了全球一次能源的47.31%。同时，欧盟和北美地区在建立氢能体系方面表现出主动性，其颁布了氢能政策、倡议和其他支持计划。就典型的代表性国家而言，德国和美国为其他国家树立了很好的榜样[14]。不仅如此，氢能在亚洲的发展潜力不容小觑，就经济影响力和政治地位而言，中国和日本在亚洲名列前茅。因此，将这四个国家的氢能发展作为典型案例进行分析是至关重要的。由于中国的氢能政策将在下一小节详细描述，故此处仅呈现美国、日本和德国的氢能政策总结和分析（见表3.1、表3.2、表3.3）。

表3.1 美国氢能源政策综述

年份	政　　策	主　要　内　容
1990	《Spark M. Matsunaga氢研究、开发和示范》	政府制定了氢研究开发五年计划，并提出了氢经济蓝图
1996	《1996年氢未来法案》	国会决定从1996年到2001年额外投资1.6亿美元用于氢生产、储存和应用技术的研发

续　表

年份	政　策	主　要　内　容
2002	《国家氢能路线图》	一大批大型科学研究和示范项目将启动
2005	《氢、燃料电池和基础设施技术项目》	提出氢经济的"关键路径"障碍是技术障碍、经济障碍和体制障碍
2006	《氢计划：一个综合的研究、开发和示范计划》	氢能产业的发展将分为四个阶段：技术开发、早期市场渗透、市场和基础设施扩张以及成熟[15]
2011	《氢和燃料电池跨部门行动计划》	继续支持氢能研发
2014	《综合能源战略》	指出氢在输运转变中起主导作用是明显的
2019	《美国氢经济路线图》	美国能源部提出了氢经济的愿景和技术途径，以加强全球经济领导地位
2020	《能源部氢能项目计划》	美国将推动氢能全产业链技术研发，并扩大示范到工业规模化
2023	《美国国家清洁氢能战略路线图》	这是一个全面的框架，用于加速清洁氢的生产、加工、交付、储存和使用，强调了总统应对气候危机和到2035年实现无碳电网和到2050年实现净零排放经济的全政府方法

表 3.2　日本氢能源政策综述

年份	政　策	主　要　内　容
2003	《能源基本计划》(第一版)	提出了氢社会的愿景
2008	《燃料电池汽车和加氢站的商业化将于2015年开始》	阐明日本燃料电池的商业化进程
2014	《氢与燃料电池战略路线图》(第一版)	政府制定了"三步走"发展战略
2014	《能源基本计划》(第四版)	政府强调能源安全，因此制定了新的能源结构调整目标
2016	《氢与燃料电池战略路线图》(第二版)	政府确定了氢能源开发的三个阶段

续 表

年份	政 策	主 要 内 容
2017	《氢的基本策略》	宣布了2050年目标愿景和行动计划
2018	《能源基本计划》(第五版)	会议强调,能源效率和氢利用是应对气候变化的关键政策因素
2019	《氢与燃料电池战略路线图》(第三版)	提出了2030年的技术绩效目标和成本目标
2019	《发展氢和燃料电池技术的战略》	明确燃料电池、氢产业链、电解水三大技术领域十大重点研发项目
2019	《氢能利用计划》	提出到2025年,氢燃料电池汽车和混合动力汽车的定价将处于同一水平
2019	《氢能社会实现推进法案》	旨在推动日本向氢能社会转型,促进氢能的生产、供应、储存、运输和利用,建立氢能市场,加强氢能技术研发和人才培养
2020	《碳中和行动计划》	提出到2050年实现碳中和的目标,并将氢能作为实现目标的重要手段之一。日本计划到2030年将氢能消费量增加至30万吨/年,到2050年增加至1 000万吨/年
2021	《能源基本计划》(第六版)	首次提出展望:到2030年氢能从8.8%~9.2%调整到11%。经过调整,日本政府将2030年可再生能源发电所占比例从此前的22%~24%提高到36%~38%,其中氢气和氨气等较新能源发电将占到电力结构的约1%[16]
2022	《以实现氢能社会为目标,建构大规模氢能供应链》《氢/氨的现状和未来的研究方向》	较详细地对日本的氢能发展战略作了阐释

表3.3 德国氢能源政策综述

年份	政 策	主 要 内 容
2004	《政府成立国家氢和燃料电池技术组织(NOW)》	政府支持氢能发展

续 表

年份	政　策	主　要　内　容
2006	《国家氢与燃料电池技术创新计划（Ⅰ阶段）》	政府资助相关技术研发，形成完整的产业链
2014	《国家能效行动计划》	提出了总能耗、建筑和交通能效等行动目标
2018	《国家氢和燃料电池技术创新计划（Ⅱ阶段）》	建立氢能基础设施和示范区试点，政府将为多种应用领域提供经济支持
2018	《联邦政府第七个能源研究项目》	确定了联邦政府资助创新能源技术的现行原则和优先事项
2020	《国家氢能战略（2020年）》	明确指出绿色氢是优先事项，将在航运、航空、钢铁、化学工业领域得到利用
2023	《能源经济法》（修正案）	规定了如何监管近期由德国联邦网络管理局首次通过的氢能核心网络许可
2023	《国家氢能战略》（更新版）	旨在推动和加快德国氢能市场的发展，从而适应更高的气候保护目标和能源市场新的挑战。战略提出的措施涵盖整个氢能价值链，许多措施在编制战略更新的同时就已经开始实施

通过对美国、日本、德国的政策梳理和分析可以发现：

第一，从市场运行机制来看，世界各国对氢能领域都有不同程度的参与和市场化。美国主要以国家战略为指导，美国能源部（United States Department of Energy）与多所大学和研究机构合作，解决氢能源领域的技术挑战。然而，每个州被授权拥有相当大的自主权，并能够根据当地的实际情况制定适当的政策激励措施[17]。对于日本来说，由于资源的限制，日本非常重视氢能源的终端应用（如氢氟碳化物的实施和氢燃料系统的建设），氢能市场化水平较高，政府干预力度较大。而对于德国，氢能被认为是其能源革命的关键组成部分。因此政府高度重视市场化程度较高的氢能发展。

第二，从发展目标来看，工业化国家发展氢能的战略意图是促进能源转型，为实现能源安全、能源公平和应对气候变化服务。降低化石能源在制氢结构中的比重是氢能发展的重点，许多工业化国家正在寻找更清洁、更环保的方式来生产氢气。基于可再生能源的制氢作为一项长期发展战略已成为大多数国家的共识[18]。此外,现有的资源和现有的基础为氢能的储存和运输提供了不同的方案。但是,无论是技术的推广还是制度的建设,各国都愿意在综合评价本国经济社会发展实际需要的基础上积极引导产业发展,制定一些配套政策。此外,各国经济社会发展的实际需要始终聚焦于能源可持续转型的战略意图,这种低碳发展模式将对全球能源安全、能源公平和气候变化问题产生积极影响。

第三,从横向比较来看,各国在氢能领域各有优势,但现阶段各国的主要驱动因素不同。行动部署是影响美国氢能产业发展的最重要因素。在美国,虽然技术因素发挥了关键作用,但商业模式和系统运营模式等综合部署的不足仍然突出。在美国目前的实践中,经济驱动力和行为驱动力的作用并不明显。而经济因素是影响日本和德国氢能产业发展的最重要因素。日本正在加紧经济建设,以市场为核心推进氢能社会化。尽管德国在交通运输领域开展了丰富的示范应用,但制氢成本略高,使得氢能价格难以降低,以致氢能无法普及。

第四,从纵向比较来看,各国氢能发展尚处于量变阶段,氢能产业质变拐点尚未到达。各国政策通过市场发挥作用,可以决定本国氢能的战略目标和发展轨迹。美国的模式似乎是技术先行,如果经济市场前景广阔,美国更愿意实行制度规范和行为规范逐步部署。日本以行为先行法为重点,前期扩大经济市场规模,中期规范制度。在整个过程中,技术因素起着持续的推动作用。德国对氢能发展采取制度优先的方式,引导经济市场建设和技术创新,最终部署下游行为。虽然各国在不同维度上取得了不同的进展,但这些主要工业化国家的氢能产业仍处于不成熟阶段或成长期,从成熟阶段的预期到目前的状况还有相当大的差距,各国氢能利用都尚未完全实现市场化或合理产业规模的商业化。

3.2 中国氢能政策环境

中国是能源消费大国,也是能源短缺大国。氢能对于加快中国能源生产和消费革命、加快新时代能源转型发展具有重要意义。中国氢能发展具有丰富的资源和供应能力,氢能应用市场潜力巨大,产业基础和综合开发能力较强,但是氢能的生产、储存和运输过程成本高于化石能源。经过多年的积累,中国氢燃料电池汽车产业已经开始具备产业化的初步条件。在政策的引导下,技术创新逐步实现,产业建设不断完善,已基本形成氢能研发、生产、储运、应用的完整产业链。上下游合作意识增强,企业间战略合作明显增加。

3.2.1 中国氢能发展战略现状

目前,中国氢能产业处于发展初期。中国的氢能生产主要来自三条成熟的技术路线:一是以煤、天然气为代表的化石能源改造制氢;二是以焦炉煤气、氯碱尾气、丙烷脱氢为代表的工业副产气生产;三是电解水制氢,年制氢规模约占3%。生物质直接制氢和太阳能光催化分解水的技术路线尚处于试验开发阶段,产率有待进一步提高,尚未达到工业规模制氢的要求。

不过近年来,中国积极推动可再生能源的发展,大力支持新能源应用。尤其是"十四五"期间,中国可再生能源发展步伐明显加快,特别是氢能应用加速发展。《氢能产业发展中长期规划(2021—2035年)》和《"十四五"可再生能源发展规划》充分体现了中国对氢能发展的决心。在政策加持下,国内多地政府加快氢能产业的布局,加大了加氢站建设、运营、配套设备的补贴力度,并且有力地促进了加氢站建设发展(见表3.4)。

表3.4 中国氢能利用及加氢站相关政策

日期	政策名称	主要内容
2019年11月	发改产业〔2019〕1762号《关于推动先进制造业和现代服务业深度融合发展的实施意见》	加强新能源生产使用和制造业绿色融合。推动氢能产业创新、集聚发展,完善氢能制备、储运、加注等设施和服务
2020年3月	《关于加快建立绿色生产和消费法规政策体系的意见》	2021年将完成研究制定氢能等新能源发展的标准规范和支持政策
2020年4月	《中华人民共和国能源法(征求意见稿)》	优先发展可再生能源、支持开发应用管代油气的新型燃料和工业原料、氢能纳入能源范畴

续 表

日 期	政策名称	主 要 内 容
2021年6月	《关于组织开展"十四五"第一批国家能源研发创新》	氢能及燃料电池技术研究内容包含但不仅限于：高效氢气制备、储运、加注和燃料电池关键技术；氢能与可再生能源协同发展关键技术
2021年10月	国发〔2021〕23号《国务院关于印发2030年前碳达峰行动方案的通知》	推动电力、氢能、天然气、先进生物液体燃料等新能源、清洁能源在交通运输领域的使用；有序推进充电桩、配套电网、加气站、加氢站等基础设施建设；聚焦化石能源绿色开发和清洁低碳利用、可再生能源大规模利用、新型电力系统、节能、氢能、储能、动力电池等重点领域；加快氢能技术研发和示范应用
2021年12月	《关于推进中央企业高质量发展做好碳达峰碳中和工作的指导意见》	鼓励传统加气站建设油气电氢一体化综合交通能源服务站；稳步构建氢能产业体系，完善氢能制、储、输、用一体化布局；加强绿色氢能示范验证和规模应用
2021年12月	《"十四五"工业绿色发展规划》	提升清洁能源消费比重。鼓励氢能、生物燃料、垃圾衍生燃料等替代能源在钢铁、水泥、化工等行业的应用。严格控制钢铁、煤化工、水泥等主要用煤行业煤炭消费，鼓励有条件地区新建、改扩建项目实行用煤减量替代
2022年3月	《氢能产业发展中长期规划(2021—2035年)》	2025年，规划投建一批加氢站，实现可再生能源制氢量每年 $10\times10^4 \sim 20\times10^4$ t，二氧化碳减排量每年 $100\times10^4 \sim 200\times10^4$ t。2030年，建成较完整的氢能产业技术创新体系、清洁能源制氢及供应体系，推动达成碳达峰。2035年，实现可再生能源制氢在终端能源消费的占比显著增加
2022年4月	《关于"十四五"推动石化化工行业高质量发展的指导意见》	发挥碳固定碳消纳优势，有序推动石化化工行业重点领域节能降碳，推进炼化、煤化工与"绿电""绿氢"等产业耦合以及二氧化碳规模化捕集、封存、驱油和制化学品等示范
2022年12月	《扩大内需战略规划纲要(2022—2035)》	规划城市交通网络布局，大力推进智慧交通。推动汽车消费由购买管理转变为使用管理，推进汽车网联化、电动化、智能化，加强加氢站等配套设施建设
2023年1月	《新型电力系统发展蓝皮书(征求意见稿)》	提及了氢燃料电池车、氢储能等应用环节的推广；长期实现电能与氢能等二次能源深度融合利用

续　表

日　期	政　策　名　称	主　要　内　容
2023年8月	《氢能产业标准体系建设指南(2023版)》	系统构建了氢能制、储、输、用全产业链标准体系,涵盖基础与安全、氢制备、氢储存和运输、氢加注、氢能应用五个子体系。按照技术、设备、系统、安全、检测等进一步分解,形成了20个二级子系统、69个三级子体系

从地方来看,截至2022年末,国内已有19个省市及自治区出台了相应的氢能规划或提出了各自的氢能发展战略和行动计划(见表3.5)。中国许多地区对氢能产业的发展高度重视,初步形成了"东、西、北、南、中"五大规划发展区(见图3.2)。可见,发展氢能已形成广泛共识,正在成为中国国家层面的整体发展意识。但也应该看到,中国缺乏系统的氢能发展整体路径,各个地区都在自我探索,包括标准制定、审批流程等。因此,在氢能发展战略上,地方政府走在了全国的前列。

表3.5　2019—2023年将氢能纳入政府工作报告的省市

年　份	数量(个)	省、市及自治区
2019	9	广东、浙江、四川、河北、河南、吉林、天津、山西、云南
2020	10	广东、北京、浙江、山东、河北、河南、吉林、山西、青海、内蒙古
2021	13	广东、山东、山西、河南、辽宁、吉林、甘肃、陕西、云南、天津、重庆、内蒙古、新疆
2022	16	江苏、北京、福建、上海、湖北、四川、河北、重庆、河南、辽宁、新疆、吉林、山西、内蒙古、陕西、江西
2023	19	江苏、北京、上海、山东、四川、河北、重庆、河南、湖南、辽宁、安徽、吉林、山西、青海、广西、内蒙古、甘肃、宁夏、陕西

2023年各地方政府工作报告中,宁夏、湖南、安徽、广西首次提及氢能发展相关内容(见表3.6)。宁夏回族自治区的"绿氢"产能达到2.5万吨;湖南省力争在氢燃料动力工程机械整车工程化等方面突破一批原创性引领性技术;安徽省在加快氢能"制储输用"全链条发展;广西壮族自治区则在加强加氢站建设。以上地区首次在政府工作报告中提及氢能,与地方氢能相关政策的发布息息相关。其中,宁夏、湖南、安徽均在2022年发布了氢能发展规划文件;广西虽未发布氢能专项政策,但在涉及能源发展的相关规划中将氢能作为协同发展的重要一环。

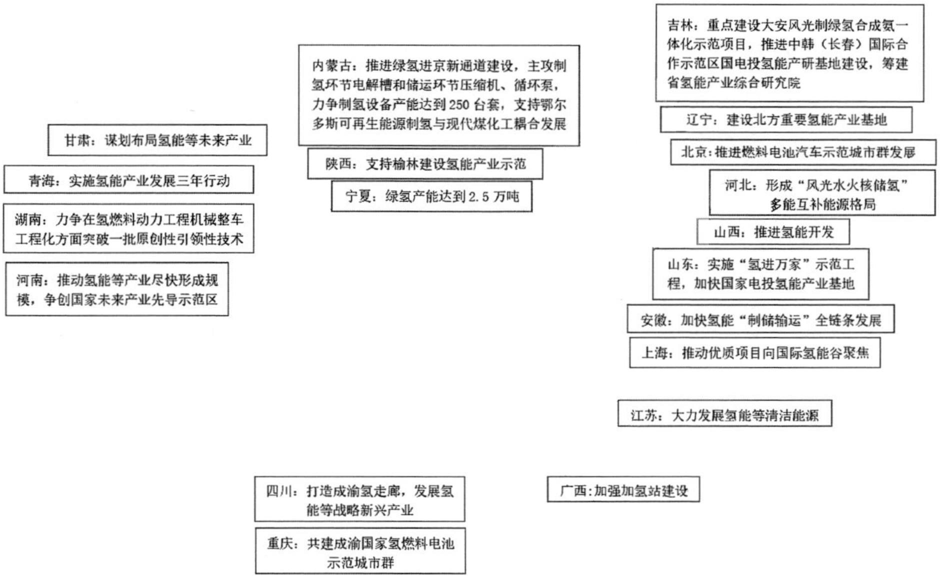

3 氢能政策环境

甘肃：谋划布局氢能等未来产业

青海：实施氢能产业发展三年行动

湖南：力争在氢燃料动力工程机械整车工程化方面突破一批原创性引领性技术

河南：推动氢能等产业尽快形成规模，争创国家未来产业先导示范区

内蒙古：推进绿氢进京新通道建设，主攻制氢环节电解槽和储运环节压缩机、储循环泵，力争制氢设备产能达到250台套，支持鄂尔多斯可再生能源制氢与现代煤化工耦合发展

陕西：支持榆林建设氢能产业示范

宁夏：绿氢产能达到2.5万吨

吉林：重点建设大安风光制绿氢合成氨一体化示范项目，推进中韩（长春）国际合作示范区国电投氢能产研基地建设，筹建省氢能产业综合研究院

辽宁：建设北方重要氢能产业基地

北京：推进燃料电池汽车示范城市群发展

河北：形成"风光水火核储氢"多能互补能源格局

山西：推进氢能开发

山东：实施"氢进万家"示范工程，加快国家电投氢能产业基地

安徽：加快氢能"制储输运"全链条发展

上海：推动优质项目向国际氢能谷聚焦

江苏：大力发展氢能等清洁能源

四川：打造成渝氢走廊，发展氢能等战略新兴产业

重庆：共建成渝国家氢燃料电池示范城市群

广西：加强加氢站建设

图 3.2　地方政府报告提及氢能分布图

表 3.6　2023 年政府工作报告首次提及氢能的地区及政策

地区	政策名称	核心内容
宁夏	《宁夏回族自治区氢能产业发展规划》	到 2025 年，初步建立可再生能源制氢为主的氢能供应体系，可再生能源制氢能力达到 8 万吨以上；到 2030 年达到 30 万吨以上
湖南	《湖南省氢能产业发展规划》	到 2025 年，建成加氢站 10 座，推广燃料电池汽车 500 辆；到 2030 年，氢能工程机械之都名片基本形成；到 2035 年，氢能产供储销网络基本建成，"绿氢"在终端能源消费占比明显提升
安徽	《安徽省氢能产业发展中长期规划》	在省内率先形成氢能及燃料电池产业示范城市群；到 2025 年、2030 年，燃料电池整车产能分别达到 5 000、20 000 辆车/年，加氢站分别达 30、120 座
广西	《广西可再生能源发展"十四五"规划》	支持储氢在电力系统源网荷各侧多场景试点应用；推动可再生能源制氢利用，鼓励在南宁等地区化工、冶金、交通等领域开展氢能替代应用；推动海上风电与制氢融合发展；打造氢能汽车产业链

目前,我国氢能产业的分布主要集中在环渤海、长三角、珠三角三大区域。这三个地区的重点发展路径和方向、各项技术优势有所区别,主要根据各核心城市颁布的官方政策和城市本身的产业发展基础而定。在三大产业集群中,长三角在产业政策综合、规划完整性、产业链覆盖、示范效应等方面处于领先地位。环渤海地区以商用车示范和氢能应用推广为重点,珠三角地区以云浮产业园为核心,打造燃料电池产业链。位于长三角地区的上海、苏州、南通等城市,由于众多产业链上游知名企业的聚集,全国最大的氢燃料电池汽车产业集群在这里形成。其中,上海无疑是区域氢能产业发展的中心。位于环渤海地区的北京、天津、山东、辽宁等省、市的氢燃料电池汽车产业发展基础良好。其中,北京和大连在研发和产业化方面位于全国前列。在珠三角地区,目前氢燃料电池汽车产业的发展主要集中在佛山、云浮、中山等城市。随着广东省氢能产业发展政策的不断推进,广州、深圳等区域内其他城市的氢燃料电池汽车产业发展也将加快。

3.2.2 中国氢能基础设施概况

氢能基础设施包括氢生产站、储存和运输设施以及供应链上的加氢站。然而,人们普遍认为是中国不发达的氢能基础设施阻碍了氢的可用性,尤其是"绿氢"。在中国的监管框架下,氢被归类为能源和危险的工业化学品,这使得发展必要的基础设施变得更加困难。目前,只有地方法规适用于氢能基础设施的建设,审查、批准和验收程序差异很大,地方政府在这一专业领域的能力也各不相同。根据氢气的"能量"和"危害"双重属性,进行氢气管理是一种常见的做法,然而由于其被视为危险化学品,任何类型的氢能基础设施在法律上都必须位于化学工业园区,并且必须获得危险化学品生产和经营的必要许可证。由于化学工业园区大多位于人口稀少的郊区,氢项目有可能远离最终消费者。

事实上,大多数现有的加氢站依赖于场外氢气供应。远程储存和长途运输增加了成本,造成了潜在的交通危害,阻碍了绿色氢的推广应用。理想情况下,加氢站应该有自己的现场氢气生产设施。然而,如上所述,这将需要一个复杂的过程,即指定土地为"工业"以允许生产,以及"商业"以允许氢的销售。此外,氢作为能源和危险化学品的管理需要单独的审查、批准和检查程序和法规,这降低了氢能生产开发商的积极性。例如,建造一个氢燃料站,审查和批准程序审查与土地使用、项目设立、规划、建造、安装和验收有关的问题。更为复杂的是,管理审批的规定因地方政府而异,甚至因部门而异。一个项目被接受后,不同地方的车站将受到不同的运营管理规定的约束。一些地区要求加油站所有者持有两个许可证(危险化学品经营许可证和氢气瓶加油许可证),而其他地区则参考天然气加气站的操作规则。

氢基础设施建设的另一个障碍是投资成本高,仅在设施建设上的资本投资就会产生高昂的成本。投资一个固定 35 MPa 的每天加氢能力为 500 kg 的加氢站需要投资 1 200 万~1 500 万元人民币(170 万~220 万美元),且不包括土地成本。若预计投资一个每天的加氢能力为 1 000 kg 的加氢站,则需要 2 000 万元人民币(290 万美元),成本是同等传统加油站的 3 倍。将氢气输送到加气站的基础设施也需要投资,估计约为每千米 400 万~600 万元人民币(58 万~87 万美元),是天然气管道成本的 2~3 倍。

另外,氢能基础设施的融资渠道也很有限。氢气的产业供应链很长,而中国的氢气行业仅处于商业化的初级阶段,因此单个企业很难拥有向清洁氢气过渡所需的技术和资金。氢工业的整体融资规模仍然很小。2021 年,新能源汽车(NEV)领域见证了 239 轮电动汽车融资,其中 18 轮融资总额为 3.363 0 亿元人民币(4 890 万美元)。相比之下,氢能行业仅获得 46 轮融资,总额为 39.8 亿元人民币(5.78 亿美元),仅为新能源汽车行业投资规模的千分之一。与此同时,氢气行业的大部分投资都用于开发氢燃料电池,这使得氢气行业的其他部门获得的资金更少。

3.2.3 中国加氢站发展现状

我国加氢站的规划布局和建设运营起步较晚,2006 年落成了全国第一座加氢站。最近十年,我国加氢站的建设和发展迅猛,从 2016 年到 2020 年,加氢站的数量从 3 座增加到 118 座;到 2022 年底,已经建成 358 座加氢站。但是与加油站的数量相比,我国加氢站的未来发展道路任重而道远。至 2022 年底,国内加油站的数量已经达到 107 600 座,是加氢站数量的 300 倍多。从氢能发展的完整产业链来看,沟通上下游的加氢站发展相对缓慢,但近年来,由于燃料电池汽车保有量的增加,中国石油化工集团有限公司、中国石油天然气集团有限公司等大型能源央企正在快速投入加氢站的建设,预计在未来会助推国内加氢站数量的增长。其中部分地区也对加氢站的建设出台了扶持政策(见表 3.7)。

表 3.7　截至 2022 年底部分地区对加氢站的扶持政策

地区	政策名称	补贴内容
北京	《北京市关于支持氢能产业发展的若干政策措施（征求意见稿）》	对压缩机 12 h 额定工作能力大于等于 1 000 kg 的加氢站,给予定额补贴 500 万元;对额定工作能力大于等于 500 kg 的加氢站,给予定额补贴 200 万元;对销售价格不高于 30 元/kg 的加氢站,给予 10 元/kg 运营补贴
广东	《佛山市南海区促进加氢站建设运营及氢能源车辆运行扶持办法（2022 年修订）》	加氢站新建补贴:日加氢能力 1 000 kg 以上固定式加氢站补贴 500 万元,日加氢能力 500 kg 以上撬装式加氢站补贴 250 万元;加氢站运营补贴:加氢站氢气终端售价 2023 年底前低于 35 元/kg、2024 年底前低于 30 元/kg,补贴 18 元/kg,自用撬装式加氢站补贴 10 元/kg
广东	《广州市黄埔区广州开发区促进氢能产业发展办法》	加氢站建设补贴:补贴有效期内建成并投用,且日加氢能力 500 kg 以上的加氢站。对于油、氢、气、电一体化能源补给站,补贴标准为每站 250 万元;固定式加氢站的补贴为每站 200 万元;撬装式加氢站则为每站 50 万元;如果加氢站获得的各级财政补贴总额超过 500 万元,或超过其固定资产的 50%,则超出部分不予补贴
上海	《关于支持本市燃料电池汽车产业发展若干政策》	加氢站建设补贴。对在 2025 年前实现竣工验收且取得燃气经营许可证的加氢站,按不超过核定投资总额的 30% 进行补贴,补贴资金:2022 年每座不超过 500 万元;2023 年每座不超过 400 万元;2024—2025 年每座不超过 300 万元,资金分三年拨付加氢站运营补贴;对取得燃气经营许可证(车用氢气)的加氢站,氢气零售价格不超过 35 元/kg,按照氢气实际销售量给予补贴,2022—2023 年每座补贴为 15 元/kg;2024—2025 年每座补贴为 10 元/kg[19]
河南	《濮阳市促进氢能产业发展扶持办法》	补贴新建、改建、扩建日加氢能力 500 kg 以上的固定式加氢站,且凡是在本市连续运营三年以上的加氢站,在投入运营后按建设实际投资(不含土地费用)的 40% 给予补贴,单站最高不超过 1 000 万元。加氢站运营补贴:氢气零售价格不超过 35 元/kg,按实际销售量退坡补贴,每年不超过 200 万元。2022—2023 年补助为 15 元/kg;2024—2025 年补助为 10 元/kg

中国加氢站的建设成本非常高。在不考虑土地成本的情况下,目前国内一座 1 000 kg/天加氢站的投资约为 1 200 万～2 000 万元,成本构成如

图3.3所示。

中国目前是全球第一大氢气生产国，2022年氢气产能约为4 000万吨，实际产量约为3 300万吨。作为氢能市场化和规模化应用的关键基础设施，近年来加氢站发展迅速。到2022年底，已建成358座加氢站，我们的目标是在2025年达到1 000座以上、2035年达到5 000座以上。如图3.4所示，加氢站的设备系统成本约占加氢站建设成本的70%，其中压缩机和储氢瓶是最重要的部件。

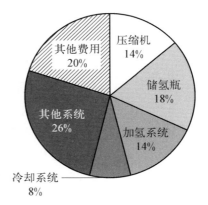

图3.3 加氢站造价示意图

除建设成本外，商业加氢站还面临设备维护、运营、人工、税费等成本，折算为加氢成本约为13～18元/kg。

中国加氢站建设面临以下四大挑战：

第一，加氢站的规模化发展受氢燃料电池汽车的发展水平的约束，在总体布局、动力性能、耗氢量等基础性能上与国外先进水平差距不大，但是在关键材料技术、核心零部件、耐久性、整车集成度等方面差距较大。2022年，中国新能源汽车的产销量分别为705.8万辆和688.7万辆，年增长率分别为96.9%和93.4%。其中，氢燃料电池汽车的产量为3 638辆，销量为3 367辆，市场占比仅为0.051%和0.048%。可见氢燃料电池汽车在整体市场中的占比依然较小。目前，已经实现量产的氢燃料电池汽车主要用于固定线路的商务用车或轻型卡车，如公交车和旅游大巴等，尚未广泛应用于家用汽车领域。由于氢燃料电池汽车数量较少，使得加氢站赢利困难，这也让加氢站的市场化发展面临较大挑战。

第二，建设运营成本高、潜在风险大和日常管理难度大制约了加氢站建设的投资积极性。目前，中国加氢站在关键装备技术方面仍存在较大短板，很大程度上需要依靠进口，尤其是70 MPa高压储氢技术、加氢站不锈钢材料、氢气压缩机、加氢机等关键领域，与日本及欧美等发达国家有很大差距。由于缺乏自主技术，关键设备的进口导致加氢站的建设和运营成本显著增加。此外，外供氢加氢站的整体系统涉及卸气、压缩、储存、加注和管理五个环节（见图3.4）：先是长管拖车负责将站外的氢气运输到站内并通过卸气柱将氢气输送至加氢站，其后压缩机会对氢气进行二次加压并储存至储氢容器，当需要加注时，加氢机利用储氢容器和车载储氢容器之间的高压差,将氢气充注到氢能源汽车中。加氢站的潜在风险主要为氢气特性带来的风险:一是氢气无色无味,人体无法感知其泄漏,而常规的汽柴油则具有明显的颜色和气味;二是氢气的分子质量小、密度低,在存储和运输过程中容易发生泄漏,泄漏的氢气会迅速扩散并与空气混合形成可燃气云,一旦遇热或遇到明火,可能发生大范围的爆炸;三是在一定温度和压力下,氢气会解离为氢原子,这些氢原子可能会渗透到金属设备中,与碳发生反应,导致脱碳生成甲烷,使管道和储存设备产生裂纹或断裂,甚至会引发"氢脆"现象,其影响难以消除。四是氢气易带电,管口处会产生静电积聚形成放电,造成火灾或爆炸,若静电荷达到临界值,也可能引发爆炸。

图 3.4 外供氢加氢站工艺流程

第三,加氢站的选址也是制约其发展的一个关键因素。为了使加氢更加便捷,加氢站的选址应优先考虑市区。但是,中心城市往往人口密集,城市建设用地紧张,加之氢气在我国被归类为危险化学品,在人口密集地区建设加氢站存在安全隐患,这也加大了加氢站选址的困难性。

第四,行业管理职能不清晰、相关标准不完善也是加氢站发展的瓶颈。目前中国尚未建立专门的氢能应用主管部门,导致加氢站的整体规划、审批和运营等方面缺乏完善的制度监管。同时,由于审批流程的不规范、相关部门对于加氢站的安全缺乏研究、地方政府在建设和审批上存在盲区,极大地制约了加氢站建设的进度。另外,由于各地的审批流程和领导部门未能统一,相关法规和标准存在缺陷,且审批过程中需协调多个部门,产生了协调困难、审批周期长、效率低下等问题,延缓了加氢站的建设。在国际上,全球范围内也未建立统一的加氢站准则,有近十个国家制定了针对加氢站的专门法规和标准,如日本的《高压气体保安法》、美国的 NFPA2《氢技术规范》等。2021 年,GB50516—2010《加氢站技术规范》(2021 年版)和 GB50156—2021《汽车加油加气加氢站技术标准》颁布,可为中国加氢站的建设提供指导[20]。但加氢站标准仍需不断完善,如 GB/T34542《氢气储存输送系统》中第 8 部分防火防爆技术要求尚未颁布,防火防爆技术标准未完善。这些缺口增加了行业监管的难度。此外,中国氢能安全技术研究基础相对薄弱,对于加氢站安全的研究局限于氢气储运、加注等过程,尚未建立起完善的加氢站安全标准体系。

3.2.4 中国氢能产业发展的主要问题及政策建议

总体来看,中国氢能产业发展面临以下主要问题:

第一,氢利用便利性不高,氢能供应和加氢站建设面临障碍。发达国家的发展经验表明,为解决氢能发展的协调和部署问题,一般都设立专职组织,负责统筹管理和安排。中国尚未将氢能纳入能源管理体系,因此主管部门不明确,缺乏良好的协调机制和体系,以及行业准入标准。比如,由于规划要求、土地性质、审批程序、监管标准等不明确,很多地方不得不采取专项审批支持。即便如此,仍需要近30项审批。目前,国家规划文件中对氢能或燃料电池的部署,大多只是为技术研发提供了方向和目标。在产业规划方面,除汽车产业外,几乎没有其他产业规划,更缺乏系统的、阶段性的战略安排。

第二,氢能综合利用成本过高。中国虽然是制氢利用大国,但氢能产业仍处于发展初期。随着化工副产氢净化技术的进步,氢工业的发展有了一定的规模化发展基础。然而,对氢能源的属性并没有有效的关注和共识,混淆了氢能源在能源体系中的绿色氢属性。目前能源用氢价格约为50～70元/千克,相当于燃料电池汽车行驶成本约为0.5～0.7元/千米,不具备商业竞争力。同时,大多数加氢站由企业建设和运营或依靠财政补贴。按照目前的车辆推广规模,国内运营的加氢站几乎都处于亏损状态。国家补贴车辆运营和加氢站建设不具备产业爆发式增长的长期动力。因此,政府一方面需要支持氢能产业的初期发展,另一方面需要不断加大氢能下游的规模利用,为形成良好的产业生态奠定基础。

第三,氢能行业标准法规尚不完善。坚持包容审慎监管,推进急需标准规范制定或修订,加快基础设施建设。同时,也要统筹好当前和长远的目标,狠抓"推进充、加氢等设施建设",鼓励和支持企业先行尝试,参照天然气加气站管理办法,明确领导单位,发布审批管理指导意见,理顺部门职责和审批流程。此外,还应科学制定补贴标准,鼓励企业开发更大功率范围、更长续驶里程的氢燃料电池汽车产品,避免企业只专注于开发可获补贴的标准边际车型。

第四,氢能产业发展存在盲目性,存在结构性产能过剩风险。从产业的技术和组织特点看,氢能产业环节多而复杂,对外部协调的依赖程度高。从注重数量、规模向注重产业高质量发展转变,产业政策要从注重支持加工制造环节向注重支持产业基础能力薄弱环节转变,注重推动催化剂、质子交换膜等关键材料的研发,推动制氢、储运技术和装备的研发和填充。中国应加大对研发促进的支持力度,近期以"稳为先"为重点,以"补短、扶优、扬强"为重点,防止企业挤入人群,支持骨干企业加快完善研发体系,提升全产业链成熟度,构建高质量发展的产业生态。

4 氢能产业链分析

氢能产业链主要包括上游制氢、中游储输氢、加注和下游综合应用[21]。在完整的产业链中涉及材料创新、设备制造、装配程序和项目技术等多种技术（见图4.1）。

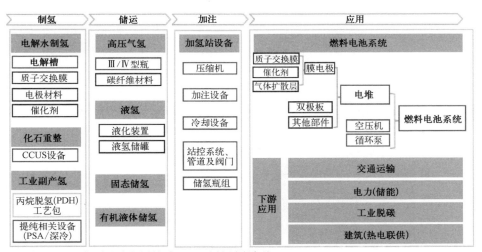

资料来源：GGII，中国氢能产业发展报告2022，平安证券研究所

图 4.1 氢能产业链全景图

4.1 氢气生产环节

4.1.1 制氢方法、来源及特点

随着净零碳排放成为全球目标，低碳、灵活、高效和多种生产方式的氢能源正成为重塑全球能源架构和应对气候变化的重要手段。目前，氢气可以按不同

的方式分类,如按生产方式或按全生命周期的碳排放强度分类[22]。根据生产方法的不同,氢可以是灰色、蓝色或绿色的,"灰氢"指的是通过化石燃料石油、天然气和煤制取,成本较低但排放量大;"蓝氢"指的是利用化石燃料制取,同时配合碳捕捉和碳封存技术,碳排放强度相对较低但捕集成本较高;"绿氢"是指由可再生能源(包括风能、太阳能、海洋、水能、地热和生物质能)供电的电解产生的氢,制氢过程几乎没有碳排放,但成本较高[23](见表4.1)。

表4.1 制氢方法、来源及特点

种类	方法	来源	特点
"灰氢"	由燃烧化石燃料产生	煤炭、石油、天然气等化工能源焦炉煤气	低成本,高碳排放,技术和产业链较为完善
	来自工业副产品	提取氢气、化肥工业氯碱等工业副产品	
"蓝氢"	"灰氢"的生产与碳捕获、利用和储存相结合	与"灰氢"来源相同,主要是天然气	低成本,高碳排放
"绿氢"	氢是通过电解水得到的	水,可再生能源	低碳排放,高成本;应用有限,大规模采用需要推广

氢气的颜色仅由用于生产氢气的能源类型或附加技术决定,而不考虑深度清洁度评估。因此,"灰氢"被认为是污染型氢,而"蓝氢"则定义了包括"灰氢"在内的碳捕集与封存(Carbon Capture and Storage,CCS),"绿氢"是指用于制氢的100%是可再生能源,因此,"绿氢"被认为是一种低碳排放的清洁氢能。

近年来,随着制氢技术的不断发展,不同的制氢方法在推动能源系统从化石能源向可再生能源转型的过程中扮演了至关重要的角色。选择合适的制氢技术不仅会影响制氢过程中的清洁度、成本效益和效率,还决定了其可行性。制氢方法通常取决于三大要素:含氢材料(包括碳氢化合物和非碳氢化合物)、能源来源以及催化剂材料。根据制氢过程中采用能量的不同,制氢技术通常被分为电解、光解、生物解和热解四大类,且每类方法可以根据具体的能量类型再作细分。大多数制氢研究人员为了提高制氢效率,将制氢过程中的一些能量添加剂作为催化剂材料来使用。

4.1.2 化石燃料制氢技术

化石燃料制氢是指利用煤、石油、天然气等化石燃料,以化学热解或气化的形式来获取氢气。该方法工艺流程成熟、成本低,目前大多数氢是由化石燃料产生的。然而在这一生产过程中会产生和排放大量的二氧化碳,因此化石燃料产生的氢被称为"灰氢"[24]。采用碳捕集与封存技术,可以有效地减少产生的碳排放,这样"灰氢"就可以变成"蓝氢"。预计在相当长的一段时间内,化石燃料生产的氢将是氢的主要来源。

4.1.2.1 甲烷制氢技术

甲烷(CH_4)作为天然气的主要成分,在所有烃类中含氢比例最高。以天然气为原料的甲烷制氢具有制氢效率高、碳排放低、可大规模工业化生产的优点。甲烷制氢工艺主要包括甲烷蒸汽重整(SRM)、甲烷部分氧化(POM)、甲烷自热重整(MATR)和甲烷催化沉积(MCD)。

SRM 是利用 Ni/Al_2O_3 催化剂,在 750℃~920℃ 的高温和 3.5 MPa 的高压下,将甲烷和蒸汽催化转化为氢和碳氧化物的过程。主要步骤是转化气或合成气的生成、水煤气变换(WGS)反应和气体净化,SRM 是一项成熟的技术。POM 是一种将蒸汽、氧气和甲烷转化为氢和碳氧化物的过程,根据与氧气或蒸汽的反应,可以采用催化或非催化重整过程。在催化过程中,热量由受控燃烧提供,甲烷的热效率一般在 60%~75% 之间。MATR 将放热 POM 与吸热 SRM 相结合,通过反应体系的自热提高产氢量,降低成本。在 MCD 中,甲烷是氢的唯一来源,不涉及蒸汽和氧气。该工艺不产生碳排放,能耗低于其他工艺。以 SRM 为基础,依靠高效催化剂和反应装置的研发等技术突破,实现效率与经济的结合优势,POM、MATR、MCD 同步发展将是主要趋势。

4.1.2.2 煤制氢技术

煤制氢的主要过程是煤与氧或蒸汽在高温下结合,生成以 H_2 和 CO 为主的混合气,混合气经过 WGS、酸脱气、氢气净化等工艺,得到高纯氢气。

主要化学反应如下:

$$\text{气化(与蒸汽混合)} \quad C+H_2O \longrightarrow CO+H_2$$

气化（与氧气混合）　　　$C+1/2O_2 \longrightarrow CO$

WGS 变换　　　$CO+H_2O \longrightarrow CO_2+H_2$

在 WGS 反应中，由于煤中的硫含量，催化剂必须具有可靠的活性和足够的生命周期以及抗硫能力。采用 Co-Mo 催化剂体系的耐硫 WGS 反应工艺具有优异的耐硫性和较宽的温度范围（200℃～550℃），因此该催化剂体系被广泛应用于煤气化制氢。经过 WGS 反应后，气体产物用低温甲醇清洗，以低能耗的工艺去除 CO_2 和含硫气体。

煤制氢已经发展了 200 多年，因此相当成熟，它是大规模制氢最经济的技术之一，特别适用于中国等化石能源资源分布不均、煤炭丰富、油气不足的国家。丰富而廉价的煤炭储量使煤气化制氢具有经济效益，这种制氢方式的成本仅为 8.3～19.5 元/kg。但随着制氢规模的扩大，该技术所需的设备投资也会增加，这一点不容忽视。此外，大量的二氧化碳排放和硫污染物也是一个缺点。为了降低能源消耗、提高制氢效率，煤超临界水气化将是煤制氢的一个重点研究方向。

4.1.2.3　甲醇制氢技术

与天然气和煤炭相比，甲醇等二次石化产品储量丰富，易于储存和运输。甲醇制氢具有反应温度低、氢气分离过程简单等明显的优点，近年来引起了人们的广泛关注。目前，蒸汽重整是甲醇制氢应用最广泛的工艺流程，甲醇和蒸汽在 200℃以上的温度下通过催化剂床层。主要化学反应如下：

$$CH_3OH+H_2O \longrightarrow CO_2+3H_2$$

对反应热力学和机理的研究证实，该反应分为甲醇分解和 WGS 反应两步完成：

甲醇分解　　　$CH_3OH \longrightarrow CO+2H_2$

WGS 反应　　　$CO+H_2O \longrightarrow CO_2+H_2$

甲醇蒸汽重整过程是一个吸热过程，必须保证稳定的供热。该技术应用多种催化剂，主要包括镍系、钯系和铜系，如 Cu-Zn-Al 和 Cu-Ni-Al 等组合。氢气净化过程中，可利用变压吸附（PSA）、水煤气变换（WGS）、钯膜过滤以及 CO 甲烷化等技术来有效去除 CO。甲醇制氢工艺具有成熟的技术体系，且原料来源广泛、储运便捷、反应温度较低、产氢效率高，且分离过程简单。因此，特别适合用于中小规模的氢气生产。此外，完全去除一氧化碳的排放也是一个主要问题。展望未来，该技术的精进将聚焦于催化剂效能提升与反应器设计的优化上。当前，在甲醇转化制氢行业中，国内处于领先地位的企业有四川安利高科与四川泰海丝等。这些公司的制氢效率达到了每独立部门 10×10^4 m³/h。

4.1.2.4 利用碳捕集与封存(CCS)技术从化石燃料中制氢的技术

碳捕集与封存(Carbon Capture and Storage，CCS)这项技术具备显著降低化石燃料燃烧环节中二氧化碳排放量的能力。当该技术融入化石燃料制氢流程时，不仅能够促使高排放的"灰氢"转化为环境友好型的"蓝氢"，而且能在控制制氢成本的同时，大幅度削减碳足迹。

以天然气制氢为实例，若采用传统的蒸汽重整法(SRM)并搭配碳捕集与封存技术，一个日产量为379吨氢气的工厂，制氢成本会从2.08美元/kg增加到2.27美元/kg。而如果使用膜反应法(MATR)结合CCS技术，"蓝氢"的生产成本则可降至1.48美元/kg。研究表明，煤制氢与CCS技术结合前后的碳排放量大幅减少，从 $19.42\sim 25.28$ kg(CO_2)/kg(H_2)降至 $4.14\sim 7.14$ kg(CO_2)/kg(H_2)。某些研究指出，采用CCS的煤制氢工艺可以实现83%的温室气体减排，且制氢成本仅上升8%。

然而，由于当前CCS技术尚处于发展阶段，"蓝氢"项目依然面临成本高昂和规模有限的问题，且多依赖政府补贴。目前，"蓝氢"项目主要集中在德国、英国、美国和日本、韩国等国家，且在全球主要能源公司（如雪佛龙、BP、道达尔）的氢能计划中占有一席之地。如韩国的SK E&S株式会社已计划到2025年成为全球领先的"蓝氢"供应商，目标年产量为25万吨。为了进一步推动"蓝氢"生产，未来需要加大与化石燃料制氢主流工艺兼容的CCS技术研发，提升技术的经济性并推广应用。通过提升碳捕集效率和充分利用捕集的二氧化碳，有望进一步降低"蓝氢"的生产成本。

4.1.3 工业副产品制氢技术

在氯碱生产和煤炭炼焦等工业流程中，会伴随产生大量的副产氢气。不过，由于这些氢气通常纯度不高，要达到应用标准所需的提纯过程涉及较大的设备投资与资金成本，同时，当前下游市场对氢气的需求尚不旺盛，这些因素共同限制了副产氢气的提纯利用。然而,随着氢能产业链的日益扩展和成熟,加之氢气提纯技术的不断进步以及市场需求的持续增长,副产氢气在经济效益上的潜力有望得到显著提升。

4.1.3.1 焦炉气(COG)副产氢

焦炉气(Coke Oven Gas,COG)是炼焦过程中的副产品,氢气含量一般在55%~60%,同时还包含甲烷、一氧化碳等其他气体。因此,提取焦炉气中的氢气需要经过特定的净化和分离工艺。变压吸附(PSA)技术是目前最常用的方法之一,它能够高效地从混合气体中分离出氢气,并去除其他不需要的组分,尤其适合工业化规模的氢气生产。除了PSA,深冷分离技术也能够有效提高氢气的纯度,其常与PSA技术结合使用以提升分离效果。另一个有前景的技术是金属膜分离,它通过选择性透过氢气分子来分离氢气,并且具有较低的能耗,逐渐成为一种高效的氢气提纯方法。另外,焦炉气中的甲烷也可以通过蒸汽重整技术转化为氢气,这不仅能提高氢气的产量,还能实现资源的最大化利用。与传统的煤制氢或天然气重整相比,利用焦炉气制氢的成本较为低廉,同时在一定程度上有助于减少温室气体排放,具有一定的环保优势。

然而,焦炉气制氢也面临一些挑战。首先,虽然PSA技术已经相对成熟,但在大规模应用时,氢气提纯效率和回收率仍然需要进一步优化。其次,炼焦厂需要配套完善相关的基础设施,以便更好地实现氢气的存储、运输和利用。与此同时,市场对氢气的需求增长尚处于逐步推进阶段,这可能影响到焦炉气制氢的经济性和普及程度。总体而言,焦炉气作为氢气生产的一个重要来源,随着技术的不断发展和市场需求的变化,未来有着较为广阔的应用前景。

目前,焦炉气制氢技术已经具备相当的生产能力,可达到每小时 $1\,000\,Nm^3$ 的氢气产量。我国的副产煤气年产氢能力可达到 811×10^4 吨,氢气来源占比为20%。焦炉气通过直接分离氢气的方式,其生产成本较为低廉,而利用焦炉气中的甲烷进行氢气生产同样能够实现高效的资源利用。在成本效益方面,利用焦炉气制取氢气相较于采用天然气和煤炭作为原料的制氢方式展现出显著的优势。然而,焦炉气制氢技术的发展之路并非坦途,其面临的关键性挑战主要包括氢气提纯技术的升级优化,以及炼焦行业内相关下游配套设施的完善与升级。

4.1.3.2 氯碱工业副产氢

作为基础化学工业的一个重要组成部分,氯碱工业在生产过程中会产生副产氢气。通过 PSA 技术对这种氢气进行提纯和分离,每生产 1 吨烧碱,大约会伴随产生 280 Nm³ 的氢气。其反应过程如下:

$$2NaCl + 2H_2O \longrightarrow 2NaOH + Cl_2 + H_2$$

氯碱工业制氢的化学原理与电解水制氢相似,氢气的纯度通常可达到 98.5%,其中主要杂质包括反应过程中混入的氯气、氧气、氯化氢、氮气和水蒸气等。这些杂质一般通过 PSA 技术去除,从而获得高纯度的氢气。在大型先进的氯碱装置中,氢气的生产成本通常控制在 1.3~1.5 元/Nm³,接近于通过煤炭和天然气等化石能源制氢的成本。但从碳排放的角度来看,氯碱副产氢的全生命周期碳排放量为 1.3~9.8 kg(CO_2)/kg(H_2),比蒸汽重整法(SRM)制氢技术低 20%~90%,具有显著的减排优势。氯碱副产氢不仅具有产品纯度高、原料丰富、技术成熟、减排效益好的特点,还拥有广阔的发展潜力。大力推进这一类工业副产氢的纯化与利用,有助于氯碱行业融入氢能产业发展,助力行业实现从高能耗向可持续能源转型的目标。

4.1.3.3 石化副产氢

石化行业中,副产氢主要产生于炼油重整、丙烷脱氢(PDH)及乙烯生产等工艺环节。丙烷催化脱氢技术,在高温及催化剂的作用下,能够精准地断裂丙烷分子中相邻碳原子间的 C—H 键,释放出一个氢气分子,从而生成丙烯。该技术的一大亮点在于原料供应充足、反应选择性高,且产物易于实现高效分离。由此产生的副产气体中,氢气含量高且杂质含量低,这使得其具有较高的收集与利用价值,逐渐受到更多的关注。

$$CH_3-CH_2-CH_3 \longrightarrow CH_2=CH-CH_3 + H_2$$

丙烷脱氢工艺常采用循环流化床或固定床反应器,并辅以变压吸附(PSA)或膜分离技术,以确保产出氢气纯度达到或超过 99.999% 的高标准。举例来说,在一条年产量达到 60 万吨的丙烷脱氢生产线上,大约能副产出 33.3 亿标准立方米的粗氢气。随着丙烷脱氢技术的持续革新和成本的不断下降,该工艺在丙烯生产中的应用比例预期会逐步提升。与此同时,乙烷高温裂解脱氢等其他石化副产氢技术的兴起,结合新型的气体分离与纯化技术,将进一步增强工业副产氢的利用效率和价值。

4.1.4 各类制氢技术对比

根据以上分析,可以得出以下几点结论:

第一,化石燃料制氢技术已经相对成熟,成本较低,预计在未来一段时间内仍将占据市场的主导地位。其发展重点应放在结合碳捕集与封存(CCS)/碳捕集利用与封存(CCUS)技术,以减少碳排放,实现从"灰氢"到"蓝氢"的过渡。

第二,工业副产氢作为一种潜力巨大的资源,其未来的开发利用前景十分广阔。然而要实现其有效利用,关键在于不断提升气体分离与纯化技术的水平,并逐步完善与之相关的配套设施。

第三,将电解水制氢技术与可再生能源发电相结合,是未来实现绿色氢气大规模生产的重要途径。为此,我们需要重点关注如何进一步降低可再生能源的电价,提高电解水制氢的效率,并努力降低氢气的生产成本,以推动其广泛应用。

第四,目前,光催化、光电催化等新型制氢技术尚未达到大规模工业化应用的标准。因此,我们需要进一步加强这些技术的基础研究,并推动示范项目的实施与应用推广,以期在未来实现其工业化应用。

氢气作为氢能产业的核心要素,其规模化生产和应用能否实现,很大程度上取决于制氢成本的高低。表4.2详细对比了不同制氢技术的成本情况,以下是对这些成本的具体分析:一是工业副产氢与微生物发酵制氢的成本与化石能源制氢相近,然而由于这两种制氢方式的规模相对较小,其应用前景受到了一定的限制。二是尽管在引入碳捕集与封存(CCS)技术后,化石能源制氢的成本会有所上升,但当前其仍具有明显的成本优势,并保持着较强的竞争力。三是电解水制氢的成本远高于化石能源制氢,大约是后者的2~3倍。为了缩小这一差距,我们需要大幅降低电力成本、提升电解水装置的生产效能,并努力降低系统建设的整体成本。随着光伏发电价格的持续走低,预计到2035年和2050年,碱性电解水制氢中的电费成本将分别降低37%和50%,相应的氢气生产成本也将分别下降至18.7元/kg和14.8元/kg。届时,电解水制氢的成本有望与化石能源制氢相媲美。

表 4.2　不同制氢技术的成本

制氢技术	成本（元/kg）	制氢技术	成本（元/kg）
甲烷蒸汽重整	17.1	质子交换膜电解水	39.8
甲烷蒸汽重整（联合CCS技术）	18.6	焦炉气副产氢	5.7～11.8
甲烷催化裂解	13.5	氯碱副产氢	14.6～16.8
煤气化	10.9	丙烷脱氧	16.1
煤气化（联合CCS技术）	12.9～13.9	光电催化水分解	63.6
碱性电解水	29.9	微生物发酵	15.8～17.4

4.2　氢气储存环节

氢气的储存与运输环节在氢能产业链中扮演着连接上游制氢与下游用氢的桥梁角色，是氢能产业不可或缺的关键组成部分。然而，当前氢气储运的成本占据了最终用氢成本的30％以上，成为阻碍氢能产业进一步发展的显著障碍[25]。因此，加快研发并示范推广安全、经济、高效的氢气储运技术，对于推动氢能产业的全面发展具有重大意义。

当前，氢气储存技术主要涵盖气态储存、液态储存（包括液氢和有机液体氢化物）以及固态储存三大类别。以下将从储氢材料与容器的选择、技术原理、风险管理与标准规范的制定以及当前面临的瓶颈问题与未来的发展趋势等多个维度，对各种氢气储存技术进行详尽的介绍与分析。

4.2.1　高压气态储氢技术

高压气态储氢技术是一种高效储存氢气的方法，其利用增压设备将常温下的氢气进行压缩，以此提升氢分子的密度和压力，进而大幅度减小氢气的体积，并增加单位体积内的储氢量。此技术主要分为高压常温气态储氢和高压低温气态储氢两大类。其显著优势在于储氢设备构造简单、氢气压缩过程中的能耗相对较低、充放氢速度快以及能够适应广泛的温度条件。

高压常温气态储氢技术凭借其成熟度和广泛应用性,已成为当前主流的储氢方式,特别是在中国,该技术被视为重点发展的方向,并有望在较长一段时间内继续引领氢气储存领域的发展[26]。

高压气态储氢设备依据应用场景的不同,可分为固定式和移动式两大类储氢容器。在制氢厂和加氢站等固定场所,常见的固定式高压储氢容器包括高压无缝氢气钢瓶、全多层高压储氢容器以及纤维全缠绕高压储氢容器。如美国FIBA Technologies Inc.和日本制钢所已成功研发出80 MPa级别的高压无缝氢气钢瓶,而中国安瑞科气体机械有限公司则推出了45 MPa的高压无缝氢气钢瓶,并正致力于87.5 MPa钢内胆碳纤维全缠绕氢气钢瓶的研发。此外,浙江大学也取得了突破性进展,成功开发出钢带缠绕式大容积全多层钢制高压储氢容器,其最高设计压力可达98 MPa,有效解决了大容量、高压以及经济储存等方面的技术难题。

移动式高压储氢容器则主要用于氢气的运输和燃料电池交通工具的氢气供应。其中,长管拖车运输氢气的大气瓶通常工作在20～30 MPa的压力范围内,而用于燃料电池交通工具的中小型气瓶则常见公称压力等级为35 MPa和70 MPa。此外,还有一些小型氢气瓶,其公称压力为15 MPa、容积不超过40升,主要用于灵活提供氢源,满足多样化的氢能应用需求。目前,中国在长管拖车和管束式集装箱的设计、制造和应用方面已经积累了丰富的经验,每辆车的运输氢气量低于500千克。美国的Hexagon Lincoln公司已成功研发出纤维全缠绕高压氢气瓶,这些气瓶的公称压力范围介于25 MPa～54 MPa间,使得单车能够运输的氢气量高达720～1 350 kg。近期,金属气瓶的研究领域聚焦于金属无缝加工技术和气瓶失效机制等关键方面。在移动式高压储氢容器的范畴内,Ⅲ型和Ⅳ型氢燃料电池汽车所搭载的高压储氢瓶成了研究的热点。

目前,国外的Ⅳ型瓶已经在汽车行业中实现了商业化应用,标志着这一技术在国际市场上的成熟与普及。而在中国,35 MPa铝内胆碳纤维缠绕的Ⅲ型瓶也已经发展成熟并投入使用,满足了国内市场的部分需求。然而,由于碳纤维材料的性能限制以及缠绕加工技术的瓶颈,Ⅳ型瓶在中国的全面商业化进程尚未完成。

尽管如此,中国已有包括中材科技、天海工业在内的多家企业,正积极投身于Ⅳ型瓶的研发工作,以期突破现有技术的局限,推动Ⅳ型瓶在国内市场的广泛应用。这些企业的努力,有望为中国氢能产业的发展注入新的活力,促进氢能技术的持续进步与商业化进程的加速。

为了加强高压储氢装备的风险管理,深入研究和实施定期检测及评价方法显得尤为重要。胡华为等学者将高压储氢容器的安全问题细致划分为设计、配件、设备及人为因素四大类,并针对这些问题,认为加速构建氢安全检验检测体系、奠定氢安全基础理论的根基是解决问题的关键所在,同时针对高压储氢装备常见的失效模式,如脆性断裂、疲劳及局部过度应变等,认为应开展具有实际操作性的定期检测与评价方法的研究。为了有效预防高压储氢装备的事故风险,还需深入学习和掌握氢泄漏、燃烧、爆炸及喷射火等事故的演变规律、预防措施及应急处置技术。

在设计与制造、检验与试验等领域,国外已建立了相对完善的标准体系。如美国在设计储氢容器时,遵循《锅炉及压力容器规范》(ASME BPVC Ⅱ C-2021),而在选材方面,则依据《铁基材料》(ASME Ⅱ-A-2021)和《材料性能》(ASME Ⅱ-D-2019)。国际范围内,通过《气瓶和阀门材料与气体的兼容性》(ISO 11114-1—2020)来规范储氢容器的选材,并按照《150～3 000 L 无缝钢质气瓶设计、制造和试验》(ISO 11120—2015)来明确设计要求。然而,中国在参考这些标准进行无缝管式容器的疲劳设计时,面临两大挑战:一是氢气环境对容器疲劳寿命的具体影响尚未得到充分考虑;二是部分新型材料尚未被纳入相关标准,导致其在氢气环境下的设计适用性不明确。此外,中国目前还缺乏独立的第三方氢安全检测机构,氢能产业的检测能力与国际先进水平相比仍存在一定的差距。所以,中国需要在完善检测标准体系的前提下,建设第三方氢安全检测中心,检验高压储氢容器的安全性,以降低事故风险并保障安全运营。

高压气态储氢技术当前面临一些发展瓶颈,其进步受到压力容器技术和生产工艺水平的限制。为了克服这些挑战,需要在基础研究、检验检测以及技术创新等多个方面进行全面深入的探索和努力。于基础研究而言,重点是研制出能适应高压氢气环境的全新抗氢脆材料,同时也要研发出低溶氢且高稳定性的传感器材料。同时,高压储氢设备的安全配件,诸如压力表、安全阀及截止阀等的技术进步也需密切关注。在检验检测领域,由于高压储氢设备的测试条件极为苛刻,相关测试设备的研发面临较大挑战。为此,美国、日本等国家已经建立了专门的高压氢系统安全性能检测基地,如日本的 HyTReC 氢能测试研究中心。在中国,浙江大学已成功研制出 140 MPa 高压氢环境材料耐久性测试装置和 98 MPa 高压氢环境零部件耐久性测试装置[27],这些设施不仅有助于深化对高压氢脆机理的研究,还能推动低成本抗氢脆材料的开发,并对相关制造工艺进行持续改进和优化。另外,还能够借助发展高压低温气态储氢技术来促进技术创新。该技术由 Aceves 等学者在 2010 年提出,把氢气冷却至 −232.15 ℃ 并加压至 35 MPa,能让氢气的密度达到 81 kg/m^3,大概是常规 70 MPa、14.85 ℃ 下氢气密度的 2 倍,且比低温液态储氢的体积密度高出约 10 kg/m^3,存在明显的灵活性和经济性。

4.2.2 低温液态储氢技术

液态氢储存技术涉及将氢气通过冷却转化为液态,并储存于特制的低温隔热容器内。在标准大气压和室温条件下,氢气的密度仅为 0.089 9 kg/m^3,而液态氢在相同条件下的密度可达到 70.9 kg/m^3,这一特性使其成为大规模和长距离氢能运输和储存的有效解决方案。然而,氢气的液化过程需要消耗大量能源,并且在储存过程中可能会因为蒸发而导致损失,为了维持液态氢的稳定状态,必须使用具有良好隔热性能的容器。尽管如此,低温液态储氢技术在航空航天领域已经取得了相当成熟的发展,诸如美国的 NASA、俄罗斯的 JSC 以及日本的 JAXA 等机构在这一技术领域均取得了显著的成就[28]。而在民用领域,该技术的应用则主要集中在液氢储存站和氢液化设施上。在中国,液态氢的民用技术还处在初步发展的阶段。

对于低温液态氢储存容器而言,隔热性能是其核心技术指标之一。当前,低温材料与隔热技术的局限性成为阻碍该技术广泛应用的主要障碍。在材料选择方面,液氢储存容器通常依赖不锈钢、镍基合金、铝合金及玻璃纤维增强塑料等材料,以确保在极低温度下保持性能稳定。根据最新的行业标准《固定式真空绝热液氢压力容器专项技术要求》(T/CATSI 05006—2021),推荐使用专为液氢容器设计的奥氏体不锈钢 S31608 - LH,该标准还强调对材料化学成分的实际检测,以验证其适用性。该标准明确指出,液氢容器的承压部件材料应具备不低于零的奥氏体稳定性系数,且低温马氏体自发转变温度需满足工作条件。尽管 S31608 - LH 能满足液氢容器的性能需求,但其成本较高。目前,许多在用的液氢储罐仍采用标准的奥氏体不锈钢作为内胆材料,如中国"50 工程"配套的 100 m^3 液氢储罐采用 304 不锈钢,海南大运载发射场的 300 m^3 液氢运输槽车则采用 321 不锈钢。这些储罐自投入使用以来,均表现出长期安全稳定的运行特性。因此,从降低成本出发,将常规奥氏体不锈钢纳入推荐材料标准,当作液氢容器的候选材料,这一问题值得深入研究。

在增强液氢储存容器的隔热性能方面,要从降低热传导、对流以及辐射这三个层面来进行。热传导主要是经由与液氢容器相连接的管道和支撑结构产生,为减少热量损耗,需在材料选用和设计上加以全面考虑。比如,可以设计出具备真空夹套结构的管道与阀门,并在内外罐间的支撑架构中使用低导热系数的材料。液氢容器中的热对流与辐射主要通过内外罐间的夹层空间进行隔离,常采用融合对流与辐射特性的复合隔热技术来实现。低温隔热技术依据是否需要外部冷源,分为被动式与主动式两大类。被动式隔热技术因其广泛的应用性而备受青睐,包括堆积隔热、多层真空隔热、高真空隔热、变密度多层隔热、自蒸发冷却屏及其组合技术等多种方式。相比之下,主动式隔热技术因成本昂贵、能耗较高、结构繁复,其应用范围较为有限。

此外,液氢容器内外壁夹层空间的真空度还会受到吸附剂性能的影响。对于移动式的液氢储存与运输容器,液氢的晃动、热分层及闪蒸等现象会增加液氢的损失。为了有效减少这些损失,可以在液氢容器内设置横向挡板,用以限制液氢的移动并降低冲击力;同时,通过垂直安装导热板及增设横向壁肋,可以有效缓解热分层的影响;采用常压储存的方式来降低闪蒸的影响。这些措施有助于提高液氢储存容器的保冷效果,减少液氢的损耗。

与气态氢相比,液态氢更易挥发,并且容易产生静电。如果液态氢储存设备发生泄漏,会释放出高浓度的氢气,进而形成氢气云团,于封闭空间中或许会引发诸多安全方面的问题。液态氢储存设备的通风口与阀门有可能由于潮湿空气中冰的积聚而出现堵塞情况,这就可能致使设备超压以及产生机械故障。液态氢的电阻率处于 $10^{17} \sim 10^{19}$ Ωcm 这个范围,且半衰期超过数小时,故在快速流动、泄漏喷射或摩擦过程中容易积聚高静电。当静电电位超过 3.1 千伏、放电火花能量达到 0.019 毫焦耳以上且氢气浓度处于爆炸极限内时,便可引发燃烧。因此,在液态氢快速排放或因设备故障导致的高速泄漏情况下,静电积聚成为潜在的燃烧风险源。此外,液氢储存容器若发生夹层真空失效或液态氢泄漏,大量液态氢的排放不仅可能导致冻伤,还可能引发爆炸等严重后果。

国内外对于液氢储存容器的设计规范普遍设定了较低的工作压力范围(0.1~1.3 MPa),并规定了设计温度为 −253℃。在国际层面,液氢储运的标准化工作尚显不足,主要参考标准包括《液氢·道路车辆燃油系统接口》(ISO 13984—1999)和《液态氢·陆地车辆燃料箱》(ISO 13985—2006)。而在美国、俄罗斯及欧洲等地区,则依据美国国防部的 DOD 6055.09 - STD—2016 等标准,制定了 AIAA - G - 095—2004 和 NASA - STD - 8719.12—2018 等相关文件。在中国,液氢储存和运输的技术要求遵循《液氢贮存和运输技术要求》(GB/T 40060—2021)。随着军事技术解密及氢液化技术的进步,民用液氢容器、液氢瓶及车载液氢系统的研发正加速推进。

对于固定式液氢储存容器,需遵循包括《固定式压力容器安全技术监察规程》(TSG 21—2016)、《固定式真空绝热深冷压力容器》(GB/T 18442—2019)和《深冷容器用高真空多层绝热材料》(GB/T 31480—2015)等在内的多项标准,同时参考军用标准《空间热离子反应堆核动力装置术语》(GJB 5405—2005)和团体标准《固定式真空绝热液氢压力容器专项技术要求》(T/CATSI 05006—2021)。车载液态储氢容器的设计则需依据《移动式压力容器安全技术监察规程》(TSG R 0005—2011)、《冷冻液化气体汽车罐车》(NB/T 47058—2017)和《冷冻液化气体罐式集装箱》(NB/T 47059—2017)等标准。这些标准和技术规范为液氢储存容器的设计和安全提供了重要依据。

在设计液氢储存设施时,球形储罐因其优异的表面积与容积比而被视为未来大规模液氢储存的优选方案。然而,中国目前尚缺乏专门针对球形液氢储罐的设计和施工标准。在材料选择方面,国内现行标准规定的奥氏体不锈钢最低设计温度为−196℃,无法满足液氢储罐所需的−253℃低温环境。因此,未来研究需包括液氢环境下钢材力学性能的试验,并建立涵盖奥氏体不锈钢在极低温度下力学性能的数据库,以支持大型液氢储罐的开发与应用。

在液氢储存容器的保温设计上,当前大多数地面液氢储罐主要采用"珍珠岩+真空保温"技术,缺乏有效的主动保温措施,导致液氢蒸发率较高。未来研究应致力于开发更高效且成本效益更优的液氢容器保温技术,以降低液氢蒸发率,目标是实现几乎无蒸发的理想状态。同时,在标准和规范的制定方面,应加快液氢球形储罐和液氢运输车辆相关标准的制定工作,以推动液氢储存技术的进步和广泛应用。

4.2.3 有机液体储氢技术

将不饱和烃类化合物与氢气之间的化学反应实现氢气储存的方式称作有

机液体储氢。这类化合物具有类似燃料油的属性,能够在常温常压下稳定储存,并通过现有的石油运输和分配系统,如油罐车和管道,进行运输和补充。因此,在存储、运输和维护过程中,烃类液体储氢技术较为安全可靠且操作便捷,通过对现有设施进行小幅度的改进,就可以满足氢气的储存与运输需求。目前,烃类液体储氢技术已在多个领域得到应用,包括大规模的氢能储存与运输、可再生能源的存储,以及新型加氢站中的有机物质制氢等。举例来说,2018年,武汉氢阳能源有限公司及其合作伙伴成功推出了一款能够在常温常压下储存烃类液体的氢燃料电池物流车。而到了2022年,中国船舶集团七一二所也在此领域取得了进展,成功研发并调试了国内首个120千瓦级别的氢气催化燃烧供热烃类液体供氢系统。这些展示了有机液体储氢技术在实际应用中的潜力和进展。

液态有机氢载体技术依赖于能够与氢气发生可逆反应的有机物,从理论基础上讲,所有含有不饱和化学键的有机物都能够储存氢气。但在实际使用时,多种因素如储氢容量、催化活性、脱氢条件、材料的循环稳定性以及对环境的影响等,限制了这些材料的商业化发展,使得目前仅有少数有机液体材料被用于商业化储氢,它们大致可以分为以下三类:

一是环状烃类:苄基甲苯和二苄基甲苯是备受瞩目的环状烃类化合物,具有广阔的商业应用前景。特别是二苄基甲苯的异构体,已被德国 Hydrogenious Technologies 公司和美国 H2-Industries 公司等主要企业用作储氢载体。然而,这些环状烃类化合物需要相对较高的温度才能实现脱氢,因此并不适合直接作为车辆燃料电池的氢源。

二是杂环化合物:在杂环化合物中,N-乙基咔唑展现出了巨大的潜力。尽管随着N-取代基团的增加,其储氢容量可能会相应降低,但N-烷基咔唑在脱氢和加氢过程中比N-乙基咔唑更为容易,且熔点更低,因此在储氢方面更具优势。如中国武汉氢阳能源有限公司所采用的含氮杂环化合物储氢材料,能够在约200℃的较低温度下迅速释放氢气。

三是其他化合物:其他备受关注的化合物中,萘因其较高的储氢容量而广受研究;吩嗪则因其出色的稳定性和可从生物质中提取的特性而受到青睐;咔唑锂、苯酚钠等离子化合物与普通环状化合物相比,在脱氢反应中的能量变化较小,也具有一定的储氢潜力。

因此,液态有机氢载体技术的发展需要综合考虑多种因素,以实现高效、经济、环保的氢气储存和释放。在研发有机液体加氢与脱氢催化剂的过程中,科研人员的关注点主要集中在贵金属的用量、分散程度以及载体的性能优化上。脱氢反应作为一个吸热过程,往往需要在高温条件下进行,这无疑对催化剂及其配套的反应设备提出了更为严苛的标准。相比之下,加氢过程则通常在制氢厂内以较大规模实施,且其催化剂技术已经达到了相对成熟的阶段。

当前,脱氢与加氢催化剂主要划分为两大类,一类是脱氢催化剂。针对含氮杂环类有机氢化物,如N-乙基咔唑,脱氢反应普遍采用贵金属催化剂。在这些催化剂中,以钯(Pd)为活性中心的催化剂展现出了最高的催化效率。然而,值得注意的是,钯催化的N-乙基咔唑氢化物脱氢反应对分子结构的变化极为敏感,这增加了催化剂设计与应用的复杂性。因此,脱氢催化反应器的设计对于提升脱氢效率非常关键,需要精细优化其结构设计。另外一类便是加氢催化剂。对于杂环类和碳环类有机液体储氢材料而言,加氢催化剂的核心成分主要是贵金属,而在这些贵金属中,钌(Ru)在多数催化体系中展现出最为优异的催化性能。朱明原等的研究指出,在N-乙基咔唑的加氢反应中,贵金属的活性顺序为钌(Ru)>钯(Pd)>铂(Pt)>镍(Ni),镍(Ni)包括单质和负载型催化剂,而其他贵金属主要以单质形式存在。因此,研究有机液体加氢和脱氢催化剂时,必须综合考量贵金属的种类、用量以及载体的结构特性,以提高催化效率和降低成本。

有机液体储氢技术在实现广泛商业化应用之前,还需克服若干挑战:一是循环稳定性问题。一些有机液体在经过多次充放氢循环后,特别是在高温脱氢条件下,容易发生分子结构的断裂,这会导致其储氢能力降低,并可能引起催化剂积碳,影响其长期应用的可行性。因此,提高有机液体的循环稳定性,延长其使用寿命是一个关键的研发方向。二是脱氢能耗问题。脱氢过程需要吸收大量热量,导致能耗较高。如果脱氢设施周边有工业设施可以提供废热,例如电厂或钢厂,这些废热可以被有效利用以降低脱氢过程的能耗。同时,脱氢设备的高技术要求和成本也是需要解决的问题。三是催化剂效率问题。提升脱氢反应效率是当前面临的一项挑战,毕竟副反应会降低氢气的纯度,并且在高温条件下,催化剂容易发生失效的现象,这些都是催化剂开发过程中遇到的重要挑战。此外,贵金属的高成本、选择性的欠缺、活性的降低以及使用寿命的有限,也是当前催化剂研发中亟待解决的问题。在中国的脱氢催化剂研究领域,大部分工作仍然停留在实验阶段,这意味着我们需要进一步加大研发力度,以期推动脱氢催化剂技术的快速发展与突破。为了推动有机液体储氢技术的发展,需要在提高有机液体的循环稳定性、降低脱氢过程的能耗以及开发更高效的脱氢催化剂等方面进行深入研究和技术创新。

4.2.4 固态储氢技术

固态储氢技术是指固态材料采用物理或化学方式吸附氢气,或者与氢气形成化合物来储存氢能。与其他储氢方法相比,固态储氢展现出一些显著优点。它能够实现较高的单位体积储氢密度(可达到 $40\sim50$ kg/m^3)、在相对较低的压力下储氢(一般不超过 5 MPa)、提供高纯度的氢气,并且具有良好的循环充放能力。这些特性使得固态储氢极有可能应用在绿色电力制氢储能、氢气加注站及氢燃料电池氢源供应等多方面。研究固态储氢技术的关键在于开发高效储氢材料、设计适宜的储氢容器及优化热管理方案[29]。

固态储氢技术的进步与储氢材料的研发及其实用化进程紧密相连。基于不同的储氢机理,储氢材料主要可以分为物理吸附型、金属氢化物型及其他特殊类型。在这些材料中,金属氢化物凭借资源丰富、储氢容量大、储氢条件温和且易于调控等优势,被视为最具商业化潜力的选项。当前,研究的重心集中在几类关键的金属氢化物上,包括稀土镍基(AB5 型)、钒基(具有 BCC 结构)、钛基(AB 型)、锆基(AB2 型)以及镁基(A2B 型)等金属氢化物。尽管如此,这些材料普遍存在一些挑战,如常温时储氢能力弱、重复循环后不稳定、容易粉化及吸氢时体积变大。所以,改良储氢材料以及开发具有更高储氢密度、更低成本和更强循环稳定性的新材料,成为该研究领域的关键任务。

在固态储氢材料的吸氢和放氢过程中,分别伴随着热量的释放和吸收,这使得储氢容器的热交换效率成为影响吸放氢速度的关键因素。为了提高这一效率,储氢容器的设计采用了多种形态,包括管状、盘状、罐状、蜂窝状以及仿生结构等,以优化热交换性能。研究人员通过在储氢材料中添加高导热性物质,如铝屑、铜屑、石墨等,调整填充方式,或在容器壁上增加导热翅片来提升热交换效率。学术界对多种固态储氢容器进行了深入研究,如 La Ni5 储氢容器采用了管翅式换热器、镁基储氢容器配备了螺旋盘管换热器、圆柱形储氢容器装有环流式翅片管和夹套换热器。研究显示,通过在主要热传导路径上添加高热导率材料,可以显著提升热传导效率。同时,在维持翅片总体积恒定的情况下,增加翅片数量能够增强反应器的氢吸收能力。近期,高压—固态复合储氢容器技术取得了显著进展,该技术融合了高压气态储氢的快速充放氢特性与固态氢化物储氢的高体积密度优点,从而大幅提升了储氢容器的储氢量、放氢速度及整体效率,为储氢技术的发展指明了新的方向。

在固态储氢系统的吸氢与放氢流程中,储氢罐不仅需承受氢气带来的压力,还需应对储氢材料在吸放氢过程中体积变化所产生的机械应力,因此,确保设备的结构强度至关重要。同时,必须高度关注吸放氢过程中可能导致的储氢材料粉尘爆炸风险以及热稳定性下降等安全隐患。

就标准化层面而言,固态储氢技术的标准化进程尚未与技术革新保持同步。举例来说,《镁基氢化物固态储运氢系统技术要求》(T/CECA-G 0148—2021)这一标准,其适用范围仅限于运输压力不超过 0.1 MPa、储运环境温度介于－40℃～65℃之间,具备可逆充放氢功能且充放氢压力不超过储运容器公称工作压力的镁基氢化物固态储运氢系统。而对于其他种类的储氢合金,目前尚缺乏相应的标准规范进行指导和约束。

为了使固态储氢技术达到产业化水平,以下几个关键领域的突破性进展是必不可少的:

第一,开发新型固态储氢材料。需要研制出具有储氢容量高、成本低、操作简单且具有长循环寿命等优点的固态储氢材料。目前,大多数研究中的固态储氢材料只能满足其中一两个要求。

第二,推进大型单体固态储氢设备的研发。当前,单体固态储氢容器的储氢量仅限于百千克级别,相较于市场上的其他储氢技术,尚未展现出显著优势。为此,我们需要深化对吸放氢过程中热质传递机制的理解,优化固态储氢材料的填充效率,并加强热管理技术的研发。

第三,加速提升吸放氢速度。固态储氢技术在商业化进程中面临的一大障碍是吸放氢速度较慢。为了加快储氢材料的吸放氢速率,我们不仅要深入探索吸放氢过程中的热质传递和热管理技术,还需全面考虑储氢设备与用氢设备之间的参数匹配问题,以实现更高效、更快速的氢气存储与释放。

简而言之,固态储氢技术的发展需要在材料科学、设备设计和系统集成等多个方面取得显著进展,以实现其在商业应用中的竞争力。

表 4.3 详细对比了不同储氢方式的优缺点和应用领域。

表 4.3 不同储氢方式对比

储氢方法	优点	缺点	应用领域
高压气态储氢	结构简单,能耗低,速度快	体积密度低,安全性能低	普通钢瓶,轻质高压储氢罐,车用储氢[30]
低温液态储氢	体积密度高,纯度高,安全性好[31]	能耗大,易挥发,成本高	航空航天领域
有机液态储氢	储氢体积密度高,纯度高,储运过程安全	能耗大,操作条件要求高,易发生副反应	
固态储氢	体积密度高,能耗低,安全性好	成本高,质量密度低,能效低	少有应用
有机化合物储氢	体积密度高,安全性好	化学反应强,操作复杂,杂质气体多	难以实现大规模应用

4.3 氢气运输与配送环节

作为氢能产业链的中游,以现阶段的技术手段,氢气运输有氢气长管拖车运输、管道运输、液氢车船运输三种主要的运输方式,随着技术的发展,后续的固氢运输将进一步发展,但现阶段许多问题仍无法解决。

4.3.1 氢气长管拖车运输

氢气长管拖车是一种高压氢气运输工具,它由一组大容量的钢制无缝气瓶、框架结构以及行走机构或者直接与行走机构连接固定而成。这种拖车的储氢系统通常包含6~10个独立的高压气瓶,工作压力在15~35 MPa之间,单个气瓶的容积范围为10~30 m³,总计能够容纳3 500~4 500 m³ 的氢气。由于其操作的灵活性、便捷性和高运输效率,氢气长管拖车已成为目前最常用的高压氢气运输方式。因此,改善氢气长管拖车的安全性和运输效率将是未来技术发展的两个关键目标。

在运输过程中,氢气长管拖车的气瓶会持续面临高压环境和频繁的充放氢操作。此外,其在行驶过程中还会经历各种路面状况引起的震动以及可能的交通事故或外物撞击等外部力量的影响。鉴于这些车辆常在人流车流密集地方行驶,氢气泄漏及火灾爆炸事件一旦发生,将可能对公共安全构成严重威胁。例如2021年8月沈阳氢气罐车因软管破裂导致的燃烧事故,就凸显了确保氢气管束拖车安全运行的极端重要性。据中国特种设备检测研究院的分析,管束拖车事故的主要起因涵盖泄漏、材料疲劳、火灾、交通事故以及违规的超压充装等。其中,泄漏失效是最为常见的事故类型,而泄漏点主要集中在气瓶端塞、阀门以及管道接口等部位。因此,对管束拖车的这些关键部位实施严格的泄漏失效监测,是确保其安全运行不可或缺的一环。

氢气长管拖车的安全通行需要依据相关法规进行定期的安全检查和全周期的安全监管。这些审查包括对气瓶、管道接头、安全附件以及固定装置等多个环节的检查。《压力容器定期检验规则》(TSG R7001—2013)的附件D《长管拖车、管束式集装箱定期检验专项要求》详细描述了长管拖车的检验步骤,而《长管拖车、管束式集装箱定期检验与评定》(NB/T10619—2021)则进一步明确了定期检验的具体要求。同时,《大容积钢质无缝气瓶》(GB/T33145—2016)、《长管拖车》(NB/T 10354—2019)、《管束式集装箱》(NB/T 10355—2019)等标准为氢气长管拖车的设计和制造提供了规范。《氢气长管拖车安全使用技术规范》(TCCGA40003—2021)规定了氢气长管拖车在充装、运输和卸气过程中的安全技术要求。总体而言,中国在氢气长管拖车的设计、制造和检验方面建立了一套相对完整和成熟的标准体系。随着人工智能、大数据、物联网和先进传感器技术的发展,长管拖车的安全管理正在逐步实现智能化。通过实时监控气瓶的温度、压力、泄漏和振动等参数,并利用互联网信息技术建立设备运行状态的分析和诊断系统,可以构建氢气长管拖车的安全防护机制,实现对整个使用周期内事故的监测和预警。

长管拖车操作灵活且便捷,但其单次运输的氢气量一般低于500千克,仅占总重量的1‰～2‰。为了提升运输效率,未来的氢气长管拖车发展将聚焦于轻量化、高压化和大容量化。减轻车辆自重可以有效提升长管拖车的动力表现及氢气运输效率。在确保安全性的基础上,我们可以通过优化气瓶的材料选择和结构设计来达到车辆减重的目的。另外,提高储氢气瓶的设计压力与容量也是增加长管拖车氢气携带量的重要途径。国际上,一些国家已经开始研发和初步应用压力更高(70 MPa)和容量更大(15 立方米)的长管拖车气瓶。在中国,2020年科技部将"适用于公路运输的高压、大容量管束式集装箱氢储存技术"列入"可再生能源与氢能技术"的重点研发领域,并在国家的重点研发计划中明确了具体的技术目标,要求气瓶的设计压力至少达到 50 MPa,且储氢质量密度至少为 5.5%。这些措施标志着中国在推动氢气长管拖车技术进步和提升运输效率方面迈出了重要步伐。

4.3.2 氢气管道运输

管道运输氢气主要有两种形式:纯氢管道和掺氢天然气管道。

在纯氢管道方面,国际上的发展较为成熟,已经拥有超过 4 600 千米的纯氢管道网络。相比之下,中国的氢气工业管道和专用管道总长度超过 300 千米,但在长距离氢气输送管道的建设上相对落后,目前投入运营的长输管道长度不足 100 千米。一些关键的纯氢管道项目包括:2014 年投入使用的巴陵至长岭输氢管道,其为国内最长的纯氢管道;2015 年投入使用的济源至洛阳输氢管道,其以大管径、高压力和大输量成为中国最大的现役纯氢管道。随着大规模输氢需求的增长,中国规划并建设了多个新的纯氢管道项目,包括玉门油田氢气输送管道、定州至高碑店氢气管道工程、达茂工业区氢气管道工程以及乌兰察布绿电制氢项目氢气管道。其中,全长超过 400 千米的输氢管道,作为国内首条跨省区、长距离的大规模纯氢输送管道,已被纳入国家石油天然气"全国一张网"建设规划,为推动中国的"西氢东送"工程发挥了重要作用。当前,纯氢长途输送管线正处于一个规划与建设高峰期,然而其实施过程却遇到了不少挑战,主要原因包括以下几个方面:

第一,关于管道材料的相关情况。在该领域内,氢原子因其能够轻易渗透至管道钢材内部而著称,这一特性可导致氢脆现象的发生,可能会引发一系列问题,如氢致裂纹的产生、氢鼓泡的形成以及金属机械性能的显著降低。特别是在高压环境下,当管道暴露于富含氢气的氛围中时,氢原子与材料内部缺陷之间的相互作用会加剧,从而进一步恶化管道材料的力学性质。此过程受到材料自身特性、外界环境条件、应力状态以及生产工艺等多方面因素的影响,且这些因素间可能存在复杂的交互效应。因此,在这样的环境下准确预测并有效控制管材的行为表现极具挑战性。目前,对于高压氢气中材料氢脆机理的理解尚不充分,也缺乏能够在工程实践中有效防止氢脆问题发生的成熟策略。

第二,完整性管理及标准规范状况。与常规管道相比,氢气管道在运营管理上面临更为严苛的标准需求,并且要求具备完善的应急响应计划。为了促进氢气管道系统完整性管理的不断进步,有必要深入研究管道缺陷检测、在线监测、事故演变规律以及氢气微量泄漏裂纹识别等相关议题。国际上已经出台了一系列针对氢气管道的标准和规范,如《氢用管道系统和管道》(ASME B31.12—2019)、《氢气管道系统》(IGC Doc 121/14—2014)、《氢气管道系统》(AIGA 033/14—2014)、《氢气管道系统》(CGA G5.6—2005(R2013))等。尽管如此,我国在此领域仍缺乏符合实际情况的建设与管理标准。值得注意的是,2021 年 7 月,中国标准化协会批准了《氢气输送工业管道技术规程》的制定工作;同年 8 月,《天然气掺氢混气站技术规程》征求意见稿发布;2022 年 10 月,《城镇民用氢气输配系统工程技术规程》征求意见稿公布。这些表明我国正在逐步建立和完善相关标准体系。

第三,建设及运行成本状况。氢气管道的建造费用大约是天然气管道造价的 2~3 倍,其成本高昂主要是因为施工过程中必须使用能够抵御氢脆现象的特殊钢材、专门用于氢气的压缩装置、精确测量氢气流量的专业仪表以及密封性能更佳的阀门与管件等。针对这一挑战,中国政府正在积极进行规划,并已推出一系列财政补助措施,旨在加速氢气管道的研究与发展进程。为促进纯氢管道在未来的发展,选择合适的材料与设备至关重要,这不仅有助于降低建设成本,还能减少安全事故发生的风险,并且需要建立健全相关技术标准和规范。虽然目前中国在纯氢管道规模上相较于国际水平仍存在一定差距,但国家对于该领域的重视程度正持续增加。科技部已将氢能输送技术纳入《"十四五"国家重点研发计划》下的"氢能技术"专项,重点聚焦于研究中低压(不超过 4 MPa)及高压(超过 4 MPa)环境下纯氢及掺氢天然气管道运输的核心技术。预计到 2030 年,中国纯氢管道的总长度将超过 3 000 千米,这对于破解氢气运输难题及构建区域性的氢气主干网络具有深远影响。

在氢能管道建设的初期阶段,鉴于相关基础设施尚未完全建立,探索利用现有天然气管道混合输送氢气成为一个非常实际的选择。国际能源署发布的统计资料显示,截至 2019 年初,全球范围内大约实施了 37 个涉及将氢气混入天然气管道中的示范项目。如 Naturall Hy、荷兰的 VG2、法国的 GRHYD 以及英国的 Hy Deploy 等项目均进行了不同比例氢气与天然气混合输送的实验。

中国正致力于探索将氢气混入天然气管道的技术领域。如 2019 年辽宁省朝阳市为了推进"氢进万家"的愿景,启动了一项天然气掺氢示范项目,该项目对小规模的氢气生产、混合及利用过程进行了测试。近年来,中国已规划了多个相关项目,诸如张家口的天然气掺氢管道示范项目和广东的海底掺氢管道项目等。目前中国城镇内已铺设的天然气管道总长超过 113×10^4 km,为天然气管道掺氢技术的发展提供了坚实的产业基础。尤为瞩目的是,2023 年中国石油在宁夏银川宁东实施的天然气掺氢管道示范项目,成功地将掺氢比例提升至 24%并安全稳定运行了 100 天。根据《天然气管道掺氢输送及终端利用可行性研究报告》的预测,在"十四五"期间,中国预计会增加 15~25 个天然气掺氢示范项目,且掺氢比例将在 3%~20%之间变化,预计氢气消耗量可达 15×10^4 t/a,总管道长度将超过 1 000 千米。

尽管掺氢天然气输送系统与传统的天然气输送系统在某些方面显示出一定的共通性,但从技术特征的角度来看,前者相较于后者具有四个显著的区别:

一是掺氢比方面。目前,关于氢气掺混的比例还没有达成统一标准,但天然气输送和城镇燃气质量的相关规范中已包含对氢气含量的具体要求。在国家《"十四五"重点研发计划》的"氢能技术"专项研究中,特别关注了掺氢比在 5%~20%(体积分数)范围内的研究。未来,还需深入探索,以便在不同应用条件和限制因素下,科学合理地设定掺氢比例。

二是关于管材及关键设备与氢气兼容性的问题。在天然气输送体系中,选择管材、压缩机、流量计和调压阀等组件时,通常依据的是天然气本身的特性。因此,在引入氢气混合的情况下,必须重新评估这些材料和设备在含氢环境下的适用性。就管材而言,目前对于掺氢条件下管道材料相容性的研究仍然是一个挑战。至于系统中的主要装置,当存在氢气成分时,有关压缩机的喘振区间、阻塞限制及其性能曲线的数据尚不够充分;诸如安全混氢比例以及适应特定工作条件的能力等问题仍需进一步探讨。另外,氢气的存在还会影响流量计测量的准确性、调压阀通过流体的能力以及密封件的有效性。未来的研究方向应该包括开发适用于含氢环境下流量计精度校正的技术,建立调压阀运行参数调整的方法,并构建描述法兰接头处因掺氢而引起的天然气泄漏模型。

三是在氢气掺混技术和相关设施方面。为了保障掺氢天然气在运用中的稳定与安全,必须严格调控氢气的掺混比例及其分布的均匀性。为此,掺氢天然气输送系统通常配备有专业的掺氢混合站。当前,为了适应终端用气量的动态变化,一种名为随动流量掺氢的技术得到了广泛应用(见图 4.2)。在这一工

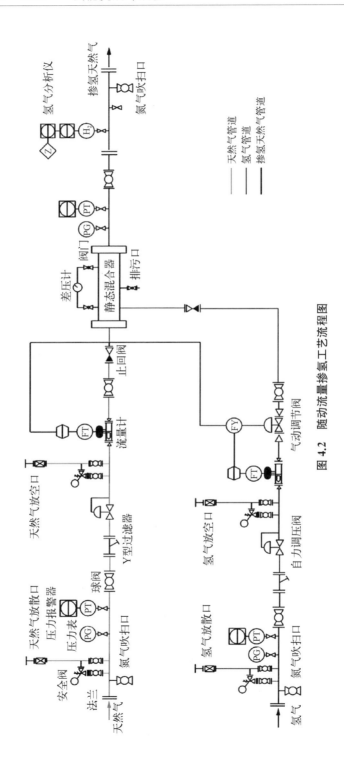

图 4.2 随动流量掺氢工艺流程图

艺过程中，静态混合器扮演着举足轻重的角色，其负责实现氢气与天然气的有效混合。依据《天然气掺氢混气站技术规程》的标准，氢气和天然气混合后的气体均匀性需达到至少95%的高标准。在随动流量掺氢的整个流程中，精确调控氢气比例是极为关键的一环。当前，随动流量掺氢设备的典型操作流程一般如下：首先由操作人员基于经验和其他因素设定初步的掺氢比率；然后，在气体混合路径上，通过氢分析仪或色谱仪监测氢成分浓度；随后将测得的数据反馈给控制系统；最后，该系统据此调整氢气供给量。此外，《天然气掺氢混气站技术规程》还特别指出，掺氢比例的调节精度需要被控制在±1.5%以内。

四是氢分离技术及设备方面。掺氢天然气不仅可以直接作为燃料使用，还能够通过进一步的提纯过程转化为纯氢以供更广泛的应用。因此，开发适合于含氢天然气管道输送系统特性的高效氢气提纯技术显得尤为重要。当前主流的氢气提纯方法涵盖了膜分离、低温蒸馏、电化学分离以及变压吸附等多种途径。然而，在高压、大流量且氢含量相对较低的情况下，这些技术普遍存在着高纯度氢气产出效率低下、回收率不足及成本高昂等问题。未来研究方向应着眼于创新性材料如高效能膜材和具备抗毒化、抗粉化特性的新型吸附剂的研发，同时探索更加经济有效的氢气分离工艺，并致力于设计制造适用于上述特定条件的专用分离装置。

当前，在掺氢天然气管道适用标准方面，无论是在国内还是国际上都存在着一定的空白。然而，中国正在这一领域积极努力，不断完善相关规范体系。如2023年中国已经启动了《天然气长输管道掺氢输送适应性评价技术指南》的制定工作；同时《天然气管道掺氢输送适用性评价方法》也已进入公开征求社会各界意见的关键阶段。

4.3.3 液氢车船输送

在氢气需求量较大的情况下，采用长管拖车作为运输工具时，往往面临车辆调度上的复杂问题。相比之下，若选择液态氢作为输送方式，则可以在相同氢气运输量下显著减少所需运输次数。液态氢的运输手段主要包括陆地、海洋以及管道三种。对于陆上运输而言，最常用的载体是专门设计用于装载低温绝热储罐的液氢槽车，这些储罐通常是水平放置的圆筒形状。当前市场上常见的商用液氢储罐容量约为65立方米，能够储存大约4 000千克的液氢。这种类型的槽车因其高效性，在为加氢站供应氢气方面扮演了至关重要的角色。此外还有一种适用于长途运输的深冷铁路槽车,其单个储罐可容纳高达100立方米的液氢,并且具有较高的经济性和运载能力。然而,从全球范围来看,此类专用车辆的线路十分有限;在中国,这类设施主要用于向卫星发射基地运送液氢燃料。针对需要进行远距离且大批量运输的情况,可以利用特别建造的大容量船舶来完成海路运输任务,这些船只配备了巨大的液氢存储装置。2017年,日本海事协会发布《液化氢运输船指南》,详细规定了液氢运输船舶的安全标准。至2022年,川崎重工成功制造出世界上首艘液氢运输船Suiso Frontier,并实现了从日本神户到澳大利亚黑斯廷斯之间的首次航行,这一成就证明了通过海运方式进行大规模液氢运输的可能性。尽管与陆地运输相比,海上运输方式展现出更优的经济性和安全性优势,但由于涉及较高技术水平及较大投资成本,中国在此领域仍处于初步发展阶段。

液氢可通过管道进行传输,但此方式要求管道具备卓越的隔热性能,因此仅适宜于短途运输。目前,这项技术主要应用于航天领域以及液氢加氢站内部管道。为推动液氢管道传输技术的发展,"氢能技术"作为"十四五"国家重大研发计划的关键专项之一,已将"液氢的转注、输送及长期高密度储存技术"纳入其研究范畴。该研究聚焦于提高液氢转注效率、优化输运过程中的绝热性能及安全性评估。根据其设定的技术标准,明确规定了在液氢温度范围内,每米管道的最大允许热量损失不得超过2瓦(且管道内径至少为80毫米)。

有机液体氢化物在运输过程中不需要依赖高压容器或低温设施,从而使得其运送过程更加便捷与安全。整个输送体系的基本步骤:一是通过催化加氢技术将氢气储存在特定的有机载体中;二是利用槽罐车将这些含有氢气的化合物运送至目的地——加氢站点;三是到达后再借助于催化脱氢工艺从载体中提取出可供终端用户使用的纯净氢气;四是已经释放了氢气的有机介质会经过冷却处理,并被送回原厂以实现重复使用。值得注意的是,在此过程中不存在空载返回的现象,因为每次都需要携带已脱除氢气后的载体回到起点,这意味着无论是去程还是回程都是满负荷运作,这种操作模式对物流成本产生了一定影响。当前阶段,中国对于此类氢能储存及传输技术的研究报道尚不多见,相比之下,德国的Hydrogenious Technologies公司和美国的H2-Industries公司则在这方面展开了更为广泛深入的探索。

4.3.4 固态氢运输

固态氢的输送技术展现出几个明显的优势，如其所需的储存容器工作条件相对温和，并且整个系统在安全性方面表现优异。然而，该技术也面临着一些挑战，主要问题在于储氢材料的质量储氢密度相对较低，这直接限制了运输效率。因此，理想的固态氢运输设备应当既轻便又具备高储氢能力。另外，储氢合金不仅成本高，而且重量大，从经济性和长距离运输的角度来看，其效益并不显著。通常情况下，普通的货运车辆可以用于完成固态氢的运输任务，而专门设计用来运送固态氢的车辆在市场上较为罕见。值得一提的是，中国氢储（上海）能源科技有限公司成功研制出一款采用镁基材料的固态储氢车，该车不仅能满足加氢站的供氢需求，还能广泛应用于分布式电站储能等多个领域。综上所述，中国的固态氢输送技术正处于蓬勃发展的阶段。

4.3.5 氢气储运环节的经济性分析

氢气的储存与运输技术的成本效益显著地影响了终端用户的氢气使用成本。鉴于储运方法种类繁多，加之应用场合广泛，直接对比各种技术的成本效益面临一定挑战。为此，研究者提出了一种解决方案：基于运输量和距离这两个关键参数构建"点对点"的运输场景，并据此建立了一个经济性评估模型。利用此模型，他们详细比较了长管拖车、管道输送及液态槽车等不同条件下氢气运输方式的成本、能量消耗以及安全性能，并根据研究成果提出了关于选择最具经济效益储运方案的建议。丁镠等研究人员开发了一个从制氢设施到加氢站之间的成本估算数学框架，通过这一工具深入探讨并对比了高压气体储存、低温液体储存及固态储存三种主要形式下的成本问题。游双矫及其团队则采用了静态分析中的费用计算方法来全面评价管道运输、液态槽车、长管拖车以及有机液体载体等多种途径的经济效益。他们的研究表明，在近期至远期的不同阶段内，上述四种模式在短途运输情境下各自展现出不同的成本特点；此外，还特别考察了氢气配送环节及其相关开支，并对未来短期内此类运输的成本变化趋势进行了预测。

综上所述，当前关于氢能存储与运输经济性的研究模型主要集中在从制氢设施到最终用户这一过程的成本效益分析上。这些模型中所采用的供应链成本计算公式可以总结为：

$$C = C_S + C_T \tag{1}$$

$$C_T = C_{T1} + LC_{T2} \tag{2}$$

式中，C 为氢能储运供应链成本，单位为元/kg；C_S 为氢气出厂前的储运成本（如压缩/液化），单位为元/kg；C_T 为氢能运输过程中的储运成本，单位为元/kg；C_{T1} 为固定成本，单位为元/kg；C_{T2} 为可变成本，单位为元/(kg·km)；L 为输送距离，单位为 km。

本研究选择了三种氢能源的储存与运输方法，包括氢气管道、液氢槽车及氢气长管拖车，并以气态和液态氢气运输的整体成本为目标，在现有技术水平的基础上对这三种方式进行成本评估（详情见表 4.4）。已知条件为：氢气长管拖车使用的储氢罐压力达到 20 MPa；液氢槽车配备有 40 m³ 容量的储氢罐。基于此，我们作出以下假设：一是加氢站的日加氢量设为 1 000 kg。对于氢气长管拖车，每次充卸所需时间至少 8 小时，剩余气体比例为 20%；而液氢槽车则需约 2 个小时完成充卸过程，残余率为 3%。二是液氢采用液氮制冷技术，电价设定为 0.5 元/(kW·h)。三是在人员配置方面，每辆车安排两名驾驶员及一名负责充卸操作的技术员，平均年薪每人 10×10⁴ 元。四是车辆年度保险费用定为 1×10⁴ 元。五是关于燃油消耗及相关电费，根据计算每行驶 100 千米消耗柴油 25 升（单价 7 元/L）来估算。六是维护保养成本按每千米 0.3 元计算，过路费标准为每千米 0.6 元。七是不同类型的运输工具适用的距离范围分别为：氢气长管拖车适用于 200～800 千米之间的路程；液氢槽车适合于更远距离，即 200～1 500 千米；而通过氢气管道输送时，其有效传输距离介于 25～500 千米。根据公式(1)与(2)，可以得出上述三种方式下的总运输成本区间分别为 9.59～22.31 元/kg、20.39～22.73 元/kg 以及 1.16～2.91 元/kg。由此可见，在所考察的所有方案中，利用管道进行氢气输送最经济，至于液氢槽车与氢气长管拖车之间的成本比较，则主要取决于具体的运输距离。

当前，在确保氢能储存与运输技术安全性的基础上，提升其经济效益仍是一个亟待解决的难题（具体参见表 4.4）。鉴于运输距离、应用场景以及资源条件的差异，各种氢能储运方式均展现出独特的特点和各自的优缺点，并且在成本效益上存在显著差异。以长管拖车氢气储运为例，可以通过增加储氢压力的方式，来提升储氢密度和运输效率，从而达到大规模运输时降低成本的效果。对于液氢槽车储运氢气而言，当前氢液化系统存在的效率低、能耗高以及初始投资成本大等问题亟须得到重点关注与解决。随着相关法律法规体系的日益健全,中国的液氢生产和运输正逐步向民用领域拓展,这一趋势有望助力降低储运成本。至于管道输送氢气方面,通过选用合适的材料并确保氢气需求量的稳定,可以有效提升管道运输能力的利用率,从而在一定程度上缓解高昂的初期建设投资问题。氢能储运技术的发展趋势是从单一气态向多相态发展、从低压向高压转变、从简单方式向复合手段过渡;伴随着这一进步过程,氢气的储运能力和经济性都将得到逐步改善。

表 4.4 现有氢能储运技术水平下气氢与液氢储运成本表

氢能储运方式	出厂前的储运成本/(元·kg^{-1})	固定成本/(元·kg^{-1})			可变成本/(元·kg^{-1}·km^{-1})	
		设备折旧	人工	车辆保险	耗油	过路或保养
氢气长管拖车	1.05	1.15	3.03	0.12	0.014 0	0.007 2
液氢槽车	19.25	0.35	0.42	0.01	0.001 2	0.000 6
氢气管道	—	0.07	0.01	—	0.900 0	—

当前在中国的氢气储存与输送领域,传统的高压气体存储与长管拖车方式依旧占据主导地位。然而,随着技术的不断进步以及新材料的引入,液态氢的车载与船载运输、纯氢及其混合气体的管道输送有望逐渐成为主要发展方向。此外,由于有机液体和固态氢存储在安全性方面的明显优势,这些方法也具备良好的应用潜力。基于上述分析,氢气储运的发展趋势可概括为以下几点:

第一,高压气态储氢设备的研发方向是朝着更高压力、更大容量、更长寿命和减轻重量的目标迈进。在此过程中,开发低成本适用的高压材料尤为关键。对于车载小型高压氢瓶,未来方向可能是向Ⅳ型瓶的转型,并进一步加强高压储氢设备的检测和评估技术。

第二,球形液态氢罐被视为未来大规模液氢存储的关键发展方向,因此需要尽快推进其设计和建设标准的制定。现阶段,重点研究如何提升液氢容器的隔热性能,以尽量减少液氢的蒸发损耗。通过改进低温材料特性、优化液氢存储设计准则并研究更有效的隔热技术,可大幅度提高液氢存储的安全性与经济效益。

第三,在有机液体储氢技术领域,要实现广泛应用,还需应对一系列问题,如储氢循环效率不高、脱氢所需温度较高且能耗偏大、催化剂成本昂贵且选择性差等。固态储氢的研发应聚焦于开发高储氢密度、低成本、循环性良好和快速响应的材料,同时着重改进储氢装置的热管理技术。

第四,氢气长管拖车运输技术的发展将集中于提升安全性与输送效率。纯氢管道运输应侧重于管道材料的选择、建立完整的管理策略、制定相关标准以及控制成本等方面的研究。对于掺氢天然气管道运输,需进一步研究管道兼容性、掺氢工艺及设备、氢分离与提纯等技术,同时充分利用现有天然气管网基础。此外,有机液体和固态储氢技术的实际应用价值取决于特定场景,作为氢能传输体系的有效补充,这些方法在实际应用中不可或缺。随着氢气储运技术的进步,降低氢气使用成本成为可能,但其经济性分析依然是个挑战。为此,建立适用于不同氢气储运技术的成本模型将有助于氢能产业链中各环节的投资决策。

4.4 氢能应用环节

氢能在现代电力系统中的应用主要通过氢燃料电池来体现。氢燃料电池在运行时不会产生火焰,其结构较为简单,操作稳定且噪声较低。由于这些特点,氢燃料电池被广泛用于电力供应和备用能源系统,涉及电力系统、交通运输及工业应用等诸多领域[32]。

4.4.1 电力系统

从电力系统的视角出发,微型燃料电池热电联供装置能够通过重整天然气或城市燃气制备氢气,其能源转化效率可高于40%。此外,过程产生的余热还可再次利用,热利用效率同样可达40%以上。此方法的显著优势在于支持分散式部署,不仅可以满足城市不同地区的电力和热能需求,还能灵活结合清洁能源,实现能量的多样化消耗。可进一步将生产出的氢气用于燃料电池循环发电,展现其环保优势,在构建城市微电网体系方面具有很大的应用潜力。

4.4.2 交通运输

在交通运输领域,氢燃料电池的应用已覆盖多个方面,能够将氢气化学反应产生的能量转化为机械能,并在全球许多地区实现初步的商业化推广。氢能可以直接作为燃料推动氢发动机的运转,也可以与传统燃油混合使用。相比传统燃油车,氢能车具备低碳排放、出色的低温启动性能、较高的能量转化效率和较少的能量损失;相较于电动汽车,氢能车加氢速度更快,续航里程更长。然而,在海上运输中,氢能技术更适合短途航行。目前,多数船用氢燃料电池采用高压气瓶储存氢气,这种方式储氢密度有限,若用于长途航行则需配备大量储氢容器。因此,在交通应用方面,氢能面临高生产成本、安全保障不足、加氢设施滞后及储氢难度大等多重挑战。

4.4.3 工业领域

在工业应用方面,氢能在钢铁、石油化工等重工业领域发挥了重要作用,广泛应用于冶金工艺、氯碱工业以及乙烷和丙烷的裂解等多个环节,并能在过程中生成氢气。根据专业机构的预测,在中国,每年从工业副产品中可以回收的氢气总量约为 15 亿立方米,这相当于大约 21 亿千瓦时的电力转换潜力。这一数据凸显出氢能在工业应用中的巨大潜力。具体来说,氢能在工业领域的应用主要体现在以下方面:

在钢铁生产过程中,氢气经常作为制造过程中的副产物,用于满足其他燃料的消耗需求。在传统的高炉法钢铁生产中,通常采用焦炭、煤或天然气作为还原剂;而在碱性氧气转炉炼钢阶段,为了得到高质量的液态钢,需要除去多余的二氧化碳。如果在这个阶段用氢替代焦炭或天然气,可以有效降低碳排放。此外,焦炭制备、高炉作业和氧气转炉炼钢过程中产生的含氢废气,通过回收和提纯后可以获得高纯度氢源,这不仅能提供额外热量,还能减少对化石能源的依赖。

在石油化工行业,加氢处理、加氢裂化和脱硫等工序是传统燃料精炼的关键环节。随着化工产业的不断发展,市场对低硫、高质量燃料的需求逐步上升,但轻质低硫燃料的供应相对减少,这也导致了氢气需求的增长。此外,在生产第二代生物燃料的过程中,也需要加氢处理以提高燃料质量[33]。

综上所述,氢能在工业领域的应用优势如下:首先,工业生产过程中产生的大量副产氢,为氢能的低成本供应提供了丰富的来源;其次,通过提纯并利用这些副产氢气,可以显著降低最终燃料的生产成本,显示出广阔的应用前景。

展望未来,氢能有望成为本地可再生能源如风能、太阳能和水电的有效补充,并在电力供应、交通运输及高端制造等领域得到广泛应用。加速氢能产业布局将对碳达峰与碳中和目标的实现起到重要推动作用。

5 氢能技术进展

5.1 氢气生产技术的发展

5.1.1 化石能源重整制氢技术的发展

煤制氢的工艺流程主要包括：在高温且常压或加压条件下处理煤炭，利用气化技术将其转换为合成气体；通过水煤气变换反应进一步提纯氢气。鉴于煤气化过程中需要氧气参与，因此还需配置空气分离装置以满足需求。此方法在制氢领域展现出显著的优势，不仅技术路径已经相当完善，而且成本效益较高，特别适合于大规模生产应用。相较于天然气和甲醇制氢，煤制氢的成本更为低廉。不过，该技术也面临一些挑战，如较高的碳排放量及相对较低的氢气纯度问题。

通过将甲烷与水蒸气转化为一氧化碳（CO）和氢气（H_2），随后在一转换装置中进一步将 CO 转变为二氧化碳（CO_2）及更多的 H_2，最终利用变压吸附技术对生成的气体进行纯化处理以获得纯净的氢气[34]。当前，在全球范围内生产的氢气总量中，采用天然气作为原料来制备氢气的方法占据大约 96% 的比例。由于在整体成本构成里，天然气的成本超过了 70%，这使得该生产方式对于天然气价格极其敏感。鉴于天然气并非无穷无尽且其市场价格持续处于高位，预计在未来较长一段时间内，这种方法并不适合广泛推广。对于已经建成的相关设施来说，它们主要会在环境标准较为宽松的地方为市场提供氢能源。尽管从技术成熟度上看，利用天然气制氢的过程已经相当完善，但仍然面临着能耗高、生产成本昂贵以及初期投资巨大等问题。因此，探索和发展一种更加经济有效的新型天然气制氢工艺显得尤为重要，并具有深远的意义。

在采用高温分解甲醇制氢的过程中，作为一种液态化工原料，甲醇蕴含的"氢"量极为丰富，这对高效的氢储存技术具有重要意义。特别是近年来，随着我国甲醇生产能力的不断扩大，为通过高温分解甲醇生产氢气的技术提供了广阔的发展空间。甲醇重整产氢技术已经在国内外商业化运行多年,通常其产氢能力不超过 2 500 m³/h。相较于其他大规模转化方法,此技术展现出诸多优点,如工艺流程简化、初期投资成本较低、能源消耗少且对环境友好等特性。考虑到甲醇市场价格波动较大,在短期内,应着重发展将甲醇重整与燃料电池相结合的应用技术,并积极探索一种"氢气生成—甲醇合成—甲醇运输—重整制氢"的闭环系统。另外,在利用液氨进行高温分解以制取氢气方面,由于液氨易于安全运送,在到达目的地后只需加热至 800℃～850℃ 并添加镍基催化剂即可实现分解反应,生成由 75% H_2 和 25% N_2 组成的混合气体,整个过程效率可超过 99%。这种方法广泛应用于半导体及其他工业领域,作为制造 H_2 保护气体或提高氢气纯度的技术手段。

5.1.2 水电解制氢技术的发展

水电解制氢是一项通过直流电对水进行分解来获得氢气和氧气的技术。在此过程中,水分子在阴极侧发生析氢反应(HER),而在阳极侧发生析氧反应(OER)[35]。该技术可利用可再生能源供电,使得整个过程零排放,不产生二氧化碳和其他有害气体,因此所产氢气被称为"绿氢"。理论上,水电解制氢具有极高的能量转化效率,并能获得高纯度的氢气。但目前在中国,水电解制氢仅占氢气生产的一小部分,比例约为 1%,主要原因在于其成本较高,其中电力费用占总成本的 60%～70%。根据不同的技术路线,水电解制氢包括碱性水电解、质子交换膜电解以及高温固体氧化物电解等多种技术方案,以下将对其逐一进行介绍。

碱性水电解(ALK)制氢技术在全球范围内已应用数十年,单个电解槽的氢气产量最高可达 1 000 Nm³/h(Nm³ 为 0℃ 和 1 atm 条件下的气体体积)。该技术的工作温度介于 70℃～90℃ 之间,操作压力为 1～3 MPa,能源转化效率在 59%～70% 范围内,电流密度通常不超过 0.4 A/cm²,制氢耗能在 4.5～5.5 kWh。碱性电解槽中,正负电极由镍合金组成,置于浓度约 30% 的氢氧化钾碱性溶液中,电极之间通过石棉或类似多孔材料(如尼龙和涤纶布)制成的隔膜分隔。通电后,水分子在阴极接收电子生成氢气和氢氧根离子,而隔膜只允许氢氧根离子穿透,并在阳极失去电子转化为氧气。相比其他制氢方式,碱性水电解技术的优势在于使用非贵金属催化剂,且电解槽寿命较长(约 15 年),因此在成本上具有竞争力。然而,由于该技术使用腐蚀性强碱电解质和环保性欠佳的石棉隔膜,且启动与调节响应较慢,因此在与可再生能源的适配性方面仍需改进。挪威的 Nel 公司是碱性电解水设备的知名供应商,其 A 系列模块化设备产氢量可达 50~3 880 Nm³/h,最高日产氢量超过 8 吨,模块化设计便于针对不同需求量身定制。自 2015 年起实施的沽源风电制氢综合利用示范项目是我国首个风电制氢工业项目,项目由中国与德国 McPhy 和 Encon 公司合作,总投资 20.3 亿元,设有 10 MW 电解水制氢装置,与 200 MW 风电场配合使用,年产氢能力达 $1\,752\times10^4$ Nm³,成为国内规模最大的风电制氢示范工程。

近年来,酸性质子交换膜(PEM)技术产业化进展迅速。其工作原理类似于碱性水电解技术,但通过固态聚合物膜作为隔离和导电媒介,取代传统的石棉隔膜,将阴极和阳极分隔开,并通过该膜实现氢离子的传递。膜内亲水性和疏水性分相导致亲水团簇的聚集,进而形成质子传输的路径。目前,单个 PEM 电解槽的产氢能力最高可达 400 Nm³/h,运行温度范围在 50℃~80℃,能耗则介于 4.4~5.0 kWh 之间。

PEM 制氢技术具备无污染、高转换效率及高压氢气生成等优点,且可以快速启动,适应可再生能源电力的波动,因此成为一种较为理想的制氢方式[36]。但 PEM 技术需要贵金属催化剂(如铂、铱)及特殊膜材料,导致成本偏高,且其使用寿命低于碱性电解槽。全球 90% 以上的质子交换膜由外国公司供应,其中美国杜邦的 Nafion 系列膜在商业应用中数量最多。特别是 Nafion 211 在 60℃下电导率可达 140 mS/cm。美国 Proton Onsite 公司是 PEM 制氢设备的主要制造商,能生产单个功率达 2 MW 的电解槽,并已将设备出口至全球 72 个国家,市场份额达 70%。中国质子交换膜企业在技术、市场、人才和资金方面面临较大挑战,目前山东东岳集团已研发出接近杜邦 Nafion 膜性能的产品。在电解槽制造方面,阳光电源公司与中国科学院大连化学物理研究所合作,2021 年 4 月推出了 250 kW 的 SEP50 PEM 电解槽,成为国内具备量产能力的 PEM 电解槽设备。

当前,高温固体氧化物(SOEC)电解水制氢技术主要处于试验和研究阶段,包括质子导电型、氧离子导电型及二氧化碳联合电解三种方式。它们均使用固体陶瓷作为电解质,并在 500℃~1 000℃ 的高温下进行电解反应。高温操作能够显著降低反应的吉布斯自由能变化量,使得电解平衡电压减少,如在 800℃和 0.1 MPa 条件下,水蒸气电解仅需 0.85 V,进而降低电力消耗和成本。此外,SOEC 技术具备良好的动力学性能,几乎可达到 100% 的效率,且所用催化剂不含贵金属。然而，SOEC技术的不足主要包括：电极材料在高温下的机械性能欠佳；高温使玻璃—陶瓷密封材料的使用寿命缩短；高温条件下的升温速率限制了其与不稳定的可再生能源发电的适配性。

质子导电型固体氧化物技术采用质子导电的钙钛矿材料作为阳极，镍与陶瓷的复合材料作为阴极。与氧离子导电型相比，该方式在产氢过程中无须干燥步骤，简化了系统结构并减少了成本。且该方法在较低温度（500℃～700℃）下即可实现高效电解，有助于提高系统的耐久性，减轻腐蚀和材料降解的问题。

氧离子导电型固体氧化物技术一般使用掺锶亚锰酸镧（LSM）和钇稳定氧化锆（YSZ）等作为阳极材料，阴极则常用镍-钇稳定氧化锆（Ni-YSZ）。但该方法存在稳定性不足和层间扩散问题。Kim等研究者提出了混合固体氧化物电解池的构想，将质子和氧离子导电型技术结合，采用BZCYYb作为电解液，达到了60小时的稳定运行，并在产氢方面展现出优异的电化学性能。

二氧化碳联合电解技术是一种将水蒸气和二氧化碳通过电解直接生成氢气、一氧化碳及其组合气体（即合成气）的方法。此项技术能够捕获水蒸气与二氧化碳，将其进一步转化为重要的化工原料，如汽油、甲醇和氨。然而，碳沉积可能会在反应过程中生成，影响电极表面结构并使电解槽的整体效率下降。Xing等研究者开发出一种铜浸渍的LSCM阴极，并在750℃下进行了超50小时的二氧化碳和水蒸气联合电解实验，该电极展示了良好的耐久性。

碱性阴离子交换膜（AEM）电解水技术则是一种以氢氧根离子交换膜替代PEM中的质子膜的工艺，氢氧根离子的相对质量是质子的17倍，因此其迁移速度较慢。AEM技术的工作温度通常在40℃～60℃之间，压力低于3.5 MPa，能源效率约在60%～79%，电流密度则为1～2 A/cm^2。AEM的优势在于其不含金属阳离子，且不会产生碳酸盐沉淀，从而防止系统堵塞。此技术使用的电极和催化剂为镍、钴、铁等非贵金属，制得的氢气纯度较高、气密性良好，且系统响应快，适合于当前可再生能源的电力波动特性。然而，AEM技术的缺点在于：氢氧根离子膜的导通效率较低；膜的机械耐久性有待提升；电极和催化剂的性能需优化。目前，AEM技术仍处于实验室开发阶段，市面上阴离子膜商品化程度较低，基本由国外厂商生产提供。

5.1.3　工业副产氢技术的发展

氯碱和煤焦化工业等在生产过程中会产生大量的副产氢，但因副产氢气纯度较低,加之提纯工艺对资金和设备要求较高,以及当前氢气市场需求不大,这些氢气资源尚未被充分开发利用。随着氢能产业的不断扩展,提纯工艺和工业技术的逐步完善,工业副产氢的经济效益将逐步显现。

焦炉气(GOC)作为炼焦过程的副产品,是氢气的重要来源之一。焦炉气的组成主要为55%～60%的氢气、23%～27%的甲烷,以及少量的一氧化碳和二氧化碳。每吨干煤可以产生300～350立方米的焦炉气,成为副产氢的重要来源。在焦化工艺中常用湿法熄焦,即通过水冷却焦炭,使得水煤气变换反应生成氢气,从而无须额外的生产步骤便可获得氢气。目前,大部分炼焦厂通过变压吸附(PSA)技术分离焦炉气中的氢气,而大规模制氢则通常结合深冷分离和PSA技术。此外,金属膜分离技术具有低能耗、可连续操作的优点,也有望应用于焦炉气的氢气分离。分离氢气后,剩余甲烷可经提纯并通过SRM技术进一步提取氢气资源。目前焦炉气制氢技术已实现相当规模,每小时产氢达1 000立方米。我国每年副产煤气可提供约811万吨氢,占氢气供应的20%。焦炉气直接提取氢气的成本较低,而通过转化甲烷获得氢气同样能实现较高利用率,相较于天然气和煤炭制氢更具成本优势。根据调查研究得出,焦炉气制氢的发展关键在于氢气提纯技术的提升以及下游配套设施的健全。

作为基础化工之一的氯碱工业,通过对NaCl溶液进行电解来生产氢氧化钠和氯气,同时生成氢气作为副产品,可采用PSA工艺进行分离与提纯[37]。每生产1吨烧碱大约能产生280 Nm^3(约25千克)的副产氢。

氯碱工艺制氢的基本原理与电解水过程相似,所产氢气纯度达98.5%,主要杂质来源于反应过程,如氯气、氧气、氯化氢、氮气和水蒸气等,通常采用PSA技术进一步提纯以获得高纯度氢。在规模化氯碱生产设备中,副产氢气成本为1.3～1.5元/Nm^3,与化石燃料制氢成本相近。从碳排放效果分析,全生命周期内,氯碱副产氢的碳排放量为1.3～9.8 kg(CO_2)/kg(H_2),较传统SRM制氢技术低20%～90%,表现出显著的减排效果。氯碱副产氢气具有纯度高、原料来源广泛、技术成熟等特点,并在碳减排和应用潜力方面表现出优势。推动工业副产氢的提纯与利用,能促使氯碱企业融入氢能产业,实现从高耗能生产到清洁能源输出的转型。

石化工业副产氢包括炼油重整、丙烷脱氢和乙烯生产等途径。丙烷催化脱氢生成丙烯(PDH)技术通过高温催化,使丙烷分子中的两个近邻C原子的C—H键断裂,释放氢分子并得到丙烯。此工艺具有原料广泛、反应选择性强、产物分离简便等优点,且副产气体中氢气含量高、杂质低,因而具备较高的回收利用潜力,受到越来越多的关注。

丙烷脱氢过程通常采用循环流化床或固定床反应器,通过与PSA或膜分离装置的配合,能够获得高纯度的氢气(纯度达99.999%)。以年产60万吨的PDH装置为例,每年副产粗氢气约3.33亿立方米。2023年,国内丙烷脱氢的副产氢规模达44.54万吨/年。丙烷脱氢工艺中无须添加额外的制氢原料,净化投入也较低,成本控制在0.89～1.43元/Nm^3。随着此技术的进步和成本进一步下降,PDH工艺在丙烯工业中的比例将逐渐增加。此外,随着乙烷裂解制乙烯等脱氢工艺的发展,加上新型气体分离和纯化技术的协同应用,这类工业副产氢的利用价值将更加凸显。

5.1.4 可再生能源制氢技术的发展

光催化制氢技术通过利用光能驱动化学反应,可以将氢气从水或有机物中转化出来。目前,光解水制氢技术作为最具潜力的研究方向[38],主要依赖半导体材料的催化作用来分解水分子。当光子的能量高于半导体催化剂的带隙时,价带(VB)上的电子被激发到导带(CB),形成光生电子与空穴对,其中空穴将水中的羟基氧化生成氧气,而电子则将水中的氢离子还原成氢气。

光催化剂的设计是实现光解水制氢的关键,要求具有强光吸收、快速载流子分离、良好的表面催化能力以及稳定的光化学性质。目前日本在这一领域走在前列,东京大学的Domen团队近期进行了一个100平方米的太阳能光催化制氢示范项目,并已实现数月的安全运行。

光电催化制氢。光电催化是指在光照射下,半导体光阳极吸收光子产生电子—空穴对,其中空穴直接在光阳极将OH^-氧化得到氧气,而光生电子则在外加偏压下流经导线到达金属对电极,并在对电极上还原H^+产生氢气。该技术可以有效减少电子—空穴对的复合,从而提高产氢效率。早在1972年,日本东京大学的Fujishima和Honda利用TiO_2半导体单晶薄膜作为电极,首次实现了光电催化水分解生成氢气。光电催化水分解的总反应式为:

$$2TiO_2 + 2hv + H_2O \longrightarrow TiO_2 + 1/2O_2 + H_2$$

光电催化制氢技术的关键在于寻求具有适宜禁带宽度、灵敏光响应、高表面活性的半导体光电极催化材料。另外,借助于对光电化学池结构的设计与改进、电解液配方的优化、助催化剂的引入等途径,也是提高光电催化制氢效率的主要研究方向。同光催化制氢一样,光电催化制氢仍然停留在实验室基础研究阶段。日本在该领域研究时间最长、技术最为领先。国内如中国科学院赵进才院士、李灿院士等团队在光电解水制氢研究方向上亦达到了世界前沿水平。例如,Li 等使用梯度 Mg 掺杂来提高 Ta_3N_5 材料的电荷分离效率,实现了 0.4 V 的低起始电位与 3.25±0.05% 的高光电效率。李灿院士团队设计了一种 $Co_4O_4/pGO/BiVO_4/SnOx$ 复合材料作为光阳极,与有机聚合物 PBDB-T：ITIC：PC71BM 光阴极联用得到高达 4.3% 的产氢效率。尽管光电催化制氢技术还未达到产氢效率 10% 的商业化应用要求,但其仍然是"绿氢"制备领域的一个重要前沿研究热点。

微生物制氢工艺流程简单、原料丰富,是一种极具潜力的产氢技术[39]。根据能量来源不同,微生物制氢方法可以分为光合法与发酵法两类。微生物光合法制氢的能量来源是太阳能,一些藻类以及光合菌类能够在厌氧条件下,利用光合作用分解底物获得氢气;绿藻等微藻类与一些蓝细菌,可以发生由氢酶催化的光解水反应;而对于一些光合自养细菌,在厌氧有光状态下可发生光发酵反应,将有机酸分解为氢和二氧化碳。微生物发酵制氢大多利用有机质的发酵分解来获取氢气,其能量来源是生物质能和化学能,如富含有机底物的工业废水或农业废料,常见的发酵产氢微生物主要有各类产氢梭菌、嗜热细菌以及大肠杆菌等。

截至目前,全球共有 25 个国家进行了生物制氢方面的研究,中美两国处于绝对领先的位置。但关于生物制氢的研究基本上还处于实验室阶段,离大规模商业化应用还有较长的距离。国内达到产业化规模并实现盈利的生物制氢系统尚未出现,只有个别实验室进入中试放大阶段。如哈尔滨工业大学的任南琪团队近期建成了国内首座 100 立方米的有机废水暗发酵制氢的生产性示范工程,日产氢量高达 322 立方米。在基础研究方面,Nissilä 等学者通过热处理纤维素植物和堆肥废料,得到富含 Thermoanaerobacteraceae 类发酵产氢细菌的富集培养物,用于己糖发酵产氢,实现了 1.4 mol(H_2)/mol(底物) 的产氢效率。Mann 等学者培养了一种细菌/藻类细胞群落聚集体,将有氧呼吸和低氧光合作用协同结合,实现了 168 小时的长时间连续产氢。微生物制氢技术的发展有待于未来在培育筛选技术、制氢工艺改进及制氢机理研究等方面的持续突破。

综上所述可得出以下认识:

第一,化石燃料制氢技术成熟、成本低廉,将在一定时期内占据市场的主要份额,其发展重点在于结合 CCS/CCUS 技术减少碳排放量,实现由"灰氢"向"蓝氢"的转变。

第二,工业副产氢资源丰富,可发展空间大,核心在于气体分离纯化技术的发展与配套设施的完善。

第三,电解水与可再生能源发电耦合制氢技术,是未来"绿氢"大规模制取的主要方式,重点在于降低可再生能源电价及提升电解水制氢效率、降低产氢成本。

第四,光催化、光电催化等新型制氢技术还未达到大规模工业化应用的需求,需要加强基础研究与示范应用推广。

氢气是氢能产业的基础,氢工业能否规模发展利用所取决的主要因素之一就是制氢成本。表 4.2 列举了主要制氢技术的成本计算结果,从中可以看出:当前化石能源制氢依然在成本上有着难以比拟的优势,结合 CCS 技术后成本有所上升,但仍旧具有成本优势;工业副产氢与微生物发酵制氢的成本与化石能源制氢大致持平,但规模有限;电解水制氢成本为化石能源制氢的 2~3 倍,差距较大,需要大幅度降低电力成本、提升电解水容量和降低系统造价成本。

随着光伏电价的下降,预计到 2035 年和 2050 年,在碱性电解水制氢生产中,电费成本将分别下降 37% 和 50%,相应的氢气成本则分别为 18.7 元/kg 和 14.8 元/kg,可与化石能源制氢成本持平。针对各类制氢技术在氢能行业的发展布局与规划,应当综合考虑技术水平、碳排放量和产氢成本这三个方面的因素,稳步推进从"灰氢"到"蓝氢"再到"绿氢"的转变,铸就低碳环保的氢能行业基石,支撑起氢能全产业链发展,助力构建"氢能中国"。

5.2 氢气储存技术的发展

5.2.1 气态储运技术的发展

氢气的储存和运输过程涉及将其从制造地点送至终端使用场所,如加氢站等。考虑到氢气的物理属性,包括其轻质、易燃和穿透力强等,确保其在转移过程中的安全性和经济性成为主要挑战,需实行严格的安全控制措施。主要的氢气气态储存和运输方法包括以下两种方式[40]:

首选是利用特制的高压容器进行氢气储存和运输,这些容器往往由碳纤维等坚固材料制成,能够承受氢气储存时的高压力。这种方式适合较小规模或较短距离的运输,尽管它在一定程度上可能会提高运输成本并影响能源利用率。另一种方式是通过建设氢气管道系统,此方法可以实现氢气的大规模和长途输送,确保氢气供应的连续性和效率。但考虑到氢气的易爆性,该系统必须采用高标准的管材,并加强安全防护措施,以避免泄露或其他潜在的安全风险。

5.2.2 液态储运技术的发展

液态储运是指将氢气转化为液态进行储藏与搬运,这涉及在极低温度下对氢气进行液化处理,并利用特制的保温容器进行搬运。这些专用容器具备高效的多层绝热技术,有效地锁住内部的冷量,减少能量散失,确保液态氢不会过度蒸发。在液态形式下,氢气的能量密度得到大幅提升,使其在更小的体积内实现更大量的储存,极大提升了存储的经济性。这些容器的设计灵活,可根据长短距离的运输需求调整大小,适配全球各地的供应链需求。虽然液态氢储运为氢能领域的关键技术之一,提供了显著的存储和运输效率,但其对于基建的要求高且能耗大,这些因素共同构成了液态储运的主要挑战。

5.2.3 固态储运技术的发展

将氢气以固态化学物质形式存储并通过专用材料进行搬运的方法称为氢气的固态存储系统。这种系统主要依赖于如金属有机框架与金属氢化物等能在紧凑空间高效累积氢的材料。利用这些材料,可以在标准环境条件下安全储存氢,有效减少系统运行的能耗与复杂度。由于这些材料的化学稳定性,大大简化了操作过程,并减少了安全隐患。

在当前的固态氢存储技术应用中,金属氢化物通过在调整的压力和温度条件下将氢气转化为固体形式。当需要使用氢气时,通过改变温度或压力条件来释放氢气。金属有机框架由结构可调的多孔晶体组成,这些晶体通过精确设计实现高密度的氢存储。此外,一些特定的化学吸附材料,能在固态基质中通过化学反应固定和释放氢气。这些技术根据具体应用环境的不同,展现了其在储氢容量、操作简便性、成本和安全性等方面的相应优势和挑战。固态存储材料对环境温度要求较低,尽管如此,维持其稳定状态仍需要能耗较高的制冷系统,这不仅提高了运营成本,也增加了操作的复杂性。

5.3 氢能利用技术的发展

5.3.1 氢燃料电池

氢燃料电池作为一种清洁、高效的能源转换技术,其环保和经济性优势显著。首先,它通过直接将化学能转化为电能,无须燃烧过程,因此能量转换效率可高达 80%,远超过传统燃烧方式。其次,得益于科技进步,氢燃料电池系统成本显著下降,由先前昂贵的航天级设备转型至现今因具备低成本、环境友好、低噪声、紧凑设计与高度灵活等特质而在众多领域展现广泛应用潜力。当前,燃料电池技术研发已达第三代:第一代磷酸燃料电池(PAFC),效率相对较低,不足 40%,但制程完善;第二代熔融碳酸盐燃料电池(MCFC),操作温度高达 650℃ 以上,效率提升至约 55%,运用液态电解质;第三代固体氧化物燃料电池(SOFC),工作温度约 1 000℃,效率超越 60%,近年来中国正积极开发此类电池,用于构建大型发电站,不仅保障大规模电力供给稳定性,同时满足各类交通载具动力需求。由此可见,氢燃料电池作为氢能应用领域的核心部分,备受业界期待。当前对氢能的利用以燃料电池技术为主,但由于成本高昂,包括催化剂贵金属、氢气制取等方面材料与技术的制约,氢燃料电池技术还未能在多场景应用中普及。

5.3.2 氢动力汽车

氢能源车辆标志着氢能应用于交通运输领域的重大里程碑,其最显著特征即是以氢气取代石油燃料作为动力来源。美国与德国汽车产业已充分证明该项技术的实用性与可靠性,然而高昂的研发与制造成本仍旧是制约其市场化进程的主要障碍。氢气作为一种清洁能源载体,每单位质量可释放出 33.6 千瓦时的能量,相较于汽油具有近 3 倍的能量密度优势。鉴于氢气的低燃点与高速燃烧特性,氢燃料电池车辆展现出卓越的热效率及零排放特性。目前,大部分商用氢能源汽车仍采取油氢混用方式,而完全依托氢气驱动的概念车则处于实验探索中。值得一提的是,掺氢汽车不受氢源成本困扰,适用于油气短缺地带,有助于提升内燃效率。氢动汽车的前景规划包含两条主轴:一方面推进纯氢动力架构,摆脱化石燃料束缚,抑制温室气体排放;另一方面倡导工业废气氢气回收与再利用,经提纯后转化为行车燃料,实现经济效益最大化。

6 氢能市场前景

6.1 国际氢能市场规模及发展趋势

6.1.1 国际氢能市场规模

根据国际能源署(IEA)的数据,2022年全球氢气使用量达到9 500万吨,比2021年增加近3%,延续了2020年因新冠疫情和经济放缓而中断的增长趋势(见图6.1)。

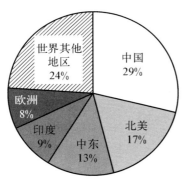

图 6.1 2022年各地区氢气使用情况

数据显示,2022年,除欧洲外所有主要消费地区的氢使用量都在强劲增长(见图6.2)。在欧洲,由于俄乌战争引发的能源危机导致天然气价格急剧上涨,特别是在化学工业,氢的使用受到了严重打击。全球许多化肥厂减少了产量,甚至在一年中长时间停产,使该地区的氢气使用量减少了近6%。相比之下,北美和中东地区则出现了强劲的增长(两者都在7%左右),大大地弥补了欧洲的下降。在作为最大消费国的中国,2022年氢气使用量占全球氢使用量的近30%,是第二大消费国美国的两倍多。

与前几年一样,全球氢使用量的增长不是氢政策的结果,而是全球能源趋势的结果。氢的传统应用,包括精炼、生产氨、甲醇和其他化学品的原料以及作为还原剂、利用化石基合成气生产直接还原铁(DRI),此外还包括在电子、玻璃制造或金属加工中对氢的使用,但这些行业使用的氢量非常小(每年约100万吨)(见图6.2)。氢的潜在新应用领域,包括在100%氢DRI中使用氢作为还原剂、运输、氢基燃料(如氨或合成碳氢化合物)的生产、生物燃料升级、工业中的高温加热、电力储存和发电等。2022年几乎所有的增加都发生在传统应用领域,主要是炼油和化学部门,并通过增加基于化石燃料的生产来满足。这意味着增长对减缓气候变化没有任何好处。在重工业、交通运输、氢基燃料生产或发电和储存等新应用中,氢的吸收仍然很少,占全球需求的不到0.1%,而这是清洁能源转型的关键。在2023年最新版的国际能源署2050年净零排放情景(NZE情景)中,到2030年末,氢的使用量每年增长6%,氢的使用量将超过1.5亿吨,其中近40%来自新领域。

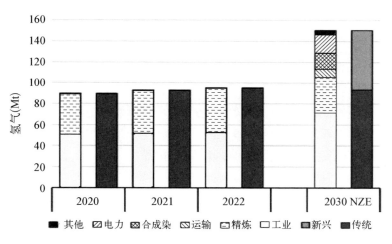

图6.2 2020—2030年各部门氢使用情况

6.1.2 国际氢能市场发展趋势

在未来几年,由于以下原因可以推测氢气的使用量仍然会上涨,且增长量更多来自潜在的新应用领域。

第一,清洁能源需求增加。随着全球对清洁能源的需求不断增加,氢能作为一种清洁能源,将会得到更多的应用和推广。

第二,政策支持。许多国家和地区都出台了支持氢能发展的政策和计划,包括财政补贴、税收优惠、研发资金等,这些政策将会促进氢能行业的发展。

第三,技术创新。氢能技术的不断创新和成本的不断降低,将会促进氢能行业的发展,如燃料电池技术的不断改进和成本的不断降低,将会促进氢能汽车的普及。

第四,应用领域扩大。氢能在交通运输、工业生产、能源储存等领域的应用也将会不断扩大,这将会促进氢能市场规模的扩大。

第五,环保意识提高。随着全球环保意识的提高,越来越多的人开始关注清洁能源,氢能作为一种清洁能源,将会受到更多的关注和认可。

凭借其纯净环保、低碳足迹属性,叠加高能密比、取材多元及便储易输特性,氢能荣获21世纪"终极能源"美誉。发展氢能产业是我国实现"双碳"目标的必经之路,国家对发展氢能持积极态度,2021年以来氢能相关的支持政策频繁出台,行业有望在政策催化下迎来高景气,成长可期。预计到2050年,我国氢能产业的供应端市场规模有望达到1.3万亿元,其中制氢环节尤为凸显其市场潜能,这标志着氢能产业步入前所未有的历史机遇期[41]。

6.2 国际氢能市场主要参与者及潜在机会

6.2.1 国际氢能市场主要参与者和竞争者

氢能产业的主要参与者和竞争者如下:

第一,能源公司。如壳牌、英国能源公司、埃克森美孚等,这些公司在氢能领域拥有丰富的经验和技术,可以为氢能产业的发展提供支持。

第二,汽车制造商。如丰田、本田、戴姆勒等,这些公司已经推出了氢能汽车,并在氢能汽车的研发和生产方面投入了大量的资金和人力。

第三,燃料电池制造商。如博世、堀越电气、曙光等,这些公司专注于燃料电池的研发和生产,为氢能汽车的发展提供了关键的技术支持。

第四,氢气供应商。如空气化工、液化空气、普氏能源等,这些公司专注于氢气的生产和供应,为氢能产业提供了重要的基础设施。

第五,新兴氢能企业。如Plug Power、Ballard Power、Nel等,这些公司专注于氢能技术的研发和应用,正在成为氢能产业的新兴力量。

6.2.2 国际氢能市场潜在机会

在汽车市场上,随着氢能汽车的普及,氢能汽车市场将会迎来巨大的增长机会。为了向可持续方向不断过渡,多国引入了用于电动汽车的燃料电池,其中车辆电池由储罐中的氢气充电。纯电动汽车通过车载电池组为电动机提供动力,这些电池组可以有多种不同的配置。尽管电池电动汽车具有环保和效率优势,但锂离子电池的能量密度仅为汽油或柴油的约1%。由于这个原因,更小更轻的车辆似乎更被认为是电池动力系统的最佳选择。随着车辆尺寸的增加,电池动力开始成为一个不那么有吸引力的选择。氢燃料电池相较于锂离子电池,拥有更高的能量密度,这使得电动汽车在续航能力上获得明显提升。同时,氢燃料电池更轻便,占用空间也更小。与需要较长时间充电的纯电动汽车相比,氢燃料电池汽车的加氢过程仅需几分钟,大大缩短了能源补给时间。因此,燃料电池技术可以带来克服里程焦虑等负面因素的优势,因为配备燃料电池(FCEV)的电动汽车比电动汽车具有更大的自主性和更短的充电时间。

此外,使用氢燃料电池汽车也有经济优势,因为据估计,锂离子电池在1c(1小时)充电/放电的功率输出成本约为130美元/千瓦。相反,压缩氢气罐和燃料电池堆的成本分别约为15美元/千瓦时和53美元/千瓦时。此外,据估计,氢在泵处的价格降至8美元/千克,相当于0.24美元/千瓦时。即使燃料电池汽车的技术和加油成本与纯电动汽车相比具有竞争力,但购买燃料电池汽车的成本通常仍然很高,而且加油基础设施也不那么分散。在使用方面,如果主要用于长途旅行,氢燃料电池汽车通常比纯电动汽车表现更好。

在能源储存市场上,氢能可以作为一种能源储存方式,为可再生能源的发展提供支持,这将会成为氢能产业的另一个重要机会。氢被认为是一种清洁高效的能源载体,可以保证能源的安全和可持续性。

但是推广氢能必须考虑三个维度:

第一,市场要求。与其他环保能源载体电池相比,价格必须具有竞争力;加油基础设施必须允许用户所需的自主范围;需要快速简便的存储过程来实现高度的移动自主性;必须达到等于或优于碳基能源的安全水平。

第二,可持续性和气候要求。氢能必须符合政府的目标;氢燃料汽车还必须遵守现有的法律要求,以防止和限制报废车辆及其部件产生的废物,并确保在可能的情况下,这些废物得到再利用或回收。

第三,氢技术要求。要实现氢动力的大众市场,需要降低汽车和加氢站的成本。该技术旨在减少或取代铂等贵重材料在燃料电池和电解槽中的使用,实现更高的存储密度(更高的汽车自主范围),同时降低存储压力。

在工业生产市场上,氢能可以作为一种清洁能源,为工业生产提供支持,这将会成为氢能产业的又一个重要机会。传统能源如煤炭、石油等在工业生产中占据着主导地位,但这些能源不仅污染环境,而且资源有限。相比之下,一是氢能可以提高能源利用率:在工业生产中,氢能可以用于发电、供热等方面,提高能源利用率,降低能源消耗成本;二是氢能可以促进企业可持续发展:氢能是一种可再生能源,可以通过水电、太阳能等方式进行生产,降低对环境的影响,同时也可以提高企业的社会责任感和形象;三是氢能可以提高工业生产的安全性:氢气是一种无毒、无害、不易燃烧的气体,因此在工业生产中使用氢能可以降低事故发生的概率;四是氢能可以促进工业生产的创新:氢能作为一种新兴的清洁能源,其应用领域还在不断扩展和创新,在工业生产中,氢能可以促进技术创新和产业升级,推动工业生产向更加智能化、高效化、环保化的方向发展。

在基础设施建设市场上,随着氢能产业的发展,氢气供应、加氢站建设等基础设施建设是必不可少的,该市场因此也将会迎来巨大的增长机会。

7 发展氢能的风险与挑战

全球氢能产业目前尚处于起步阶段,其在终端能源消费中的比重相对较小。虽然已有国家开始布局氢能产业,且总体经济规模占全球的75%,但由于多种因素的限制,氢能产业尚未实现全产业链的整合与发展,未能在全球范围内广泛推动生产和生活的进步。氢能产业发展遇到的风险与挑战主要有以下几点:

7.1 氢能的高发展成本问题

氢能若想在未来能源领域中获得广泛认可并占据一席之地,成本控制无疑为至关重要的战略要素。当前形势下,即便"灰氢"生产成本看似低廉,然而实际售价却超越了传统汽油,并且高达业界预期目标价格的3倍有余,这揭示了氢能源在迈向全面商业化进程中所面临的严峻考验[42]。降低氢气在制备和储运方面的成本是氢能源研究的重点课题,也是推动氢能行业进步的关键。目前,为了解决这一问题,已经开发了一系列新技术和方法。

在"双碳"背景下,氢能产业亟须调整策略,降低对"灰氢"的依赖度,同时加速推进"绿氢"替代进程。然而,当下"绿氢"生产成本为"灰氢"的3～4倍,致使下游产业面临高额使用成本,构成了抑制"绿氢"广泛应用的主要阻力[43]。日本正着力于优化氢能源价值链,力图构建低成本、高效能的绿色氢经济体系。为此,该国已明确设定一系列里程碑式的价格目标:到2030年,计划将氢气价格下调至约1.77元/Nm³,并于此后进一步压至1.18元/Nm³的历史低位;同时,积极推动氢气储存运输环节的液化效率升级,力争将能耗从现有的13.6千瓦时/千克降至6千瓦时/千克水平。针对"绿氢"生产装置的成本,日本规划从11 800元/千瓦降至3 000元/千瓦,同时努力将单位能耗从5千瓦时/Nm³降至 4.3 千瓦时/Nm^3。德国方面,正全力推动采用风能、太阳能等可再生能源电解水制氢技术,并深入探索风能与氢能系统整合方案,通过过剩风力资源生成氢气以供燃料电池车辆使用,形成一条具备优良经济性的绿色氢能发展路径。光伏及风力发电制氢法因无碳排放特性,在成本持续下降的趋势下,预计将在未来迎来大规模应用,被视为"绿氢"制备领域的明日之星。

电解水制氢技术被视为"绿氢"工业化生产的最具潜力手段,但其普及受到初期投入成本及能源转换效率等因素限制,短期之内较难全面替代传统化石燃料制氢流程。"绿氢"制造成本的核心组成部分包括电解设备购置成本、可再生能源供电成本以及设备运转频率。鉴于电解槽设施的高资本密集属性,稳定且廉价的绿色能源供应成为推进"绿氢"产业化进程中的关键变量。全球电解制氢项目目前还处于早期发展阶段,项目规模相对较小,生产也尚未实现规模化。尽管氢气产能已有 3.2 GW 且发展迅速,但"绿氢"在其中的份额仍然非常小,全球投资额仅为 3.65 亿美元,产能为 94 MW。通过电解水制氢的方式在中国的整体氢能源结构中所占比重相对较小,不足 2%。因此,短期内中国氢能产业的供应仍然主要依赖于煤制氢。不仅如此,在特定工业领域,用基于"绿氢"的新型生产工艺替代传统化石能源生产工艺需要巨大的初期投资。如果没有特定的支持政策或对绿色材料和产品的明确需求,单个企业将面临沉重的投资压力。不仅要考虑制氢的成本,还需要考虑制氢过程中的二氧化碳排放成本。面对全球减排共识的深化,涉及大宗物资如钢铁、水泥和电力等高碳排行业或将遭遇更为严峻的国内外市场准入约束。在此背景下,部分西方经济体正借由"碳中和"理念构筑新兴贸易壁垒,意图在全球层面谋取经济优势。此种举措实质上是以气候治理为幌子,达成维护自身利益的目的。

值得庆幸的是,电解槽市场正在经历非常显著的增长,越来越多的大型项目正在计划中。2021 年,电解水制氢量仅占全球氢气产量的 0.1% 左右。但电解槽的装机容量正在迅速扩大,到 2021 年底达到 510 兆瓦,比 2020 年增加了 70%。根据对未来需求增长的预期,制造商已开始扩大生产能力。电解槽产能的快速扩大预计将在未来几年继续并加速。

基于以上问题,在未来的氢能发展中,应积极寻找合适的途径降低氢能的生产成本。在科技创新方向上,氢燃料电池、氢液化与航运技术以及氢脆现象的基础研究占据核心位置,致力于降低制氢储运成本,同时寻求压缩机和压力容器的高效低成本解决方案。预估至 2025 年底,氢能将在交通运输领域得到广泛应用,并逐渐渗透至电力生成、工业加工及民用领域。为了刺激氢能产业发展,减轻研发与生产环节的财务压力,相关部门应出台精准支持政策,引导氢能经济健康有序发展。

7.2 氢能的基础设施建设不足

如今,氢气大多在使用地附近进行生产。随着产量的扩大和运输距离的延长,为满足日益增长的需求,需要开发更多的氢气基础设施,以将具有良好低排放氢气生产资源的地区与市场连接起来。氢能源作为一种新型清洁能源,在基础设施构建上仍处于起步阶段,与成熟的石油和天然气产业相比差距明显。当前,加氢站点、氢气输送管道以及工业废气提纯装置等关键基础设施尚不完善,这构成了氢能规模化应用的重要瓶颈,阻碍着其在多元场景下的深入探索与发展。开发氢气输送基础设施不是一项小任务,它受到氢气能量密度低及其低沸点的挑战,在短期内氢气可能会在使用地附近的集群中生产,主要是工业设施或炼油厂。在近些年,氢气的更广泛使用可能需要对现有的天然气网络进行改造和重新利用,并建设新的专用氢气基础设施。

以我国为例,国家和各级政府都在全力支持氢战略的发展和部署。目前加氢站已经在快速发展阶段,在2016年初,全国仅有3座加氢站,至2022年底,我国共建成投运加氢站358座,而国内的加油站总数超过10万座[44]。我国加氢站的建设主要受到成本高、选址困难、管理难度大等阻碍,发展之路任重而道远。在全球氢能源基础设施的构建过程中,高压气态与低温液态储氢成为两种主导的技术途径。统计显示,全球约有30%的加氢站采取液态储氢方案,尤以日本为代表,该国一半以上的加氢站点配备了液氢存储系统,甚至引入低温泵作为辅助装备。反观中国,现阶段所有加氢站均采用高压储氢方式。与此同时,国际上已有多处液氢生产基地落成,主要集中于北美、欧洲及日本等地,广泛服务于石油化工、电子工业及加氢站等领域,形成了一定的产业规模与市场影响力。对于中国来说,在加氢站的建设过程中,存在多个挑战:一是关键设备大多需要从国外引进;二是建设成本高昂;三是审批流程烦琐,管理责任划分不清晰;四是公众对于加氢站建设的抵触,在中国,氢被列为危险品管理,氢能项目多布局于化工园区内,这对加氢站的广泛部署构成一定局限。同时,我国现有氢气输送管道仅约 100 千米长,远不及逾 11 万千米的天然气管网体系,导致氢气传输效能受限,难以支撑氢能在全国范围内的有效利用。此外,输氢管道的标准制定与高昂的建设投入亦是氢能发展中亟待破解的难题,对整个产业链的推进构成重要障碍。

随着对氢气需求的增加,如何推动氢气生产基础设施的建设与完善变得十分重要。在风能和太阳能资源丰富或有潜力储存二氧化碳的地区生产大量氢气的成本优势可能会推动氢气基础设施的发展,包括促进国际氢气贸易市场。此外,进口国将寻求在地理上实现供应多样化,以减少对单一市场的依赖,并加强供应安全。可能需要开发长途运输网络,尽可能使用管道和船只。未来的氢气基础设施有很多要素,可能包括管道、压缩机、卡车、船舶、液化和转化厂、储罐和地下储存设施。其中一些技术今天很容易获得,因为氢长期以来一直用于工业应用,然而实现气候承诺和目标所需的低排放氢气需求的增长水平将需要创新来扩大供应链,包括一些仍处于早期开发阶段的技术。为推动氢气运输领域的革新,需实施综合性的运输策略,促进氢供应链与工业、电力、建筑及交通等行业深度融合。同时,确立一套全球通行的行业准则至关重要,旨在标准化氢的品质、供氢设施、燃料电池性能及高压储氢技术等方面,以确保氢能生态系统的协同一致性和安全性。

7.3 氢能的市场需求不足

根据研究,2022 年全球对氢能需求达到历史最高水平,但仍集中在传统应用中,比如工业和炼油领域,只有不到 0.1% 的需求来自重工业、运输或发电领域的新应用。低排放氢在现有应用中的应用非常缓慢,仅占氢总需求的 0.7%[45]。

原因在于各国政府的行动一直侧重于氢气的生产方面,而在近年来才逐渐对氢气的需求方面有所关注,因此各国在采取刺激需求创造的政策方面进展非常有限。不仅如此,"绿氢"市场的需求主要是由国家的低碳政策所驱动,而非由直接的经济回报所激发。尽管行业内普遍认同"绿氢"及其产品的价值,但由于氢能技术及其应用过程中的成本较高,导致实际的市场需求并不旺盛。虽然全球公众对气候变化的关注度持续上升,但这种关注并未充分转化为实际行动——具体表现为消费者对环保型商品,特别是以绿色氢能为基础的产品的实际购买力仍然有限。同样,在政府采购环节,决策者倾向于将成本作为主要考量点,而相对忽视了潜在的生态价值。这一倾向严重阻碍了诸如绿色钢材、环保甲醇等绿色创新技术的普及与应用,间接抑制了市场对绿色氢能的需求。需求不足制约了"绿氢"基础设施的建设,形成了一个循环难题:高成本抑制需求,需求低迷又减少投资,从而进一步阻碍规模化降低"绿氢"成本的实现。

7.4 氢能的技术发展瓶颈

氢能技术的研发覆盖了从制氢、储氢、运氢到用氢的整个链条,每个环节都面临着特定的挑战。如果仅用"绿氢"取缔"灰氢",在多数情形下已有成熟的商业化技术作支撑。但涉及如钢铁制造等深度加工业态,若要用氢气代替焦炭成为还原剂,必须要进行全面技术革新——包括装置升级与工序变革。遗憾的是,针对该领域的前沿科技,大多数尚处于初步理论探究与试验确认期,并未迈入实用推广阶段。而且氢能产业链条中的关键材料及零件对精度与制造技艺提出了高要求,导致成本居高不下,且各国间技术落差明显。我国虽在氢能领域展现出强劲势头,但仍部分受限于外部技术封锁。特别在电解法制氢的核心部件——质子交换膜这一环,杜邦公司旗下的 Nafio 全氟磺酸膜独占鳌头,垄断全球九成以上市场份额,凸显出自主技术研发的重要性愈发紧迫。中国氢能产业于关键技术与核心部件层面,相较于全球领先标准呈现一定差距,形成行业发展阻力。

7.5 氢能的行业人才短缺

在全球氢能产业快速发展的同时,业界普遍认识到,氢能行业目前面临的最大挑战之一是缺乏具备理论和实践经验的复合型人才。根据咨询公司罗兰贝格分析预测,至 2050 年,"绿氢"行业每年有望维系并催生近 10 万个就业岗位,职岗更迭加速。这意味着,随着氢能市场的蓬勃壮大,既需要大量专业人才补给,也需要职业技能同步升级,方能满足新兴职业诉求,构建起适应未来趋势的人才矩阵[46]。

以欧盟为例,氢能作为其能源变革支柱,欧盟规划至2030年生产和进口各1 000万吨"绿氢"。但绿色产业普遍遭遇专技人力缺口困境,氢能领域状况尤为凸显。而在澳大利亚,在2030年的中等氢气生产情景下,业内预估需要招募1.3万~1.6万名全职员工推动氢能产业的发展。技术与商务类岗位需求尤为显著,预期吸纳将近1万名全职从业者。其次为工程技术类,预计产生大约3 000个相应工作岗位。可见,未来氢能产业应更注重提升人才的质量,注重培养具有理论和实践经验的复合型人才。

7.6 氢能的能源效率与可再生能源发展不匹配

"绿氢"生成及利用工程中,能量折损颇高,致总体效能不佳。电解法制备时,能耗耗损可达30%~35%;若转为复合物,损耗13%~25%不等。输送环节,附加消耗相当于自身能源10%~12%。至于使用端,燃料电池内能量缩减约40%~45%。故"绿氢"总效用率受末端用途影响,越低则所需再生电容越大。

以我国为例,尽管中国具备充足的可再生能源开发潜力以支持"绿氢"发展所需的电力供应,但当前可再生能源开发速度未能匹配终端能源电气化与"绿氢"供应链扩张的增长需求,难以同步满足两方面的资源分配。此外,可再生能源的投资布局主要集中于传统用途,对"绿氢"发展需求的考量不足,导致"绿氢"相关电力基础设施建设滞后,成为制约"绿氢"产业发展的关键瓶颈。

7.7 氢能的政策体系不完善

第一,氢气出口项目往往不是为特定的最终用途设计的,因为出口地的变动可能性很大,而且最终成本不明确,但是进口国的明确标准和法规可以提供参考。如果不确定某个出口项目是否符合进口商的规定,就很难降低最终确定承购协议的风险。目前,计划的氢气出口量大大超过了向最终用户交付氢气及其衍生物所需基础设施的开发。大部分基础设施可能位于港口并由港口协调,包括作为进出口码头一部分的储罐和氨裂解设施,以及扩大和更新的船队。尽管将工业过程集中在港口可能会在港口工业区产生大量的氢气需求,但氢气及其氧化物贸易到内陆需求中心,需要额外的运输基础设施。在地理上可行的地方,比如北非和欧洲之间,氢气可以通过管道进口。新的基础设施开发可能需要很长的交付周期、高昂的资本成本,在某些情况下还需要技术进步。政府在这方面面临的一个挑战是制定许可和选址程序,确保基础设施项目不会损害当地社区和生态系统,同时不会阻碍这些项目以必要的规模和速度建设。

第二,许多潜在的氢气出口国都是新兴经济体,它们强调确保国际公司开发的出口项目充分造福当地经济的必要性。这可能需要政府从国内劳动力中雇佣大量项目员工,避免环境危害,确保项目收入充分流向当地社区并监督政府。它可以包括通过与当地教育机构的伙伴关系或教育居民的举措进行能力建设,这些措施有助于确保公平的贸易关系和出口国的持续支持。

第三,世界贸易组织也未出台具体的全球氢贸易规则,也还不确定进口氢气的特定形式要求是否会因技术性贸易壁垒而受到世贸组织规则的挑战。世界贸易组织规则允许成员国实施限制贸易的环境政策,只要这些政策基于环境理由是正当的,尽管在争端案件由世贸组织仲裁之前,氢贸易法规的正当性可能不会变得明确。

中国各地区为推动氢能产业发展制定了多项政策,但仍存在政策引导力不足、覆盖范围有限、管理体系不完善及政策执行不连贯等问题:一是各地氢能产业规划多聚焦于交通领域,对其他应用支持力度明显不足。二是在政策体系中,针对"绿氢"发展的扶持措施较为薄弱,缺乏具体行动计划与实施细则。三是氢能管理体系尚未明确,未将氢能纳入能源管理体系,导致加氢站建设受限,难以脱离化工园区。此外,制氢和加氢合建站的管理制度尚待完善,以及加氢站建设用地仅限于商业用地等限制性规定,进一步制约了加氢站的推广与普及。四是氢能标准体系尚不完善,相关标准建设滞后于技术发展。应大力加快制定国家层面的统一标准,鼓励行业构建标准体系,同时严格把控国家标准的质量水平[47]。五是支持氢能发展的金融与财税政策覆盖不足,未能充分利用碳价、碳税等市场化金融工具促进"绿氢"产业的成长。六是政策实施缺乏连贯性,各地出台的氢能补贴政策设有时间限制,政策到期后缺乏后续政策支持,导致投资者面临不确定性。为推动氢能产业长期稳定发展,亟须确保政策的前瞻性、系统性、连贯性与稳健性。

不仅如此,氢能技术标准不完善,涉及氢品质、储运、加氢站和安全等内容的技术标准较少。如在可再生能源制氢、液态储氢、工业用"绿氢"等新型氢能领域的技术工艺、装置设备及生产运营环节,急需一套健全的国际、国家或行业标准,以此来规范氢能行业市场健康发展。要确保氢气在清洁能源转型中发挥作用,为了确保其可持续性,就需要制定和采用有效的法规、标准和认证体系。

7.8 氢能的生产与运输过程中的安全挑战

氢气是一种间接温室气体,其释放到大气中会对气候产生影响。氢气与大气中的其他气体和化学物质相互作用,影响甲烷、臭氧和水蒸气的浓度。尽管全球升温潜能值远低于甲烷,但氢气进入大气层的影响可能会部分抵消使用氢气替代化石燃料的一些气候效益。

另外,氢气不是一种直接的温室气体,其使用不会导致大量排放。这个问题与氢气的直接使用无关,而是与运输和处理过程中的潜在泄漏有关。考虑到氢的小分子尺寸、高扩散率和低黏度,整个价值链都有可能发生泄漏。由于缺乏有关氢气泄漏率的信息,很难评估潜在的影响和风险。如今,工业应用中氢气现场生产和使用的经验测量侧重于操作安全。氢气泄漏探测器在氢气可燃性阈值以下不工作。此外,关于管道和压缩机中会泄漏多少氢气的信息非常有限。需要进行研究,以评估随着天然气基础设施的重新利用,泄漏水平可能会发生怎样的变化。

应利用从持续的甲烷泄漏问题中吸取的经验教训,充分挖掘氢气的脱碳潜力,以避免不可取的短期气候影响。监管良好的氢能行业可以将风险降至最低。需要立即采取行动,开发必要的科学证据和工具,以制定有效的政策和法规:一是支持研究,以更清楚地了解氢的全球升温潜能值效应;二是开发考虑氢气泄漏特征的气候模型,有助于评估氢气泄漏的影响;三是支持研究,以建立证据,减少整个价值链氢气泄漏风险的不确定性,特别是重新利用的天然气基础设施;四是确定氢气泄漏缓解措施和最佳实践,包括泄漏检测和修复的技术解决方案;五是实施稳健的氢气泄漏测量、报告和验证协议方法。

8 氢能金融现状

8.1 氢能金融概述

氢能金融是指在氢能产业链中，为实现氢能的研发、生产、储存、运输和应用等环节的资金融通而进行的金融活动，它包括为氢能项目提供的贷款、投资、保险、租赁等金融服务，旨在降低氢能项目的财务成本，提高资金使用效率，从而促进氢能技术的创新和市场的拓展。

8.1.1 氢能金融的发展

氢能金融在全球范围内迅速发展，成为能源转型和碳中和目标的重要推动力。各国政府通过政策支持和金融工具，积极推动氢能技术的研发和应用，特别是在氢能的生产、储存、运输和应用环节。国际能源署（IEA）和国际可再生能源署（IRENA）等国际组织也通过技术路线图和政策建议，促进全球氢能金融的合作与发展。

8.1.2 氢能金融的融资模式

氢能金融的融资模式多样化，绿色债券、绿色基金以及气候基金成为重要的融资工具，吸引了大量资本进入氢能行业。此外，氢能金融也呈现出区域合作和多边融资的趋势，尤其是在欧洲、北美洲和亚洲，政府与金融机构通过公共和私人资本的结合，推动氢能项目的实施。尽管氢能金融面临着技术、成本、政策和市场需求的不确定性，但随着技术进步、基础设施的完善以及国际合作的深化，氢能金融将成为全球能源结构转型中的重要组成部分。

8.1.3 氢能金融的特点

氢能金融具有几个显著特点:一是由于氢能产业尚处于成长期,相关的金融产品和服务往往需要较高的风险承受能力;二是氢能项目通常需要大量的初始投资和长期的资本承诺,这对金融机构的资金实力和投资期限提出了更高要求;三是氢能金融涉及多个利益相关方,包括政府、企业、金融机构等,其合作模式和利益分配机制较为复杂;四是氢能金融受到政策环境的强烈影响,政策的变动可能会对氢能金融市场产生重大影响。

8.2 氢能金融的国内现状

8.2.1 政策引导:政府发布氢能政策,设立专项资金支持项目

氢能是一种清洁的二次能源,具有能量密度大、零污染、零碳排等优点,是全球战略能源发展的新方向。为了加快实现"双碳"目标,构建清洁高效的能源安全体系,助力氢能产业的高质量发展,国家发展改革委员会和国家能源局在2022年联合印发了《氢能产业发展中长期规划(2021—2035年)》[62],规划中提出要充分运用中央预算内投资的支持作用,资助氢能相关产业的发展。

产业基金作为氢能产业最重要的金融支持手段之一,从 2019—2021 年共投入资金超过 630 亿元。此外,氢能产业的主要融资案例从 2020 年的 10 余起增加到了 2022 年的 20 多起,部分融资案例更是达到亿元量级。除了加大财政投入,政府还积极推动金融机构以确保风险可控、商业可行的原则,全力以赴地推动氢能行业的发展,并且采取多项措施,以满足不同行业的特殊需求。特别是,政府将投入更多的资源,以促进氢能技术的进步,并且给予有利于技术改造的企业更多的政策扶助。鼓励各种发展资金根据氢能市场的发展需要去支持氢能创新型企业的生产和研发,支持符合条件的氢能企业在科创板、创业板等注册上市融资。

8.2.2 市场规模:氢能产业快速发展,尤其在氢燃料电池汽车等应用场景

目前,我国顺应氢能产业的全球发展热潮,高度重视并大力支持氢能产业

的发展。近年来,我国的氢气供需量都在稳定增长,氢能产业的发展空间非常广阔。2018年,中国的氢气年生产总量已经超过2 000万吨,而2025年,这一数字可望实现1万亿元,2050年,氢气需求量将接近6 000万吨,实现二氧化碳减排约7亿吨。随着"双碳"的实施,中国的氢能产业正处于迅猛增长的状态,2030年,我国的氢气消费总量可望达3 715万吨。随着技术的不断改善,中国的氢燃料电池技术在全球范围内取得了巨大的成功,并且在未来的几年里,它的应用范围可望超越传统的燃料电池技术,在各行各业中得到更多的普及,从而促进中国的能源结构调整与经济增长。

2024年4月28日,中关村论坛年会"氢能产业科技创新发展论坛"在北京举行。根据相关人士介绍,近年来中国的氢能产业集聚发展态势显著,已经形成了长三角和粤港澳等集群产业。其中值得关注的是绿色氢能生产基地的建设已初步实现规模化,特别是在张家口地区。张家口市副市长白晶在论坛上介绍,张家口目前已建成7个制氢项目,日均制氢产能达到22吨;同时,已培育和引进氢能产业链企业35家,累计投资达52.96亿元人民币,初步构建了完整的氢能产业链发展格局。

同时,中国还重点围绕加氢站建设和用氢等关键领域。加氢站是各种氢能设施尤其是氢燃料电池汽车推广应用的重要基础设施。截至2023年底,中国已经建成加氢站421座,在全球所有加氢站中的比例高达近50%,主要集中分布在江浙和山东等地区[63]。在用氢环节,中国现有的氢燃料电池汽车数量超过1.4万辆,而全球也只有不超过8万辆。不仅是氢燃料电池客车、卡车、叉车等其他用途汽车也在示范运行。

此外,中国在氢能材料、氢储能和氢能装备等领域也在不断推进。在西北建设的光伏发电和氢储能结合项目在保障用电和发展可再生能源等方面具有重要作用,氢能技术创新的电解装置也已取得重大进展,但还需要继续优化升级。

8.2.3 金融创新:绿色债券、金融租赁等金融工具应用于氢能项目融资

2023年中央金融工作会议明确提出将绿色金融作为重点工作之一,强调必须要改善资金来源推动金融创新,让更多的金融资源支持绿色产业的发展。氢能产业作为我国经济绿色低碳发展的重点领域,近年来随着相关支持政策的

出台,其融资途径也变得更加丰富多样,其中绿色债券和金融租赁是氢能产业最常见的融资模式。

绿色债券的发行主体可以为央企或者股份有限公司,除了募集资金用以支持氢能源的高效利用之外,氢能产业链中的加氢设施的制造和氢能利用设施的建设也属于绿色债券的支持项目。与其他金融工具相比,绿色债券具有相对成本较低、相对期限较长的优势,通过绿色债券来募集项目资金,也符合氢能产业投入期较长的特征。根据《21世纪经济报道》中的有关数据,虽然目前国内贴标绿色债券的发行规模和数量大概下降了15％左右,但是从环比来看,绿色债券一级市场的发行数量和规模正在逐月升温中。

随着氢燃料电池汽车的快速发展,金融租赁逐渐成为推动氢能汽车产业的重要工具。2021年3月,在"融资租赁与广州城市更新及产业转型双融合"主题的第三届融资租赁广州论坛上,珠江金融租赁有限公司与雄川氢能科技有限责任公司签署了总额100亿元的氢能汽车融资租赁合作协议。根据协议,珠江金融租赁公司承诺在未来3～5年内为雄川氢能科技提供不低于100亿元的融资租赁授信额度,专门支持其氢能产业的发展,解决其在加氢站建设、燃料电池核心部件研发与生产等方面的资金需求[64]。

8.2.4 企业布局:大型国企和私企积极参与氢能产业布局

在大力发展氢能产业的政策支持下,各类企业对氢能产业的投资热情持续升温。中石化、国家能源集团、国电投、国家电网、中国船舶、中石油、中国电信等多家央企和国有企业已加速布局氢能产业。同时,隆基股份、阳光电源等光伏企业也成立了氢能子公司,积极布局绿色氢能领域。据2023年央企最新名录显示,大部分电力、煤炭、石油化工、航天科技等行业的央企都开展了氢能产业的布局[65]。在地方国企中,也有大量企业进入氢能领域,在各地开发氢能项目。

国家电力投资集团(简称"国家电投")是中国五大电力集团中的佼佼者,更是中国独具特色的多元化能源企业集团,其中包括水电、火电、核电以及新能源等多种资产,早在氢能产业发展初期便已经积极推动[66]。为研发创造相关的氢能产品,国家电投成立了国氢科技,该公司聚焦燃料电池和制氢两大种类,已经成功推出了"氢腾"燃料电池和"氢涌"制氢装备两大系列产品。此外,国氢科技还于2021年11月设立了长春绿动氢能科技有限公司,负责制氢产品的研发和生产。

许多上市公司正在努力发展氢能行业,其中包括厚普股份公司、隆基股份公司、太阳电源和宝丰资源。厚普股份公司正筹划建造一个国际氢能产业区,该区域的总体投入将达到 150 亿元。该区域将包括两个主要部分:一个是氢能装备制造区,该区域的规模将达到 100 亿元;另一个将包括厚普国际氢能 CBD 区,该区域的规模将达到 50 亿元,两个地区将联手打造氢能示范区。宝丰资源与榆树市政府达成协议,共建 10 亿元的氢能产品基地,以满足当地经济社会可持续发展的需求。宝丰资源还将在当地建立一家新的、独具特色的氢能产品生产基地,以实现 400 MW 的总装机容量及 400 MW 的示范性制氢技术。此外,宝丰资源还完成了世界上规模最大的电解水生产绿色氢气的工程。

8.3 氢能金融的国际现状

随着全球对气候变化关注的日益增加,氢能作为一种清洁能源备受各国政府重视。许多国家通过制定政策来推动氢能产业的发展,这些政策包括补贴、税收优惠、碳交易等形式。政府对氢能的支持通常体现在为氢能生产、运输和使用提供直接补贴。如日本和韩国为氢能基础设施建设提供财政支持,帮助减少企业的初始投资成本。此外,部分国家通过税收优惠鼓励企业参与氢能技术的开发与应用。欧盟的"碳交易机制"也是支持氢能发展的重要政策工具之一,鼓励企业减少碳排放,推动清洁能源技术的应用,包括氢能。各国政府正通过多种手段推动氢能产业链的全面发展,以实现绿色转型。

8.3.1 欧洲的氢能金融市场

欧洲在氢能金融市场的发展上表现出明显的领导地位,特别是在金融支持和政策推动方面。欧盟将氢能视为实现其气候中和目标的关键技术之一,通过各种政策框架支持氢能项目。欧盟委员会提出"绿色新政"和"氢能战略"旨在通过公共和私人投资,到 2050 年建立至少四个大型氢能生产设施,实现碳中和的目标[67]。此外,欧洲多国政府与企业合作,推动了一系列氢能示范项目和基础设施建设,如德国的"H2 Global"计划和荷兰的"NortH2"项目。

在政策层面,欧盟及成员国推出了大量财政支持措施,包括直接补贴、低息贷款、税收优惠和碳信用交易等,旨在推动绿色氢能的生产、储存和使用。欧洲氢能项目的融资主要通过公共和私人资本相结合的方式进行。公共部门如欧洲复兴开发银行(EBRD)和欧洲投资银行(EIB)为氢能项目提供大规模贷款和融资支持,尤其是针对基础设施建设和技术创新项目。

私人资本在欧洲氢能金融市场中的参与也越来越活跃。风险投资、私募股权基金以及绿色债券在支持氢能创新企业方面发挥了重要作用。多家欧洲氢能企业成功通过 IPO 上市,吸引了大规模资金进入氢能领域。同时专门针对氢能的投资基金也在不断涌现,促进了氢能项目的快速商业化。

总体而言,欧洲的氢能金融市场在政策驱动和多渠道融资的支持下,展现出蓬勃的发展态势,为全球氢能产业的成熟奠定了坚实基础。

8.3.2　北美的氢能金融市场

北美地区,尤其是美国和加拿大,也在积极推动氢能金融市场的发展。美国政府通过《基础设施投资与就业法案》和《通胀削减法案》拨款用于氢能相关的研发和商业化项目。涵盖氢能的生产、运输、储存以及终端应用项目。这些资金主要通过项目融资、税收优惠和直接补贴等方式,推动氢能产业链的建设,特别是在重工业、交通运输和能源储备领域[68]。加拿大则通过自然资源部的投资来支持氢能产业的成长。

私人资本对北美氢能行业的兴趣也与日俱增。风险投资和私募股权公司纷纷进入氢能领域,投资于氢能技术创新和基础设施项目。多家氢能企业成功通过 IPO 上市,吸引更多投资者参与,部分公司通过绿色债券等方式融资,以支持项目扩展和商业化应用。此外,氢能基金的成立为机构投资者提供了专注于氢能领域的投资平台,促进了该行业的快速发展。

在银行和金融机构方面,氢能项目融资成为支持大型氢能设施建设的重要手段。北美银行和国际金融机构为氢能项目提供长期贷款和债务融资,帮助企业克服资金障碍,推动氢能基础设施的快速扩张。整体来看,北美氢能金融市场正迅速崛起,政策推动与资本市场的支持共同加速了氢能产业的成熟与商业化,为全球氢能经济的发展提供了重要动力。

8.3.3　亚洲的氢能金融市场

亚洲的氢能金融市场近年来迅速崛起,成为推动能源结构转型的重要驱动力。在全球致力于实现碳中和的背景下,氢能作为清洁能源的潜力被广泛认可。亚洲尤其是中国、日本和韩国,已经走在了氢能产业发展的前沿,并通过政策支持和资金投入推动其市场化[69]。

中国在氢能市场中的发展尤为引人注目。作为世界上最大的能源消费国,中国政府将氢能纳入"十四五"规划,并制定了多个地方性和国家级政策,推动氢能产业的发展。政府通过直接财政补贴、优惠税收政策和基建投资等手段,鼓励氢能项目的实施。中国的国有银行和政策性金融机构也加大了对氢能项目的融资支持。此外,多个大型国有企业和私人公司也开始投资氢能技术的研发和商业化应用。

日本在氢燃料电池技术方面具有全球领先优势,并通过"氢能基本战略"推动氢能汽车、燃料电池和氢能基础设施的建设。政府与企业合作,通过财政激励和低息贷款等方式,鼓励氢能创新项目。日本的主要银行和金融机构在氢能领域的投资日益增加,尤其是在支持新技术的研发和推广方面表现活跃。

韩国推出了"氢能经济路线图",计划到2030年成为全球领先的氢能生产和消费国。韩国政府通过设立专项资金支持氢能基础设施建设,并推动与私营企业的合作。金融机构通过发行绿色债券和提供低息贷款,积极参与氢能项目的融资。此外,韩国企业在氢能技术研发方面的投资也日益加大,特别是在氢燃料汽车领域取得了显著进展。

尽管如此,亚洲氢能金融市场仍面临诸多挑战:一是氢能技术的高成本和商业化应用的复杂性导致了投资风险较大,许多金融机构对氢能项目持谨慎态度;二是氢能基础设施建设滞后以及缺乏统一的标准化管理也成为制约市场进一步发展的因素。

总体而言,亚洲氢能金融市场前景广阔,但要实现大规模商业化应用,仍需各国政府、金融机构和企业进一步合作,通过技术创新、成本控制和区域协作,推动氢能产业的持续发展。

8.3.4 资本市场对氢能行业的关注与支持

第一,风险投资、私募股权、上市融资等方式在氢能行业的应用情况。随着全球向低碳经济转型,资本市场对氢能行业的兴趣迅速增长。风险投资和私募股权基金越来越多地投资于氢能初创企业,尤其是那些专注于技术创新和氢能解决方案的公司。氢能的潜在市场规模和其在能源结构中的重要性使得这些企业吸引了大量资本。许多氢能企业通过私募股权获得早期资金支持,用于研发和扩大生产。与此同时,上市融资也成为氢能企业扩展的主要途径之一,特别是在北美和欧洲市场。多个氢能相关企业成功上市,并通过股票市场融资以加快其商业化进程。企业通过 IPO 等方式获得的资本,主要用于扩大生产规模、建设氢能基础设施和推动国际合作。资本市场的多元化融资方式为氢能行业提供了重要的资金来源,推动了行业的快速发展。

第二,主要的氢能基金、绿色债券、氢能股票市场的表现。全球资本市场还通过专门的氢能基金和绿色债券,积极支持氢能行业的发展。多个绿色债券项目设立资金池,支持氢能基础设施建设和相关科技创新。如欧盟的绿色债券项目中,氢能是重点支持的领域之一。此外,越来越多的氢能专属基金成立,吸引机构投资者参与这些高增长潜力的绿色能源项目。如美国和欧洲的多家资产管理公司已推出氢能基金,专门投资氢能技术、设备制造和基础设施领域。氢能相关股票市场的表现同样受到投资者关注,尽管股票价格波动较大,但总体表现乐观,尤其在政策支持和行业利好消息发布时,股票价格常有明显上涨。随着资本市场的持续关注,氢能行业的投融资环境日益成熟,资金来源更加多元。

8.3.5　金融机构的参与和支持形式

随着氢能行业的快速发展,国际金融机构和投资基金逐渐将氢能视为具有长期增长潜力的领域。银行和投资基金通过多种方式参与氢能项目的投资,其中项目融资、股权投资和债务融资是主要形式。项目融资是金融机构支持大型氢能基础设施和生产设施建设的重要手段,通过长期贷款为项目提供资金,往往与政府政策和补贴相结合,降低了企业的资金成本和投资风险。股权投资是投资基金和银行参与氢能企业发展的另一种方式,金融机构通过持有企业股权来参与企业的长期成长并分享其未来收益。此外,债务融资在氢能行业的融资结构中也占据重要地位,金融机构通过发行绿色债券或提供商业贷款,帮助氢能项目获取短期或中期资金,以推动研发、生产和基础设施建设。

8.3.6　国际氢能金融合作机制

国际氢能金融合作机制近年来快速发展,成为推动全球氢能产业扩展和能源转型的重要助力。氢能作为一种清洁、高效的能源载体,在实现碳中和目标中发挥着重要作用。各国政府、国际组织和金融机构通过合作机制推动氢能技术的研发、基础设施建设及商业化应用，从而加速全球氢能经济的发展。

在全球层面，国际能源署（IEA）和国际可再生能源署（IRENA）等组织致力于推动氢能金融合作的框架搭建。它们通过发布技术路线图、政策建议以及跨国研究报告，为全球氢能市场的投资提供战略指导[70]。IEA通过氢能项目的研究和政策协调，帮助各国制定长期发展规划，同时推动氢能技术的全球应用。IRENA则鼓励各国在氢能领域共享最佳实践，协同开发和推广氢能技术。

区域性合作机制同样是国际氢能金融合作的重要组成部分。欧盟通过"清洁氢能联盟"建立了强有力的跨国合作框架。该联盟汇聚了欧盟成员国、企业和金融机构，致力于推动清洁氢能项目的融资和实施。通过这一合作机制，欧盟成员国不仅能够共享技术成果，还能借助金融工具如绿色债券、基金和低息贷款，推动氢能项目的落地和商业化。

亚洲、中东和北美地区的氢能金融合作也在加速推进。如日本和韩国与其他国家在氢能技术、市场开发和项目融资等方面展开了广泛合作。中东国家，特别是沙特阿拉伯等依赖化石燃料的国家，正在积极寻求通过国际金融合作机制推动氢能产业转型，以确保未来能源供应的多元化和可持续性。

全球绿色金融的兴起为氢能项目提供了更多融资工具。绿色债券、气候基金和可持续发展贷款成为支持氢能项目的重要渠道。国际金融机构，如世界银行、亚洲开发银行和欧洲投资银行，也在为氢能项目提供资金支持，推动全球氢能产业的快速扩展。

然而，国际氢能金融合作机制仍面临挑战。技术标准不统一、融资风险较高以及政策协调难度大，都是制约跨国氢能合作的因素。未来，进一步加强全球政策协调、技术标准统一以及区域间的合作，将是提升国际氢能金融合作机制有效性的关键。

8.3.7 国际氢能金融市场的风险与挑战

第一，技术风险问题。氢能的生产、储存和运输技术尚未完全成熟，特别是绿氢的生产仍依赖于可再生能源的电解过程，这一技术在成本和效率上还有待提高。与其他能源相比，氢能的商业化路径仍面临较高的不确定性，技术创新的速度决定了市场投资的信心。

第二，成本问题。目前，氢能生产的成本较高，尤其是绿色氢能，其生产成本远高于"蓝氢"和"灰氢",限制了氢能在市场中的竞争力。尽管随着技术进步和规模效应的提升,成本有望逐步下降,但在短期内,氢能项目的高前期投资和长回报周期,增加了金融机构和投资者的资金压力,削弱了他们的投资意愿。

第三,政策和监管不确定性问题。尽管各国政府纷纷出台了氢能发展规划和支持政策,但不同国家和地区之间的政策差异较大,特别是在技术标准、补贴机制和市场准入条件方面,这导致跨国氢能项目面临较高的政策风险。氢能市场的国际化需要各国在监管框架上达成更多的共识,否则政策的不协调将成为限制氢能金融合作的障碍。

第四,基础设施滞后问题。氢能的产业链需要大量的基础设施投资,涵盖从生产、储存到分销和加氢站的建设。然而,当前大多数国家的氢能基础设施建设进展缓慢,基础设施的不足不仅增加了运营成本,也限制了氢能在交通运输和工业等关键领域的推广。

第五,市场需求不确定性问题。虽然氢能被广泛视为未来清洁能源的关键,但目前全球对氢能的实际需求尚未充分显现。市场规模的扩大需要政策推动、技术成熟以及消费者的接受度提升,这对未来氢能的大规模商业应用构成了挑战。

总体而言,国际氢能金融市场在技术、成本、政策和市场需求等方面都面临显著的风险与挑战,需通过加强技术研发、加速基础设施建设以及国际政策协调来应对和化解这些问题,以推动氢能经济的长期健康发展。

8.4 氢能金融国际发展趋势

8.4.1 绿色金融的崛起

第一,氢能金融逐渐成为绿色金融体系的重要组成部分。随着全球可持续发展议程的推进,绿色金融的崛起正在成为应对气候变化和推动低碳经济转型的核心力量。氢能金融作为绿色金融的重要组成部分,逐渐引起广泛关注。氢能因其清洁、高效且具备多领域应用潜力,被视为未来能源结构中的关键一环。各国政府和国际组织纷纷通过政策支持和金融工具,推动氢能技术的研发和应用。特别是在交通、工业和电力等领域,氢能具有广泛的市场前景[71]。通过绿色债券、绿色贷款等金融工具,氢能项目的融资渠道日益丰富,推动了全球氢能产业链的快速发展,巩固了氢能在绿色金融体系中的重要地位。

第二,绿色债券、绿色基金和ESG投资的潜在增长。随着绿色金融在全球范围内的普及,绿色债券、绿色基金和ESG(环境、社会和治理)投资正成为推动可持续项目的重要力量[72]。未来,绿色债券市场将继续扩展,为更多清洁能源项目,包括氢能,提供长期融资支持。绿色基金将加大对新兴可持续技术和基础设施的投资力度,推动氢能等绿色产业的进一步发展。ESG投资也将持续增长,推动投资者更加注重企业的环境和社会责任表现。随着全球对低碳经济的需求增加,金融市场将更加聚焦于符合可持续发展目标的项目和企业,推动绿色金融向更大规模、更广领域扩展,从而为全球应对气候变化、实现碳中和目标提供有力支持。

8.4.2 多元化金融支持模式的发展

国际氢能金融的多元化金融支持模式正在逐步发展,以推动氢能产业的规模化和商业化。随着全球对清洁能源的需求增长,氢能作为低碳转型的重要一环,得到了多种金融工具的支持。

第一,混合融资模式。混合融资模式成为氢能项目的重要推动力,结合了公共资金和私人资本的优势。政府通过财政补贴、税收优惠、低息贷款和担保等政策工具,降低了私人投资的风险,吸引更多的私人资本投入氢能项目。这种模式不仅缓解了氢能项目的高前期成本问题,也提升了市场参与的积极性。

第二,多边合作融资。多边合作融资的趋势也愈发明显。国际金融机构,如世界银行、亚洲开发银行、欧洲投资银行等,正在通过多边合作框架,提供长期的低息贷款和技术支持,尤其在发展中国家和新兴市场。跨国合作项目和区域性融资平台,如欧盟的"清洁氢能联盟",通过联合投资、技术共享和政策协调,推动了氢能金融的多边化发展。这些多边合作模式为氢能产业提供了更稳定的资金来源,助力全球氢能基础设施建设和技术创新。

未来,随着更多国际合作协议的签订,氢能金融的多元化支持模式将进一步深化,帮助全球加速实现氢能经济的目标,同时推动全球能源结构向绿色、低碳方向转型。

8.4.3 技术创新与数字化对氢能金融的影响

第一,技术创新。氢能技术的进步,特别是在绿氢生产、储存和运输领域的突破,降低了成本,提升了氢能的商业化潜力。这使得氢能项目的盈利能力增强,进而吸引了更多投资者的兴趣。同时,氢能技术的进步还催生了新型金融工具的开发,如基于技术性能指标的融资模式,使投资者能够更准确地评估项目的技术风险和回报。

第二,数字化。大数据分析、人工智能和区块链技术的应用,提升了项目融资、评估和管理的效率。如大数据和人工智能技术可以帮助金融机构更精准地评估氢能项目的风险,优化投资组合,并提供更灵活的融资方案。同时,区块链技术能够确保融资过程的透明性和可追溯性,减少交易成本,提升信任度。此外,数字化平台使得全球投资者能够更便捷地参与氢能项目的融资与合作,促进了跨国氢能金融合作的扩展。

总体而言,技术创新和数字化正在加速国际氢能金融的发展,提升融资效率、降低风险,并推动更广泛的市场参与。这些因素共同促使氢能产业更快速地融入全球能源市场,实现绿色转型目标。

8.4.4　氢能产业链的整合与区域合作

第一,跨国企业在氢能产业链整合中扮演了重要角色。在技术研发、生产和应用方面,全球能源巨头如壳牌、丰田和法国液化空气集团等,正在通过跨国合作投资氢能项目,推动技术创新和市场拓展。这些企业通过技术共享和联合投资,积极构建全球化的氢能产业链,涵盖氢能生产、储存、运输和终端应用。

第二,政府间合作是氢能产业链整合的重要驱动力。各国政府意识到单独发展氢能产业的高成本与复杂性,纷纷通过双边或多边合作推动氢能项目。如欧盟通过"清洁氢能联盟"整合成员国资源,协调政策和资金,推进氢能基础设施建设与应用。亚洲国家如中国、日本和韩国,也在氢能技术开发和市场应用上展开紧密合作,推动区域内氢能产业的发展。

第三,国际组织在氢能产业链的整合中起到了桥梁和协调作用。联合国通过其气候框架和能源计划,推动氢能技术在全球范围内的应用,尤其是在发展中国家。此外,国际能源署(IEA)和国际可再生能源署(IRENA)等组织,积极发布技术路线图、政策建议,促进各国在氢能领域的政策协调与合作。

整体来看,跨国企业、政府间合作与国际组织的协调推动了国际氢能产业链的整合,加速了氢能在全球的推广与应用,为实现清洁能源转型奠定了坚实基础。

9 氢能金融政策

9.1 政府支持政策：专项资金、财政补贴、绿色金融政策

9.1.1 专项资金

随着全球气候变暖问题日益严重,减少碳排放、实现能源清洁化已成为全球共识。氢能作为一种零碳排放的能源形式,具有能量密度高、来源广泛、可持续性强等特点,尤其在电力、交通、工业等领域具有广泛的应用前景。近年来,中国加快了氢能产业的发展步伐,出台了一系列政策支持氢能的发展,尤其是专项资金政策的出台,为氢能技术创新、产业化和市场推广提供了重要的资金支持。氢能专项资金政策是指政府为促进氢能技术研发与应用设立的专项资金,用于支持氢能全产业链各环节的发展,包括制氢、储氢、运氢、加氢和氢能应用等。通过专项资金的引导,政府希望在技术创新、基础设施建设、示范项目推广等方面加速氢能行业的成熟。中国政府从中央到地方各级都出台了多项氢能支持政策。氢能专项资金政策的出台,标志着政府通过财政手段促进氢能产业发展的意图更加明确。

9.1.1.1 中央层面政策

自 2019 年《政府工作报告》首次将氢能列入能源规划以来,国家发展改革委、财政部等部门相继出台了针对氢能的专项支持政策。《氢能产业发展中长期规划(2021—2035 年)》指出,预计到 2025 年,中国要初步形成氢能供应体系,重点支持氢能制取、储运、燃料电池等技术环节的突破。中央专项资金通过直接资金支持、项目补贴、税收优惠等方式,推动氢能技术的创新与应用[48]。

9.1.1.2 地方层面政策[49]

在中央政策的指引下,各地方政府也纷纷出台氢能专项资金政策,支持氢

能的区域发展。如北京、上海、广东等地相继发布氢能发展规划[50]，设立专项资金支持制氢、储氢、加氢站建设和氢燃料电池汽车的推广。地方政府还通过多种形式，如财政补贴、贷款贴息等，推动氢能项目的落地实施。

9.1.1.3 企业和科研机构的参与

在氢能专项资金政策的引导下，众多企业和科研机构加大了对氢能技术研发和应用的投入。大型能源企业、汽车制造企业和高校、科研院所都在氢能产业链的各个环节进行布局，形成了技术创新和产业化并举的良好局面。例如，中石油、中石化等能源巨头在制氢技术上加大投入，推动氢能的生产和供应；同时，国内多个企业已在氢燃料电池汽车领域取得了显著进展[51]。

9.1.2 财政补贴

氢能补贴是能源补贴中的一种，我国目前没有官方文件对能源补贴专门下过定义。国际能源署（IEA）将能源补贴概念界定为：要针对能源行业，用以降低能源生产的成本、提高能源生产者接受的价格或降低能源消费者支付的价格的任何政府行为[52]。因此，氢能补贴的一般概念可以借鉴国际能源署对能源补贴的定义，即氢能补贴是指为降低氢能生产的成本、提高氢能生产者接受的价格或降低氢能消费者的支付价格的任何政府行为，补贴政策的主要有以下几种形式。

9.1.2.1 氢气生产补贴

首先是绿色制氢补贴——电解水制氢项目：对利用可再生能源（如风能、太阳能）进行电解水制氢的项目给予财政补贴，以降低电解槽的购置和运行成本。补贴可能包括一次性设备购置费用和按产量计算的运营补贴。可再生能源发电优惠政策：通过对风电和光伏发电的补贴，间接支持绿色氢气的生产，使得可再生电力用于制氢更加具有经济性。其次是低碳制氢支持——碳捕集与封存（CCS）制氢项目：对天然气重整结合CCS技术的制氢项目给予一定的补贴，以减少氢气生产过程中的二氧化碳排放。

9.1.2.2 燃料电池汽车补贴

首先是车辆购置补贴——氢燃料电池汽车（FCEV）：对购置氢燃料电池汽

车的个人和企业给予直接补贴。补贴金额视车辆类型(乘用车、客车、卡车等)和性能指标(如续航里程、储氢容量)而定。乘用车通常补贴10万～20万元,而重型卡车和公交车的补贴更高。整车补贴政策由国家与地方政府配合,设有整车销售补贴,这些补贴分为基础补贴和奖励,奖励通常与车辆的综合性能和氢燃料电池系统效率挂钩。其次是燃料电池系统开发补助——开发和测试补贴:对于从事燃料电池系统研发的企业,国家给予研发费用的补贴,例如购置测试设备、试验生产线等,这项补贴可以涵盖研发支出的30%～50%[53]。

9.1.2.3 加氢站建设补贴

关于新建加氢站补贴,国家和地方政府为加氢站的建设提供补贴,补贴金额通常根据加氢能力(如每天能加注的氢气量)而定。如对每座新建的具备500 kg/天加注能力的加氢站提供500万～800万元的建设补贴。在广东、山东、江苏等省份,地方政府对加氢站建设提供额外的地方性补贴,以鼓励区域内基础设施的建设。为了缓解加氢站在初期运营阶段客流不足、加注量低的经济压力,地方政府提供按加注量计算的运营补贴。如按每千克氢气加注提供10～20元的补贴,帮助加氢站维持运营。

9.1.2.4 研发与税收补贴

研发投入税前抵扣,对于从事氢能技术开发的企业,研发费用可以进行税前加计扣除,通常为实际研发费用的75%～100%,有效减轻了企业的税负。专项科研资金:国家科技部设立专项资金,通过"国家重点研发计划"对氢能技术的基础研究、燃料电池技术攻关、氢气存储运输等领域提供财政支持。

对用于制氢、加氢和燃料电池生产的设备购置费用,实施增值税减免,甚至可以享受进口关税的减免,以降低企业在设备采购上的开支。在企业所得税优惠方面,对于从事氢能技术开发的企业,符合高新技术企业条件的可以享受15%的优惠所得税税率,相比于通常25%的标准税率,这极大地减轻了企业的税务负担。

9.1.3 绿色金融政策

政策发力支持氢能行业加快发展。截至2023年底,共计438项氢能相关政策得以发布,涵盖了多个关键领域:其中,发展规划类政策占180项,财政扶持类政策达到 98 项,管理办法类政策有 67 项,专注于氢能安全的政策为 8 项,而标准体系构建方面的政策则为两项。值得注意的是,众多国家级别的政策在近两年密集出台。这些政策从战略高度上确立了氢作为独立能源的地位,致力于打通氢能产业链的上下游关键环节,旨在构建一个全面覆盖、标准完备的氢能能源体系。2024 年 3 月第十四届全国人民代表大会第二次会议的《政府工作报告》中指出:"加快前沿新兴氢能、新材料、创新药等产业发展,积极打造生物制造、商业航天、低空经济等新增长引擎。"这是中央在全国年度经济发展规划方面首次指出要加快氢能产业的发展。

2024 年 3 月,工业和信息化部、国家发展改革委等七部门印发《关于加快推动制造业绿色化发展的指导意见》,谋划布局氢能、储能产业发展;提高氢能技术经济性和产业链完备性。围绕石化化工、钢铁、交通、储能、发电等领域用氢需求,构建氢能制、储、输、用等全产业链技术装备体系[54]。同日,山东省《对氢能车辆暂免收取高速公路通行费通知》正式施行,成为国内首个从氢能应用层面直接施行鼓励的省级地方政策,标志着地方氢能发展已经具备从产业化到应用化开启的基本条件。2023 年 8 月,国家发展改革委等六部门印发《氢能产业标准体系建设指南(2023 版)》,提出到 2025 年,基本建立支撑氢能制、储、输、用全链条发展的标准体系,制修订 30 项以上氢能国家标准和行业标准[55]。重点加快制修订氢品质检测、氢安全、储氢、氢液化相关装备、氢加运、燃料电池和汽车等方面的标准。2023 年 6 月,国家能源局正式揭晓了《新型电力系统发展蓝皮书》,其核心目的在于促进可再生能源在制氢领域的应用,并启动大规模氢能的生产及其综合示范项目。该蓝皮书还着重强调了研发前沿的固态储氢材料的重要性,以及在制氢技术上实现大容量、低成本、高效率的电氢转换装备方面的突破需求。

2022 年 3 月,国家发展改革委和能源局发布《氢能产业发展中长期规划》,提出了氢能产业各阶段目标:预计到 2025 年,基本掌握氢能产业链相关核心技术和制造工艺,可再生能源制氢量达到 10 万~20 万吨/年,部署建设一批加氢站,争取燃料电池车辆保有量达到约 5 万辆,实现二氧化碳减排 100 万~200 万吨/年。预计到 2030 年,我国将构建一个相对成熟的氢能产业技术创新体系与清洁能源制氢及供应体系,为碳达峰目标的实现提供坚实支撑。进一步展望至 2035 年,氢能的应用生态将趋于多元化,可再生能源制氢在终端能源消费结构中的占比将显著增长。步入 2023 年,我国氢能产业链的各个环节均取得了显著进展,商业化进程明显提速。据调研显示,氢能产业已从科研实验室迈向了产业化实践阶段,特别是在中国北部、西北及东北地区以及山东省,应用示范项目正如火如荼地展开。国家及国有企业氢能产业项目的试点与招投标活动力度大幅增强,氢能产业生态正逐步成型。

在产业发展初期,政策支持对于氢能的发展至关重要。首要任务是优化氢气的管理标准体系,将氢气由危化品管理转变为能源管理,以此转变公众对氢能的认知。其次是需制定针对重点细分产业的专项发展政策,例如在制氢装备领域,攻克电解水制氢效率瓶颈,鼓励新型制氢技术项目的试点推广。最后是直接补贴产业链中游的氢能基础设施建设与下游燃料电池等具有巨大应用潜力的领域,以激发终端氢能消费活力,加速"绿氢"替代传统能源的进程。

9.2 市场准入政策:审批简化、标准制定

中国的氢能金融市场准入政策近年来进行了重大改革,旨在加速氢能产业发展,通过简化审批程序、制定更完善的标准体系,为市场参与者提供便利,并加速氢能领域的技术创新与商业化应用,包括审批程序的简化、市场准入标准的制定。

9.2.1 审批简化

9.2.1.1 建立快速审批机制

为了促进氢能产业链的发展,相关部门对金融市场准入中的审批流程作了简化,以降低企业进入氢能市场的壁垒,推动氢能产业快速发展。一是建立快速审批机制,在中国,氢能项目的审批流程原本复杂且周期较长,涉及环境评估、土地使用、技术规范等多个环节。随着氢能产业被列入国家重点发展领域,各级政府相继出台了简化审批流程的政策。如"一站式"审批服务:多地政府设立了氢能产业专项审批通道,提供"一站式"审批服务,以缩短审批时间。通过集中管理与协同审批,企业只需到一个部门即可完成所有的审批流程,简化了流程复杂度。二是加速建设项目审批,为了支持氢能产业的示范应用,国家能源局及地方相关部门对氢能制取、储存和加氢站建设项目采取加速审批政

策。在项目满足基本建设条件的情况下,审批部门可通过简易程序进行审查,以加快产业项目的落地与运营。三是放宽市场准入限制,市场准入政策的优化是推动氢能产业发展的关键。

9.2.1.2 放宽项目的市场准入要求

政策出台后,许多地方政府放宽了氢能相关项目的市场准入要求,包括以下方面:一是为推动氢能汽车发展,各地放宽了加氢站的选址与建设条件。如山西省吕梁市出台政策,允许在化工园区外建设加氢站,降低了企业在加氢站选址上的限制。二是鼓励多主体参与,氢能产业涵盖制取、储运、应用等多个环节。通过放宽市场准入政策,鼓励多主体参与氢能产业链,包括央企、地方国企、民企以及外资企业,形成多元化投资格局,有效激发市场活力。三是简化行政审批和备案程序,在行政审批上,针对氢能项目的立项、备案、建设等环节实行简化程序,减少企业的审批成本,提升氢能项目的投资效率。如项目备案制改革:为提高行政审批效率,部分地区将氢能产业的部分项目由审批制改为备案制,这意味着企业在报备相关项目后即可开展建设,而不再需要经过烦琐的审批环节。这些措施显著缩短了企业进入氢能市场的周期,降低了项目实施难度,为氢能产业的快速布局提供了政策支持。

9.2.2 氢能市场准入标准的制定与完善

标准体系的建立和完善是促进氢能产业发展的重要保障。标准制定涉及技术、质量、安全和市场等多个方面,在制定氢能产业标准的过程中,中国政府注重与国际接轨,同时鼓励技术创新,推动产业规范化发展。

9.2.2.1 国家层面标准制定

在国家层面,氢能产业标准由工业和信息化部、国家能源局、市场监管总局等多部门共同制定,涵盖制氢、储氢、运输、燃料电池技术、加氢站运营等各个环节[56]。氢燃料汽车标准:国家已发布一系列关于氢燃料汽车的技术标准,如燃料电池电堆标准、氢气储存与运输标准、氢燃料汽车动力系统标准等,为氢燃料汽车的生产、使用及监管提供了规范依据。加氢站标准:关于加氢站的建设和运营,国家出台了多项技术标准,明确了加氢站选址、设备安装、操作规范及安全管理要求,保障加氢站在实际运营中的安全与效率。

9.2.2.2 地方特色标准的制定

在国家标准的基础上,各地政府结合实际情况,制定地方特色标准,支持氢能产业的本地化发展。如广东省作为氢能发展前沿地区,出台了针对燃料电池汽车、加氢站运营以及氢能制取技术等方面的地方标准。同时,广东省注重氢能产业链的全链条布局,积极推动氢能相关技术和产业标准的制定。上海作为中国氢能产业发展重要基地,也出台了《上海市氢能产业发展规划(2020—2025年)》,提出建立完善的氢能标准体系,积极参与国家和国际氢能标准的制定,助力标准化工作[57]。

9.2.2.3 国际合作与标准化

为了推动氢能技术的全球化发展,中国积极参与国际氢能标准的制定工作,促进国内氢能产业与国际接轨。中国氢能标准的制定机构与国际氢能组织、国际标准化组织(ISO)等机构开展合作,共同探讨氢能领域的技术、标准与应用前景。中国积极参与 ISO 和 IEC(国际电工委员会)等国际标准化组织的工作,推动氢能领域国际标准的制定和推广,以促进中国氢能技术与国际标准接轨。

9.2.2.4 技术规范和操作指南

为指导氢能企业技术研发和市场运营,国家和地方部门出台了多项技术规范和操作指南,内容涵盖氢气制取、储运技术、燃料电池系统、加氢站建设和运营等方面,确保氢能产业的规范化和标准化。如交通部海事局发布的《船舶技术规范体系(2024)》,包括氢能船舶技术规范、氢燃料动力系统技术要求等,推动氢能在船舶交通领域的应用。

9.3 研发支持:科研项目资助、示范项目

9.3.1 科研项目资助

氢能产业链覆盖广泛,从制氢、储氢、运氢、用氢到氢能的终端应用,科研资助主要集中在以下几个领域:

9.3.1.1 制氢技术

制氢技术的研发是氢能产业发展的基础。科研资助重点关注以下几种制氢技术。

一是电解水制氢：利用可再生能源（如太阳能、风能）电解水制氢，是实现绿色制氢（零碳排放）的主要途径。科研资助通常支持高效电解水设备的研发，包括新型电解质、催化剂等，以提高电解水制氢的效率和降低成本。

二是天然气重整和煤气化制氢：虽然基于化石燃料，但通过与碳捕集、利用与封存（CCUS）技术相结合，可以减少碳排放。资助项目常支持更高效的重整工艺和碳捕集技术。

三是生物质制氢：通过生物质气化或发酵产生氢气，属于可再生能源制氢的一种方式，科研资助支持提高生物质转化效率的技术。

9.3.1.2 储运技术

氢气的低密度和易挥发性使得储存和运输具有一定挑战。科研资助主要集中在以下几方面：

一是新型储氢材料：包括金属有机框架（MOF）、合金储氢材料、吸附性碳材料等。资助项目支持高密度储氢材料的研发，以提高储氢密度和安全性。

二是液氢和固态储氢技术：液氢技术通过冷却氢气并储存至极低温状态，固态储氢则利用化学物质吸收氢气。科研资助支持液氢设备及固态储氢材料的开发。

三是氢气管道输送：科研资助项目通常支持氢气管道输送的建设研究，包括开发耐氢腐蚀材料、混氢输气技术等，以提升氢气输送效率和安全性。

9.3.1.3 燃料电池技术

燃料电池是氢能应用的重要形式之一，资助项目主要支持以下几种燃料电池技术的研发：

一是质子交换膜燃料电池（PEMFC）：主要应用于汽车和便携设备，科研资助支持高性能质子交换膜、催化剂、膜电极等关键材料的研发，以提高电池的能效和耐久性。

二是固体氧化物燃料电池（SOFC）：多用于分布式发电和工业应用，资助项目支持高温材料研发,提高其发电效率和稳定性。

三是新型燃料电池技术:包括碱性燃料电池、直接甲醇燃料电池等,资助项目通常支持提高其性能及探索不同燃料类型的应用,以拓宽燃料电池的应用领域。

9.3.2 示范项目

9.3.2.1 交通运输领域的示范项目

交通运输是氢能的关键应用领域之一,示范项目通常包括公交车、卡车、乘用车、火车、船舶等的氢燃料电池化。

一是氢燃料电池公交车示范项目。佛山市南海区氢燃料电池公交车项目(中国):南海区是中国最早启动氢燃料电池公交车示范运营的地区之一,部署了数百辆氢燃料电池公交车,连接城市主要交通枢纽和居民区,项目还配套了多个加氢站,以保证运营效率。通过这种示范项目,验证了氢燃料公交的技术可靠性和环保效益。韩国首尔氢公交示范项目:首尔市政府通过与现代汽车合作,在首尔市内推广氢燃料电池公交,设立专门的加氢站用于保障公交线路的正常运营,致力于实现公共交通的碳中和。

二是氢燃料电池卡车和物流车辆项目。上海氢能重卡项目(中国):在上海,氢能重卡被应用于港口物流及城市配送。与传统柴油卡车相比,氢燃料电池卡车零排放且续航能力更强,适合高负荷、长距离的运输任务,项目还配备了多个港口加氢站以支持车辆的高频使用。Nikola 和丰田的美国港口重卡项目:在美国洛杉矶和长滩港,使用氢燃料电池重卡进行集装箱运输示范,目的是降低港口运输对空气污染的影响。这些卡车由氢燃料驱动,表现出在重载运输中的较好应用效果。

三是氢燃料电池火车和船舶项目。德国氢动力火车示范项目:由阿尔斯通公司研发的 Coradia iLint 氢燃料电池火车是全球首列氢动力火车,已经在德国北部的线路上投入使用。该火车展示了氢能在轨道交通中的可行性,尤其适用于缺少电气化的铁路。氢燃料船舶项目(日本与挪威):日本和挪威分别开展了氢燃料电池驱动的渡轮和货船示范项目,验证了氢能在航运业的应用潜力,通过低碳航运减少海洋运输的污染。

9.3.2.2 氢能工业应用示范项目

氢能在工业应用中具有巨大的减碳潜力,尤其在高耗能和难以电气化的行业中。

一是宝武钢铁绿色制氢项目(中国):中国宝武钢铁集团在其上海基地设立了氢能炼钢示范项目,使用氢气部分替代焦炭作为还原剂,降低二氧化碳的排放。这一项目在氢能用于钢铁行业的减碳上具有重要的示范意义。

二是德国绿色化工示范项目:德国化工巨头巴斯夫(BASF)在其工厂中引入绿色制氢,作为原料用于合成氨和其他化学产品的生产。这一示范项目展示了利用氢能在化工生产中实现深度脱碳的可能性。

9.3.2.3 氢能发电与储能示范项目

氢能发电和储能是解决可再生能源间歇性和电力负荷平衡的有效方式。

一是山西"绿氢"制氢储能示范项目(中国):利用风电、光伏发电产生的电力进行电解水制氢,将多余的可再生能源转化为氢气储存,结合储氢设施进行调峰发电。项目显示了氢能储存作为长时间储能手段的可行性,有助于提高可再生能源的利用率。

二是日本福岛氢能源研究所:日本在福岛设立了一个大型的氢能研究与应用示范基地,利用当地的可再生能源生产氢气,并将氢气用于燃料电池发电,供给周边社区使用。该项目旨在建立一个完全基于氢能的能源自给体系。

9.3.2.4 氢能基础设施示范项目

氢能基础设施的完善是氢能大规模推广的前提条件,示范项目通常包括加氢站和氢气运输系统。

一是京津冀氢走廊示范项目(中国):京津冀地区作为中国氢能示范应用的核心区域,通过建设加氢站网络和氢能产业链配套设施,构建了贯通城市之间的"氢走廊",支持燃料电池汽车在区域内的长期运营。

二是荷兰 Hydrogen Valley 项目:荷兰北部的 Hydrogen Valley 项目是欧盟支持的一个综合氢能示范区域,涵盖从制氢、储氢、运输到各类应用场景的全流程示范,旨在创建一个可复制的氢能区域经济体。

9.4 国际合作：技术引进、经验分享

随着全球范围内能源结构转型的推进，氢能凭借其低碳、可再生和多用途的特性，成为许多国家能源战略的重要组成部分。中国在制定氢能产业政策、技术研发、标准制定和市场推广方面，一直积极参与国际合作，吸收国外先进经验，并借助全球合作提升自身的技术实力与产业竞争力。

中国积极参与国际氢能合作论坛（International Partnership for Hydrogen and Fuel Cells in the Economy，IPHE）、国际能源署（IEA）氢能项目，以及氢能理事会（Hydrogen Council）等国际组织，通过政策对话和技术交流，推动氢能的全球合作发展。特别是通过 IPHE 等平台，中国与其他成员国共同探讨氢能在能源转型中的角色，分享技术和政策经验。

中日、中韩、中德等双边合作项目是中国与发达国家进行氢能技术引进和经验分享的重要方式。如中日两国在氢燃料电池、氢储运技术等领域展开合作交流；中德双方共同举办氢能产业论坛，加强氢能政策、标准与技术的对话。

9.4.1 技术引进：氢能技术国际合作的核心

技术引进是中国氢能国际合作的重要内容。氢能产业链涉及制氢、储运、加氢站技术、燃料电池及其配套等多个关键环节，每个环节都对技术和产业链协同提出了较高要求。为了推动氢能产业技术水平的提升，中国积极从日本、德国、美国、韩国等氢能技术领先国家引进先进技术并开展联合研发。

9.4.1.1 制氢技术的国际合作

制氢是氢能产业链的起点，中国在制氢领域积极引进国际先进技术，特别是绿色制氢和低碳制氢技术，以满足清洁能源发展的需求。

一是可再生能源制氢：日本、德国等国家在风电、光伏电制氢技术领域拥有丰富经验，中国与这些国家积极合作，引进低成本、高效率的电解水制氢技术，开展氢能与可再生能源结合的示范项目。如日本在 PEM（质子交换膜）电解水制氢技术方面处于领先地位，中国企业积极与日本相关企业合作，引进 PEM 电解槽及相关技术。

二是煤制氢与碳捕集利用：考虑到中国丰富的煤炭资源，中国在推进氢能发展时，充分利用煤制氢技术，同时加强与国外先进技术的对接，发展煤制氢与碳捕集利用与封存（CCUS）技术，降低制氢过程的碳排放。

9.4.1.2 氢燃料电池技术合作

氢燃料电池是氢能应用的核心技术之一，全球在这方面的研发与应用都比较成熟，尤其是日本、韩国、德国和美国等国家在燃料电池汽车及相关技术的研发上处于全球领先地位。

一是燃料电池汽车技术引进：日本是全球燃料电池汽车（FCEV）技术的领军者，丰田、本田等日本汽车企业在燃料电池汽车领域积累了大量的技术经验。中国通过与日本企业的技术合作，引进了燃料电池电堆、电池管理系统等关键技术，提升国内燃料电池汽车的研发和生产水平。

二是中韩燃料电池合作：韩国在燃料电池技术方面也处于全球领先地位，现代汽车是燃料电池乘用车的主要制造商。中国与韩国在燃料电池汽车和储能电池技术方面展开广泛合作，引进了先进的燃料电池生产工艺、材料技术以及电堆设计经验，以提升国内燃料电池技术的自主研发能力。

9.4.1.3 氢气储运技术的合作与引进

氢气的高效储存与运输是氢能大规模利用的关键。国际合作在这一领域显得尤为重要，因为技术成熟度和商业化路径各不相同，中国希望通过引进和借鉴国外经验来完善氢能储运体系。

一是液氢运输技术：日本在液氢运输技术上走在世界前列，如川崎重工研制的液氢运输船，为大规模氢气跨境运输提供了解决方案。中国企业与日本相关机构和企业合作，借鉴液氢运输技术，为未来氢能进口和国内大规模运输提供技术支撑。

二是氢气管道运输：欧洲在氢气管道运输方面经验丰富，特别是德国拥有先进的氢气管网技术和标准，中国与德国等欧洲国家合作，吸收氢气管道运输与储存的经验，为国内氢能基础设施建设提供借鉴。

9.4.2 经验分享：氢能产业发展的软合作

除了硬技术的引进，经验分享在氢能产业政策制定、市场推广和产业标准化等"软"方面也具有重要价值。中国积极与国际氢能产业领先国家和地区进行经验交流,学习其政策制定、产业管理和市场推广经验。

9.4.2.1 政策制定与管理经验

一是中欧政策交流与合作:欧盟在氢能政策制定和市场推广方面走在前列,通过设立清晰的政策目标、政府补贴、标准制定和产业引导,欧盟成员国氢能产业发展迅速。中国与欧盟在政策制定方面进行交流与合作,学习欧盟在氢能立法、标准制定、产业引导和政府支持方面的经验,结合中国国情,制定适合中国市场的氢能政策框架。

二是日本氢能政策借鉴:日本早在 2002 年就发布了氢能政策,推动了氢能社会的全面发展。日本政府通过设立补贴、标准和目标体系,推动了氢能在交通、工业、储能等领域的应用。中国从日本氢能政策的制定与实施经验中汲取了很多有益启示,在国家层面积极推出氢能产业支持政策,并通过地方政策试点推动氢能在交通、工业、建筑等领域的应用。

9.4.2.2 市场推广与商业模式分享

一是燃料电池汽车市场化运营:日本、韩国在燃料电池汽车市场化方面积累了丰富的经验。如日本的丰田、本田和韩国的现代在燃料电池乘用车、公交车、商用车的市场推广上取得了明显成效。中国企业与日韩企业合作,学习其在车辆销售、加氢站网络建设、政府补贴等方面的经验,推动燃料电池汽车在中国的商业化推广。

二是氢能产业链与商业模式:欧美等国家和地区在氢能商业模式的探索上取得了一定的成效。如欧洲的氢能贸易网络、日本的氢能家庭用燃料电池(ENEFARM)等项目,为中国氢能商业化提供了宝贵经验。中国企业通过与国外企业的合作交流,学习国外氢能产业链上的成功案例,为国内氢能产业的商业化提供参考。

9.4.2.3 标准制定与国际接轨

一是参与国际标准制定:中国积极参与国际氢能标准的制定,与 ISO(国际标准化组织)、IEC(国际电工委员会)等标准机构开展合作。通过与国际标准接轨,中国在国内标准制定方面引进了国外先进经验,确保国内氢能技术、产品和服务符合国际标准,为中国氢能企业"走出去"提供了技术规范和标准保障。

二是技术标准与认证体系的借鉴:在日本、德国、美国等氢能产业领先国家的技术标准制定过程中,中国积极与其展开技术对接与经验交流,借鉴其氢能生产、储运、燃料电池系统、加氢站设备等方面的技术规范和认证体系,为国内氢能产业的发展提供标准支撑。

9.5 产业规划:中长期发展规划

9.5.1 我国氢能中长期发展规划概述

根据《中华人民共和国国民经济和社会发展第十四个五年规划和 2035 年远景目标纲要》,新一轮科技革命和产业变革同我国经济高质量发展要求形成历史性交汇。从全球看,主要发达国家高度重视氢能产业发展,氢能已成为加快能源转型升级、培育经济新增长点的重要战略选择。全球氢能全产业链关键核心技术趋于成熟,燃料电池出货量快速增长、成本持续下降,氢能基础设施建设明显提速,区域性氢能供应网络正在形成。从国内看,我国是世界上最大的制氢国,年制氢产量约 3 300 万吨,其中,达到工业氢气质量标准的约 1 200 万吨。可再生能装机量全球第一,在清洁低碳的氢能供给上具有巨大潜力。国内氢能产业呈现积极发展态势,已初步掌握氢能制备、储运、加氢、燃料电池和系统集成等主要技术和生产工艺,在部分区域实现燃料电池汽车小规模示范应用。全产业链规模以上工业企业超过 300 家,集中分布在长三角、粤港澳大湾区、京津冀等区域。但总体看,我国氢能产业仍处于发展初期,相较于国际先进水平,仍存在产业创新能力不强、技术装备水平不高,支撑产业发展的基础性制度滞后,产业发展形态和发展路径尚需进一步探索等问题和挑战。

预计到 2025 年底,可形成较为完善的氢能产业发展制度政策环境,产业创新能力显著提高,基本掌握核心技术和制造工艺,初步建立较为完整的供应链和产业体系。氢能示范应用取得明显成效,清洁能源制氢及氢能储运技术取得较大进展,市场竞争力大幅提升,初步建立以工业副产氢和可再生能源制氢就近利用为主的氢能供应体系。燃料电池车辆保有量约 5 万辆,部署建设一批加氢站。可再生能源制氢量达到 10 万~20 万吨/年,成为新增氢能消费的重要组成部分,实现二氧化碳减排 100 万～200 万吨/年。再经过五年的发展,预计到 2030 年,形成较为完备的氢能产业技术创新体系、清洁能源制氢及供应体系,产业布局合理有序,可再生能源制氢广泛应用,有力支撑碳达峰目标实现。到 2035 年,形成氢能产业体系,构建涵盖交通、储能、工业等领域的多元氢能应用生态。可再生能源制氢在终端能源消费中的比重明显提升,对能源绿色转型发展起到重要支撑作用。

9.5.2 各地区氢能专项政策概述

"十四五"期间,各地区制定了合理的发展目标,助力氢能产业高速发展(见表 9.1)。

表 9.1 全国省级氢能专项政策汇总

地区	政策	要点
北京	《北京市氢能产业发展实施方案(2021—2025)》	2023 年前:37 座加氢站,3 000 辆燃料电池汽车;2025 年前:1 万辆燃料电池汽车,分布式发电系统装机规模 10 MW 以上,10～15 家氢能龙头企业产业规模 1 000 亿元以上
天津	《天津市氢能产业发展行动方案(2020—2022 年)》	2022 年:10 座加氢站,1 000 辆氢燃料电池车辆,2 个热电联供示范项目,总产值突破 150 亿元
河北	《河北省氢能产业发展"十四五"规划》	2022 年:25 座加氢站,1 000 辆氢燃料电池车辆,年产值 150 亿元;2025 年:100 座加氢站,1 万辆燃料电池汽车,10～15 家氢能企业,年产值达到 500 亿元
河南	《河南省氢能产业发展中长期规划(2022—2035 年)》	2025 年:氢能产业关键技术和设备制造领域取得突破,产业链基本完备,产业链相关企业达到 100 家以上,氢能产业年产值突破 1 000 亿元。发挥基础设施引领作用,适度超前布局建设一批加氢站。氢能应用领域不断拓展,交通领域氢能替代初具规模,推广各类氢燃料电池汽车 5 000 辆以上,车用氢气供应能力达到 3 万吨/年,氢气终端售价降至 30 元/千克以下,绿色低碳比例不断提高,建成 3～5 个"绿氢"示范项目。郑汴洛濮氢走廊基本建成,郑州燃料电池汽车城市群示范应用取得明显成效,初步建成氢能国家级先进制造业集群

续　表

地区	政　策	要　点
山西	《山西省氢能产业发展中长期规划(2022—2035年)》	2025年：1万辆燃料电池汽车，部署建设一批加氢站；2030年：5万辆燃料电池汽车
山东	《山东省氢能产业中长期发展规划(2020—2030年)》	2022年：30座加氢站，3 000辆氢燃料电池车辆，100家以上的氢能产业相关企业，20 000台燃料电池发动机产能，5 000辆燃料电池整车产能，总产值突破200亿元
黑龙江	《黑龙江省新能源汽车产业发展规划(2022—2025年)》(征求意见稿)	2025年：10万辆新能源汽车，各类充电桩2.5万个，换电站20座，新建加氢站5座
吉林	《"氢动吉林"中长期发展规划(2021—2035年)》	2025年：可再生能源制氢产能6～8万吨/年，加氢站10座，500辆氢燃料电池汽车，100亿元产业产值；2030年：可再生能源制氢产能30万～40万吨/年，加氢站70座，7 000辆氢燃料电池汽车，300亿元产业产值；2035年：可再生能源制氢产能120万～150万吨/年，加氢站400座，7万辆氢燃料电池汽车，1 000亿元产业产值
辽宁	《辽宁省氢能产业发展规划(2021—2025年)》	2025年：燃料电池船舶保有量达到50艘以上，加氢站30座以上，2 000辆氢燃料电池汽车，100家以上氢能企业，氢能产业产值600亿元；2035年：燃料电池船舶保有量达到1 500艘以上，加氢站500座以上，15万辆氢燃料电池汽车，氢能产业产值突破5 000亿元
内蒙古	《内蒙古自治区"十四五"氢能发展规划》	60座加氢站，5 000辆燃料电池汽车，氢能供给能力达160万吨/年，10个以上氢能应用示范项目，50家氢能企业，氢能产业总产值超过1 000亿元
江苏	《江苏省氢燃料电池汽车产业发展行动规划》	2025年：加氢站50座，氢燃料电池汽车整车产量突破1万辆
浙江	《浙江省加快培育氢能产业发展的指导意见》	2022年：氢燃料电池整车产能达到1 000辆，氢燃料发动机产量超过1万台，累计推广氢燃料电池汽车1 000辆以上，氢能产业总产值超过100亿元
上海	《上海市氢能产业发展中长期规划(2022—2035年)》	2025年：70座加氢站，5～10家独角兽企业，3～5家国际一流创新研发平台，1万辆燃料电池汽车，产值突破1 000亿元

续 表

地区	政 策	要 点
安徽	《安徽省氢能产业发展中长期规划》	2025年：燃料电池系统产能达到10 000台/年，燃料电池整车产能达到5 000辆/年，30座加氢站，10个以上国家级和省级创新平台，总产值500亿元；2030年：燃料电池系统产能超过30 000台/年，燃料电池整车产能超过20 000辆/年，120座加氢站，总产值达到1 200亿元
广东	《广东省加快氢能产业创新发展的意见》	2025年：推广燃料电池汽车超1万辆，年供氢能力超10万吨，建成加氢站超200座
海南	《海南省氢能产业发展中长期规划(2023—2035年)》	2025年：燃料电池汽车保有量约200辆，部署建设加氢站6座，可再生能源制氢量达到10万吨/年，主要用于船用绿色甲醇生产制造，满足2~3艘甲醇动力集装箱船舶使用，实现二氧化碳减排100万吨/年；2030年：氢能产业试点示范期，氢能产业技术创新能力显著提升，以可再生能源制氢为主的供应体系初步建立，产业布局合理有序，在交通、航天、化工、能源等领域形成多元的应用场景。燃料电池汽车保有量约1 000辆，加氢站增至15座左右。可再生能源制氢量达到40万吨/年
江西	《江西省氢能产业发展中长期规划(2023—2035年)》	可再生能源制氢量达到1 000吨/年，全省燃料电池车辆保有量约500辆，投运一批氢动力船舶，累计建成加氢站10座。全省氢能产业总产值规模突破300亿元
广西	《广西氢能产业发展中长期规划(2023—2035年)》	2025年：力争高纯度氢气年供应能力达到2 000吨，建成加氢站10座，推广氢燃料电池汽车500辆
云南	《云南省绿色能源发展"十四五"规划》	支持氢能产业试点示范。支持适宜地区、具备自主创新、市场推广及经济基础的各类开发区先行先试，支持有条件的地区打造"新能源＋绿氢"产业示范区和氢能综合应用试点。鼓励电力企业在保障电力供应的前提下，整合资源，采用合适的技术路线制氢；推进包括氢能的综合加能站建设；有序推进氢燃料电池景区公交车、物流车等示范运营，探索氢燃料电池在应急保供、应急调峰等领域的示范应用，为新装备、新技术提供实证场所

续 表

地区	政 策	要 点
甘肃	《关于氢能产业发展的指导意见》	2025年：建成可再生能源制氢能力达到20万吨/年左右。储氢基地，建成一批氢气充装站及加氢站开展短距离气态配送体系，建设长距离液氢输送和管道输氢综合互补的输氢网络体系
陕西	《陕西省"十四五"氢能产业发展规划》	2025年：形成若干个万吨级车用氢气工厂，建成投运加氢站100座左右，力争推广各型燃料电池汽车1万辆左右
贵州	《贵州省能源领域碳达峰实施方案》	2025年：建成综合能源销售站15座。推动全省氢能产业布局，打造"一轴、一带、三线"氢能产业发展核心地带，支持贵阳、安顺、六盘水等城市联合申报国家氢燃料电池汽车示范城市群
青海	《青海省氢能产业发展中长期规划(2022—2035年)》	2022—2025年：4万吨"绿氢"生产能力，5个绿电制氢示范项目，150辆燃料电池车，100辆矿区氢能重卡，3~4座加氢站，10家氢能企业，35亿产值； 2026—2030年：30万吨"绿氢"生产能力，1 000辆氢能汽车，15座加氢站，1个天然气管线掺氢示范项目，50家氢能企业，160亿元产值，到2030年底，燃料电池动力系统成本降至3 000元/千瓦； 2031—2035年：100万吨"绿氢"生产能力，100家氢能企业，500亿元产值
宁夏	《宁夏回族自治区氢能产业发展规划》	2025年：8万吨可再生能源制氢能力，10座加氢站，500辆氢燃料电池重卡
四川	《四川省氢能产业发展规划(2021—2025年)》	2025年：60座加氢站，6 000辆燃料电池汽车，5座氢能分布式能源站和备用电源项目，2座氢储能电站，25家国内领先企业
重庆	《重庆市氢燃料电池汽车产业发展指导意见》	2022年：加氢站10座，氢燃料电池汽车运行规模800辆； 2025年：加氢站15座，氢燃料电池汽车运行规模1 500辆
湖北	《关于支持氢能产业发展的若干措施》	氢燃料电池汽车推广数量：武汉市800辆；襄阳市、宜昌市300辆，其他市州150辆。对氢燃料电池汽车推广应用达到年度增量目标的市州政府每年给予奖励1 000万元

续　表

地区	政　策	要　点
湖南	《湖南省氢能产业发展规划》	2025年：加氢站10座，氢燃料电池汽车500辆，100家氢能相关企业
新疆	《自治区氢能产业发展三年行动方案（2023—2025年）》	2023年：建设2～3个氢能产业示范区，推进一批氢能示范项目； 2025年：建设一批氢能产业示范区，部署建设一批加氢站
福建	《福建省氢能产业发展行动计划（2022—2025年）》	2025年：40座加氢站，4 000辆燃料电池汽车，20家知名企业，产值500亿元以上
西藏	—	—

氢能观察制表，未包含台湾、澳门、香港地区

10 氢能金融发展关键点

10.1 氢能金融融资渠道多样化

银行贷款、投资基金和绿色债券是氢能金融发展的三大关键融资渠道,在推动氢能产业快速发展方面发挥着至关重要的作用。

10.1.1 银行贷款

10.1.1.1 推动基础设施建设

银行贷款为氢能项目提供必要的流动性支持,有助于加氢站、输氢管道等基础设施的建设。这些基础设施的建设是氢能产业发展的基石,银行贷款的介入使得氢能产业的基础设施建设得以顺利进行。

一是银行贷款能够为加氢站的建设提供资金保障。加氢站作为氢能产业链中的关键环节,其数量和分布直接影响着氢能汽车的普及和使用。

二是输氢管道的建设同样受益于银行贷款的支持。输氢管道是氢能产业的"大动脉",其负责将氢气从生产地输送到各个加氢站,确保氢能供应的连续性和稳定性[73]。

三是银行贷款还有助于推动氢能产业的其他基础设施建设,如氢气生产设施、储存设施等。这些基础设施的完善,是氢能产业可持续发展的基石。银行贷款的介入,不仅解决了资金问题,还通过贷款条件的约束,促进了项目的规范运作和风险管理。

10.1.1.2 促进技术创新

第一,通过为氢能技术研发和创新提供资金支持,银行贷款有助于解决氢能产业面临的技术瓶颈。这些瓶颈可能包括成本高昂的制氢过程、氢气的储存和运输难题，以及氢燃料电池的效率和耐久性问题[71]。银行贷款的注入，能够为这些领域的研究和开发提供必要的资金，从而加速技术突破的进程。技术创新是氢能产业持续发展的核心动力。银行贷款的投入不仅能够促进现有技术的改进，还能够鼓励企业探索新的技术路径，推动氢能产业的创新。这种创新可能包括开发更高效的制氢方法、改进氢气储存技术、提高燃料电池的性能等。这些创新将有助于降低氢能的使用成本，提高其在市场上的竞争力。

第二，银行贷款的投入还为技术创新提供了有力保障。它不仅能够降低企业在研发过程中面临的财务风险，还能够为企业提供一个稳定的资金来源，使其能够持续投入研发活动。这种稳定的资金支持对于推动氢能产业的长期发展至关重要。银行贷款的另一个重要作用是促进氢能产业的规模化和商业化。随着技术的进步和成本的降低，氢能产业将逐渐从实验室走向市场。银行贷款能够帮助企业扩大生产规模，建立更完善的供应链，从而实现氢能产品的商业化。这对于氢能产业的可持续发展具有重要意义。

第三，银行贷款还能够提高氢能产业的整体吸引力。随着氢能技术的成熟和市场的扩大，投资者对氢能产业的信心将不断增强。银行贷款的介入，能够为投资者提供一个可靠的投资渠道，吸引更多的资本投入到氢能产业中来。这将进一步推动氢能产业的发展，使其成为未来能源结构的重要组成部分。

10.1.1.3　降低融资成本

银行贷款作为氢能项目融资的一种重要方式，其优势在于通常具有相对较低的融资成本。这是因为银行贷款的利率往往低于其他融资渠道，如私募股权、风险投资或发行债券。这种较低的融资成本对于氢能项目来说至关重要，因为它直接关系到项目的财务可行性和盈利能力。

第一，较低的融资成本意味着氢能项目在财务规划时可以预期到较低的还款压力，这使得项目在启动和运营阶段能够将更多的资金和资源投入到技术研发、市场推广和日常运营中，而不是用于偿还高额的债务。这样的资金分配有助于提高项目的运营效率和市场竞争力。

第二，较低的融资成本还有助于提高氢能项目的吸引力，吸引更多的投资者关注和参与。投资者在评估投资项目时，通常会考虑项目的财务成本和潜在回报。银行贷款提供的低融资成本能够提高项目的预期回报率，从而增加投资者的信心，促进更多的资本流入氢能产业。

第三，较低的融资成本还有助于氢能产业的健康发展。在产业的初期阶段，高成本往往是阻碍技术进步和市场扩张的主要因素。通过银行贷款降低融资成本，可以减轻企业的财务负担，使企业能够更加专注于技术创新和市场开拓，从而推动整个产业的快速发展。

第四，银行贷款的低融资成本还能够促进氢能产业的规模化和商业化。随着项目成本的降低，氢能产品的价格也会随之下降，这将提高氢能产品在市场上的竞争力，吸引更多的消费者和企业使用氢能产品。随着市场需求的增加，氢能产业将逐步实现规模化生产，进一步降低成本，形成良性循环。

10.1.2 投资基金

10.1.2.1 支持初创企业

投资基金对氢能领域的初创企业的资金支持，不仅为这些企业注入了活力，也为整个氢能产业的创新和多元化发展提供了坚实的基础。初创企业作为氢能产业发展的新生力量，往往拥有颠覆性的技术和创新的商业模式，但受限于资金和资源，难以快速成长[75]。投资基金的介入，为这些企业提供了必要的资金支持，帮助它们在技术研发、市场推广、团队建设等方面取得突破。

第一，投资基金通过提供早期资金支持，可以帮助初创企业加速产品的研发和迭代。在氢能领域，这可能意味着更快地开发出更高效、更经济的制氢技术，或是更安全、更可靠的储氢和运氢解决方案。这些技术进步对于推动整个氢能产业的技术革新具有重要意义。

第二，投资基金的介入还能带来丰富的行业资源和专业经验。投资者通常具有敏锐的市场洞察力和深厚的行业背景，他们能够为初创企业提供战略指导、市场分析、人脉网络等宝贵资源。这些资源对于初创企业来说是无价的，可以帮助企业在竞争激烈的市场中脱颖而出。

第三，投资基金还能够帮助初创企业建立更完善的治理结构和运营机制。通过引入专业的投资管理和咨询服务，初创企业能够提高管理效率，优化业务流程，从而更好地应对市场变化和挑战。投资基金对初创企业的支持，还有助于构建一个健康的氢能产业生态系统。在这个生态系统中，企业、投资者、研究机构、政府部门等多方利益相关者相互协作，共同推动氢能产业的创新和发展。

这种协同效应将进一步加速氢能技术的商业化进程，促进氢能产业的规模化和市场化。

第四，投资基金的介入还能够提高整个氢能产业的吸引力，吸引更多的资本和人才投入到这个领域。随着氢能产业的不断发展和成熟，更多的投资者将会看到这个领域的潜力和价值，从而形成良性的投资循环。

10.1.2.2 促进产业链整合

第一，氢能产业链涵盖了从氢气的制备、储存、运输到应用的各个环节。投资基金通过对上游制氢技术（如电解水制氢、化石燃料重整等）的投资，可以促进清洁、高效的制氢技术的研发和应用。这有助于确保氢能产业的原料供应既充足又环保，为产业链的稳定运行打下坚实基础。

第二，投资基金对中游储运环节的支持同样重要。氢气作为一种轻质、易燃的气体，其储存和运输技术相对复杂，成本也较高。通过投资先进的储氢材料（如金属氢化物、碳纳米管等）和运输技术（如高压气态运输、液态氢运输等），可以有效降低氢气的储运成本，提高整个产业链的经济效益。在下游应用领域，投资基金可以支持氢燃料电池、氢能发电、氢能交通等技术的发展。这些应用是氢能产业实现商业化、规模化的关键。通过对这些领域的投资，可以加速氢能技术在各个应用场景的推广，提高氢能产业的市场竞争力。

第三，投资基金的介入还有助于推动氢能产业链的整合。通过整合上下游资源，可以形成更加紧密的产业链合作关系，提高整个产业链的协同效率。这不仅能够降低生产成本，还能够提升产业链对市场变化的响应速度，增强产业链的抗风险能力[76]。

第四，投资基金对氢能产业链的优化也起到关键作用。通过对产业链中关键环节的投资，可以推动技术创新、提高产业链的技术水平。同时，投资基金还可以通过投资产业链中的薄弱环节，帮助企业克服技术难题，提升产业链的整体竞争力。

10.1.2.3 提高市场认可度

投资基金的参与不仅提升了氢能产业的市场认可度，还显著增强了这一新兴产业对资本的吸引力。随着投资基金对氢能产业链上下游企业的资本注入，从制氢、储氢、运氢到氢能应用等各个环节的企业均得到了快速发展的机会。

这种资金的流入，不仅帮助初创企业克服了早期资金短缺的困境，而且通过提供必要的资金支持，促进了氢能技术的创新和商业化进程。

具体来说，投资基金通过对氢能产业上下游企业的投资，推动了整个产业链的整合和优化。随着氢能产业链的整合和优化，氢能产业的整体竞争力得到了显著提升。这种竞争力的提升，不仅体现在成本的降低和效率的提高上，还体现在氢能产业对环境的友好性上。氢能作为一种清洁能源，其广泛应用有助于减少温室气体排放，对抗全球气候变化，这符合全球可持续发展的趋势。

总之，投资基金的参与对氢能产业的发展起到了积极的推动作用。通过为氢能产业链上下游企业提供资金支持，投资基金不仅促进了氢能产业的创新和多元化发展，还推动了产业链的整合和优化，提高了氢能产业的整体竞争力，为氢能产业的长远发展奠定了坚实的基础。

10.1.3 绿色债券

10.1.3.1 拓宽融资渠道

绿色债券的发行为氢能项目提供了一种新的融资渠道，这对于满足氢能产业日益增长的大规模资金需求至关重要。氢能产业的发展需要巨额的前期投资，尤其是在技术研发、基础设施建设和市场推广等方面。绿色债券作为一种创新的金融工具，能够吸引那些对环境友好型项目感兴趣的投资者，从而为氢能项目提供必要的资金支持[77]。

第一，绿色债券的发行有助于降低氢能项目的融资成本。由于绿色债券通常与环保和可持续发展项目相关联，它们能够吸引那些愿意为这些项目支付溢价的投资者。这使得发行绿色债券的成本相对于传统债券来说可能更低，从而降低了项目的总体资金成本。

第二，绿色债券的发行有助于提高氢能产业的市场认可度。随着越来越多的绿色债券被发行和交易，氢能产业的可见度和信誉度也随之提高。这种认可度的提高有助于吸引更多的投资者关注氢能产业，从而在资本市场上形成良性循环，为氢能产业带来更多的资金支持。

10.1.3.2 吸引长期投资

绿色债券作为一种创新金融工具，为氢能项目提供了新的融资渠道，这对于满足氢能产业大规模资金需求至关重要。氢能产业的发展需要巨额的前期投资,尤其是在技术研发、基础设施建设和市场推广等方面。绿色债券的发行,使得氢能产业能够在资本市场上吸引到寻求环境友好型投资的长期资金,这些资金倾向于支持那些能够带来积极环境影响的项目。

第一,绿色债券的发行有助于推动氢能产业链的整合和优化。通过为整个产业链的各个环节提供资金,绿色债券有助于打通产业链的上下游,促进产业链内部的协同效应,提高整个产业链的竞争力。

第二,绿色债券的发行有助于氢能产业在资本市场上获得更多的支持。随着氢能产业市场认可度的提高,资本市场对氢能产业的信心也会增强。这将使得氢能产业更容易在资本市场上获得股权融资、债务融资等多种融资方式的支持,从而为氢能产业的长期发展提供稳定的资金来源。

10.1.3.3 提升国际合作

通过发行绿色债券,氢能企业不仅能够吸引国内寻求环境友好型投资的长期资金,更重要的是,它们还能够吸引国际投资者的目光,从而促进国际合作和交流。这种跨国界的资金流动有助于氢能产业在全球范围内的拓展,提升氢能产业的国际竞争力。

第一,绿色债券的发行能够让氢能企业接触到更广阔的国际资本市场,与全球投资者建立联系。这些投资者可能来自不同的国家和地区,他们的参与不仅带来了资金,还可能带来先进的技术和管理经验。这种跨国合作有助于氢能企业学习国际先进的氢能技术和管理经验,加速自身的技术创新和产业升级。

第二,国际投资者的参与有助于提升氢能项目的国际形象和信誉度。当一个氢能项目能够吸引国际资金,这通常被视为该项目质量和前景的良好指标。这种认可能够进一步提高氢能产业的市场认可度,吸引更多的投资者关注和投资氢能产业,形成正向的投资循环。

第三,绿色债券的发行能够促进氢能产业的国际标准化。随着国际投资者的加入,氢能企业需要遵守更为严格的国际绿色金融标准和披露要求。这不仅有助于提升企业的透明度和责任感,还能够推动氢能产业的规范化和标准化,为氢能产业的国际合作奠定基础。

第四,绿色债券作为一种融资工具,其发行有助于氢能企业优化资本结构,降低融资成本。长期稳定的资金注入,使得氢能企业能够更加专注于长期的技术创新和市场拓展,而不必过分担心短期的资金压力。这种长期资金的支持,对于氢能产业在技术研发、市场拓展、基础设施建设等方面取得突破至关重要。

10.2 氢能金融政府支持

政府在氢能金融发展中扮演着至关重要的角色,其通过补贴、税收优惠和政策引导等多种手段,为氢能产业的成长提供了强有力的支持。

10.2.1 补贴

10.2.1.1 降低初始投资成本

政府提供的直接补贴对于氢能项目,尤其是对那些新进入市场的企业来说,是一种强有力的支持。这种补贴可以显著降低氢能项目的初始投资成本,使得这些项目在经济上更具吸引力。对于刚刚起步的企业而言,这种减轻财政负担的支持是极其宝贵的,它可以帮助它们在竞争激烈的能源市场中站稳脚跟。

第一,直接补贴可以降低企业的资金门槛,使得氢能项目更容易启动。氢能产业的前期投资成本相对较高,包括技术研发、设备采购、基础设施建设等方面,这些都需要大量的资金投入。政府补贴能够减轻企业的财务压力,让企业有更多的资源投入到核心业务的发展中。

第二,政府补贴有助于氢能产业的规模化发展。随着越来越多的企业进入这个领域,氢能产业的规模效应将逐渐显现,这将进一步降低成本,提高氢能的市场份额。规模化发展还有助于建立更加完善的供应链和产业链,形成健康的产业生态。

10.2.1.2 促进技术研发

补贴政策在氢能产业的发展中起到了催化剂的作用。通过政府提供的直接补贴,氢能项目能够以更低的成本启动和运营,这对于那些资金有限但又拥有创新技术或商业模式的新进入者来说尤其重要[78]。这种支持不仅减轻了企业的财务负担,还降低了进入门槛,使得更多的企业愿意投入到氢能产业的浪潮中。

第一，补贴政策能够激励企业加大研发投入，特别是在那些技术尚未完全成熟且需要持续创新的领域。这种激励措施不仅推动了氢能技术的创新和进步，还有助于加速技术的成熟进程，为产业的长期发展奠定坚实基础。研发投入的增加可以带来更高效的氢能生产方法、更安全的经济的储存和运输技术，以及更高性能的氢能应用产品。

第二，补贴政策还能够促进氢能产业的市场竞争。通过降低成本，补贴使得更多的企业有能力参与到市场中来，这增加了市场的活力，促进了不同企业之间的健康竞争。这种竞争不仅能够推动技术的发展，还能够推动成本的进一步降低，最终使得氢能产品更加经济，更易于被市场接受。

10.2.1.3 市场孵化

政府补贴在氢能产业的初期阶段发挥着至关重要的作用，尤其是在市场孵化和培育期。这些补贴不仅显著降低了氢能项目的初始投资成本，而且对于那些新进入市场的企业来说，能够提供必要的资金支持，帮助它们渡过市场培育期，为氢能产业的商业化和规模化发展打下坚实的基础。

第一，政府补贴能够降低氢能项目的风险，吸引更多的企业参与到氢能产业中来。氢能产业的初期投资成本较高，这往往会阻碍企业的投资意愿。政府补贴的介入，可以降低项目的财务风险，使得企业更有信心投资于氢能项目。

第二，补贴政策有助于加速氢能技术的成熟进程。通过为研发活动提供资金支持，政府鼓励企业进行技术创新，开发更高效、更环保的氢能技术。这种创新不仅能够提升企业的竞争力，还能够推动整个氢能产业的技术进步[79]。

10.2.2 税收优惠

10.2.2.1 减轻企业税负

税收优惠措施对于氢能企业来说，不仅能够有效减轻其税负，还能增加企业的净利润，从而提高投资者的投资回报预期，增强投资者的投资意愿。这种政策激励对于氢能产业的初期发展尤为关键，因为它有助于降低企业运营的整体成本，使得企业可以将更多的资金和资源投入技术创新和市场拓展中。

第一，税收优惠能够直接降低企业的运营成本。氢能产业在发展初期，技术研发和市场推广的投入较大,而税收优惠可以减少企业的税务支出,使得企业有更多的资金用于研发和市场活动。

第二,税收优惠措施通过提高投资回报预期,能够吸引更多的长期投资者关注氢能产业。这些投资者通常寻求稳健且具有长期增长潜力的投资机会,而税收优惠提供了一个积极的信号,表明政府对氢能产业的支持和对其未来发展的信心。

第三,税收优惠还能够提高氢能企业的竞争力。在同等条件下,享受税收优惠的企业能够以更低的成本提供产品和服务,这使得它们在市场上更具竞争力,能够更容易地扩大市场份额。

10.2.2.2 激励长期投资

税收优惠政策是政府为了促进特定产业发展而采取的一种经济激励措施。在氢能产业这一领域,政府可能会提供一系列税收减免或优惠,以吸引和鼓励投资者进行长期投资。这些政策不仅能够降低投资者的税负,还可能包括对研发活动、资本支出、运营成本等方面的税收优惠。

第一,通过与长期投资挂钩的税收优惠政策,政府能够创造一个有利于氢能产业发展的环境。投资者在看到税收优惠带来的潜在经济利益后,可能会更愿意投入资金,进行长期的研发和生产活动。这种长期的承诺对于氢能产业的稳定至关重要,因为它需要大量的资金和时间来开发新技术、建设基础设施、培养专业人才以及推广市场应用。

第二,税收优惠政策还能够促进氢能产业的可持续发展。随着投资者对氢能产业的长期投资,产业将能够获得持续的资金支持,这有助于推动技术创新,提高生产效率,降低成本,并最终实现氢能的商业化和规模化。这样的发展模式有助于减少对环境的负面影响,同时确保能源供应的稳定性和安全性。

10.2.3 政策引导

10.2.3.1 明确发展方向

第一,政府的政策引导不仅为氢能产业描绘了清晰的蓝图,而且通过明确的规划和激励措施,为企业提供了一个稳定可预测的发展环境。这种环境对于吸引投资者至关重要,因为它降低了投资风险,增加了投资的吸引力。政策的明确性有助于企业和投资者识别氢能产业链中的关键环节和潜在的增值点，从而做出更加明智的投资决策。

第二，政府的政策引导考虑到了市场的实际情况和潜在需求，通过市场主导和政府引导相结合的方式，促进了氢能产业的商业化和规模化发展。这种结合了市场机制和政策支持的发展模式，有助于氢能产业在保持创新活力的同时，实现经济效益的最大化。政策引导还鼓励了跨行业的合作和协同发展，促进了氢能产业与其他相关产业的融合，比如交通、工业、电力等。这种跨行业的合作不仅有助于扩大氢能的应用范围，还有助于形成更加完善的氢能产业生态，推动整个产业链的健康发展。

第三，政府的政策引导还注重国际合作和交流，通过参与全球氢能技术和产业创新合作，中国可以吸收和借鉴国际先进的氢能技术和管理经验，加速国内氢能产业的发展，并在全球氢能产业中占据有利地位。

10.2.3.2 优化资源配置

政策引导在氢能产业的发展中扮演着至关重要的角色。

第一，政策引导能够促进资源的有效配置。在氢能产业中，资源包括资金、技术、人才和基础设施等。政策可以通过税收优惠、补贴、研发支持等方式，鼓励企业投入氢能技术的研发和应用中，同时，通过监管措施避免行业内的无序竞争和资源的低效使用。

第二，政策引导还有助于避免重复建设和资源浪费。在没有明确指导的情况下，企业可能会盲目跟风，导致同一地区或领域出现多个相似项目，造成资源的浪费。而政策的引导可以确保项目规划的合理性，促进资源共享和协同发展。

第三，政策引导能够提高产业整体效率。通过制定统一的技术标准和规范，政策可以帮助企业降低运营成本，提高生产效率。同时，政策还可以通过建立市场准入机制，确保只有符合标准的企业才能参与到氢能产业中，从而提升整个行业的竞争力。

10.3 氢能金融风险管理

保险和衍生品工具在氢能金融发展中扮演着至关重要的角色，它们通过提供风险管理服务,为氢能产业的稳定发展提供了坚实的保障[80]。以下从保险和衍生品工具等风险管理方面,对其在氢能金融发展中的影响进行详细论述。

10.3.1 保险

10.3.1.1 风险转移

保险机制通过其风险转移功能,为氢能企业带来了一种有效的财务保障。氢能产业作为一个充满潜力但同时伴随高风险的领域,面临着技术不成熟、市场需求不稳定、政策变动大等多重不确定性因素[81]。在这样的背景下,保险的作用变得尤为关键。

第一,氢能企业在研发、生产、储存和运输等各个环节都可能遭遇意外事故,如设备故障、泄漏爆炸等,这些都可能导致巨大的经济损失。通过购买相应的保险产品,企业可以将这些潜在的损失风险转移给保险公司,从而确保在发生不幸事件时,能够获得及时的经济补偿,减轻财务负担。

第二,市场波动是氢能企业面临的另一大风险。由于氢能产业目前尚处于市场培育阶段,需求端的不确定性较高,价格波动可能会对企业的盈利能力造成影响。保险产品可以帮助企业锁定成本和收益,减少市场波动带来的影响。

第三,政策风险也是氢能产业不容忽视的问题。政府补贴政策的调整、法规的变化等都可能对企业造成不利影响。保险可以提供一种对冲政策风险的手段,帮助企业在面临政策变动时,维持一定的财务稳定性。

10.3.1.2 市场扩张

随着氢能产业的成熟,保险产品的种类和覆盖范围的扩大,不仅为氢能企业提供了更多样化的风险管理工具,也进一步促进了氢能市场的扩张和多元化。这种扩大化的保险支持,为氢能产业的各个环节提供了更为全面的风险保障,从而降低了整个产业链的风险敞口[82]。

第一,氢能产业的成熟带动了对特定风险的深入理解,保险公司能够设计出更加精准和细致的保险产品,满足氢能产业在制氢、储氢、运氢以及应用等各个环节的独特需求。如针对氢能系统的完整性和操作风险,可以开发专门的保险产品,提供从建设到运营的全周期风险保障。

第二,随着氢能技术的进步和应用场景的拓展,保险产品也开始覆盖更多新兴领域,如氢能在家庭能源供应、工业生产、交通运输等多个领域的应用,这不仅为氢能技术的商业化提供了坚实的风险保障,也为氢能市场的多元化发展提供了推动力。

第三,保险产品的创新和服务的优化,也为氢能企业提供了更加灵活的风险管理方案。保险公司可以通过提供定制化的保险解决方案,帮助企业应对特定的风险挑战,从而增强企业在市场中的竞争力。

10.3.2 衍生品工具

衍生品工具如期货和期权等,为氢能企业提供了一种有效的风险管理手段,特别是在面对氢气价格波动时。这些工具允许企业通过金融合约锁定未来的交易价格,从而减少市场不确定性对企业财务状况的影响[83]。

随着氢能产业的不断成熟和市场规模的扩大,衍生品工具的种类和应用范围也在增加。期货合约使企业能够在未来某个特定日期以固定价格买卖氢气,这有助于企业规避价格上涨的风险。而期权则提供了一种权利,而不是义务,让企业在未来以特定价格购买或出售氢气,这为企业管理价格下跌风险提供了灵活性[84]。

这些衍生品工具的应用,不仅可以帮助企业稳定收入和利润,还可以促进投资者对氢能项目的信心,因为他们知道风险可以得到有效管理。此外,随着氢能市场的扩张,衍生品市场也将吸引更多的参与者,包括投资者、交易商和风险管理专家,他们将共同推动市场流动性和价格发现机制的完善。

衍生品工具的发展还有助于推动氢能技术的创新。保险公司和金融机构为了降低赔付风险和投资风险,会倾向于支持那些采用更安全、更可靠技术的氢能项目。这种市场机制下的激励措施,将促进氢能企业在技术研发上投入更多资源,推动整个行业的技术进步。

同时,随着氢能衍生品市场的成熟,相关的市场规则和监管框架也将逐步建立和完善,这将为氢能产业提供一个更加稳定和可预测的市场环境。在这个环境中,企业可以更加自信地进行长期规划和投资,而投资者也可以更加放心地参与市场交易。

总之,衍生品工具的多样化和市场的扩大,将为氢能产业带来更有效的风险管理手段,促进技术创新,增强市场信心,推动氢能产业的健康发展。

10.4 氢能金融投资回报

氢能金融的发展受到市场扩大、技术创新和国际合作等多方面因素的共同影响。市场扩大为投资者提供了丰厚的回报,技术创新提升了氢能产业的竞争力,而国际合作则为氢能产业的全球发展提供了重要的支持和保障。随着氢能技术的不断成熟和市场规模的持续扩大,氢能金融有望在未来几十年内迎来更加广阔的发展空间和机遇。这不仅对氢能产业本身具有重要意义,也对全球能源结构的转型和可持续发展产生了深远的影响[85]。

10.4.1 市场扩大带动投资回报

氢能市场的迅速扩张为投资者带来了巨大的潜在回报。随着全球能源结构的转型和清洁能源需求的增加,氢能作为一种清洁、高效的能源载体,其市场需求正在不断增长。预计在未来几十年内,氢能市场将实现显著增长,特别是在交通、工业和电力等领域。根据预测,到2050年,氢能在全球能源消费中的比重将显著提升,市场规模有望达到万亿美元级别。这种市场的扩大直接带动了早期投资者的投资回报,吸引了更多的资本进入氢能产业,推动了整个行业的发展。

10.4.2 技术创新

技术创新是氢能产业发展的核心驱动力。在氢能产业链中,电解水制氢技术、氢燃料电池技术、氢能储存和运输技术等领域的创新至关重要。这些技术的进步不仅能够降低氢能的生产成本,提高氢能的利用率,还能够提升氢能的安全性,从而增强氢能的市场竞争力。如电解水制氢技术的进步使得可再生能源制氢成为可能,而氢燃料电池技术的提升则使得氢能的应用更加广泛。这些技术的不断创新为氢能金融的发展提供了强有力的技术支撑。

10.4.3 国际合作

氢能产业的发展离不开国际合作。在全球范围内,各国政府和企业都在积极推动氢能技术的研发和应用。技术交流、市场开放和标准制定是国际合作的重要方面。通过国际合作,可以促进氢能技术的全球共享,推动全球氢能产业链的协同发展[86]。例如,国际标准化组织(ISO)已经发布了多个氢能相关的国际标准,这有助于降低氢能产业的进入门槛,促进全球氢能市场的统一和健康发展。

10.5 氢能金融的可持续发展

氢能金融的兴起与绿色金融的长期可持续发展理念紧密交织,两者共同构成了推动环保型能源变革的核心力量。以下从环境影响的视角,对氢能金融发展所带来的具体影响作深入分析。

10.5.1 环境价值的经济化

绿色金融利用市场机制,将环境改善带来的价值转化为可度量和交易的经济价值。氢能作为一种零排放的能源,其带来的环境优势,如减少温室气体排放和改善空气质量,可通过绿色金融工具,如碳信用交易和绿色债券,实现经济化,吸引更多投资者的目光和资本注入,为氢能产业的增长注入动力。

10.5.2 环境风险的管理优化

绿色金融在提升环境和气候风险管理方面扮演着核心角色。金融机构通过评估企业的环保表现和低碳发展潜力,调整信贷策略,引导资金流向那些积极应对环境挑战的企业,从而推动氢能产业的可持续增长。

10.5.3 技术创新的资金激励

绿色金融通过资金投入,激发氢能产业在技术创新方面的活力。氢能技术的进步对于实现可持续发展至关重要,而绿色金融则为这些技术的研发和应用提供了必要的资金保障,加速了氢能技术的商业化进程。

10.5.4 产业链的绿色转型

氢能产业的绿色转型需要巨额资金投入。绿色金融通过提供贷款、投资等金融工具,支持氢能产业链的绿色升级和基础设施的建设,推动整个产业链向更加环保和高效的模式转变。

10.5.5　国际合作与标准的制定

绿色金融的国际合作对于全球氢能产业的可持续发展至关重要。通过国际合作,各国可以共同制定氢能产业的绿色金融标准,推动氢能产业的全球扩张,确保氢能技术的全球普及和应用。

10.5.6　碳市场交易的深化

氢能产业的发展与碳市场交易相结合,通过氢能项目的碳减排认证,将氢能产业纳入碳市场交易体系,为氢能产业提供额外的经济激励,鼓励企业减少碳排放[87]。

10.5.7　绿色金融产品的创新开发

金融机构开发针对氢能产业的绿色金融产品,如氢能项目特定基金和氢能产业绿色债券,为氢能产业提供定制化的金融服务,满足不同投资者的需求。

10.5.8　信息共享与透明度的增强

建立氢能产业投融资信息共享平台,提升行业透明度,帮助金融机构更准确地评估氢能项目的环境价值和投资潜力,增强市场信任。

10.5.9　氢能示范项目的支持

绿色金融集中资源支持那些具有商业潜力的氢能示范项目,通过示范效应带动整个氢能产业的进步,促进氢能技术的普及。

绿色金融的发展为氢能金融提供了全面的支持和推动,不仅促进了氢能产业环境效益的经济化,还推动了技术创新和风险管理,促进了产业链的绿色升级,并通过国际合作和市场机制吸引了更多资源,为氢能产业的长期可持续发展奠定了坚实的金融基础。

11 氢能科技金融

11.1 氢价值链融资:风险和去风险机制

11.1.1 风险和去风险机制概述

在投资环境中,风险是指项目偏离预期结果的可能性。为了防止这种情况发生,投资者通常会要求获得所谓的风险溢价。贷款机构和投资者将要求承担高风险项目的项目开发商获得更高的回报。风险溢价直接影响加权平均资本成本(WACC)和交付的产品或服务成本——在本书中是氢的平准化成本(LCOH)。缺乏缓解办法的风险可能会降低吸引资本的能力,增加债务成本,并对债务/股本比率产生负面影响,从而提高 WACC。

去风险是指重新分配、分担或减少与投资相关的现有或潜在风险。有效地分配风险降低了股权和债务提供者的风险溢价,从而降低了对股权回报的预期,改善了贷款条件。发展金融机构(DFI)在降低风险方面发挥着关键作用,因为它们提供资本和债务,并部署降低私人投资者或贷款人风险的机制。当公共资源被战略性地分配时,过去被认为不具备融资能力的项目可以吸引和调动商业和机构投资者的资金。

11.1.2 影响大型氢能项目融资的风险

在实践中,在评估大型基础设施项目的可融资性时,目前已经开发了各种各样的方法来分类和评估风险。世界银行和经合组织在资本市场、项目开发商和主要利益相关者中进行了全球市场调查,以确定影响大型氢能项目(电解容量超过 100 兆瓦)融资可用性的风险。市场调查的结果显示了影响该行业的 40 多个具体风险。为便于识别和评估影响大型清洁氢项目发展的风险,特将其分为 A、B 两类、九个子类(见表 11.1)。

表 11.1 影响清洁氢项目融资的风险

A类：与新兴市场发展中国家的大型基础设施资产投资相关的风险			
1. 宏观经济风险	政策或财务风险缓解机制	项目生命周期中的普遍性	
		Pre-FID	Post-FID
• 货币贬值 • 高通胀 • 利率飙升	• 外汇套期保值 • 建立稳健的项目融资模式 • 利率互换 • 固定利率贷款	√	√
2. 政治和监管风险	政治和监管风险政策或金融风险缓解机制	Pre-FID	Post-FID
• 征用 • 违约 • 法律框架的缺失、不一致或修改 • 战争或内乱 • 货币不可兑换性和可转让性的限制 • 税收和激励的不确定性	• 政治风险保险 • 加强法治 • 健全和可预测的监管框架	√	√
3. 基础设施风险	政策或金融风险缓解机制	Pre-FID	Post-FID
• 基础设施能力有限 • 对基础设施能力的低估 • 基础设施部署延迟	• 公私合作伙伴关系 • 氢枢纽 • 制定可行的基础设施总体规划 • 共享基础设施的监管	√	
4. 许可和遵从性风险	政策或金融风险缓解机制	Pre-FID	Post-FID
• 利益相关者接受不足 • 延迟或无法获得土地权 • 延迟或无法获得环境许可 • 延迟或无法获得社会许可	• 政治风险保险 • 一站式服务 • 行政当局能力建设 • 社区早期参与 • 纳入环境、健康和安全准则 • 多边开发银行的环境与安全框架 • 共享水和电力盈余	√	

续表

B类：与投资清洁氢产业相关的风险			
5. 承担风险	政策或金融风险缓解机制	Pre-FID	Post-FID
• 不确定的氢气需求 • 有限的可信承购者 • 不确定的清洁氢气价格 • 缺乏氢气交易市场 • 承购违约	• 部分风险担保 • 政策担保 • 部分信用担保 • 长期购氢协议 • 信用违约互换 • 信用增强工具	√	√
6. 技术风险设计	政策或金融风险缓解机制	Pre-FID	Post-FID
• 不可预见的电解槽退化 • 有缺陷的部件 • 性能不佳 • 系统集成/防喷器故障	• 性能保证 • 保险 • 流动性账户 • 选择信誉良好的技术供应商		√
7. 施工和竣工风险	政策或金融风险缓解机制	Pre-FID	Post-FID
• 低估成本 • 时间和成本超支 • 项目范围的误解	• 交钥匙 EPC 合同 • 施工全风险和延迟启动 • 成本超支保证 • 完工和施工保证 • 承包商全风险保险 • 违约金 • 选择经验丰富的 EPC		√
8. 操作和维护风险	政策或金融风险缓解机制	Pre-FID	Post-FID
• 未能实现关键绩效指标 • 未能提供定期和非定期维护 • 操作和维护项目的熟练工人有限	• 储备账户 • 维护范围 • 选择信誉良好的运维公司 • 提高技能和重新培训工人		√
9. 供应风险	政策或金融风险缓解机制	Pre-FID	Post-FID
• 电力不可用 • 不符合进口国的可再生能源分类法 • 水不可用	• 长期购电协议 • 可再生能源项目的扩展 • 选择信誉良好的电力/水供应商 • 可持续的水管理		√

A 类为新兴市场发展中国家的大型基础设施资产时面临的一般风险,可细分为四个子类:① 宏观经济风险、② 政治和监管风险、③ 基础设施风险、④ 许可和遵从性风险。

B 类为与投资清洁氢产业时的具体风险,可细分为五个子类:⑤ 承担风险、⑥ 技术风险设计、⑦ 施工和竣工风险、⑧ 操作和维护风险、⑨ 供应风险[58]。

A、B 这两类风险都阻碍了融资的调动,并阻碍其进入新兴的氢能产业。为了减轻这些风险,需要两组降低风险的机制。首先是政策去风险机制,通过支持机构能力建设、地方技能开发、法律和监管框架的实施以及基础设施资产管理的政策措施,解决风险的根源。其次是金融去风险机制,侧重于与基础设施项目相关的金融风险,包括对冲、期货合约、衍生品、保险范围和担保等。当金融去风险机制得到公共资助时,它们将私人投资者面临的风险转移给公共行为者,如开发银行或信贷出口机构。公共资助的金融机制包括担保、政治风险保险和公共股权共同投资。只有将政策和金融风险缓解机制结合起来,大型氢能项目才能在中短期内实现资金可行性。

必须指出的是,上述风险应当分配给最有能力以具有成本效益的方式管理它们的一方,而这并不一定是公共部门。此外,使用公共和优惠资金的风险缓解工具应仅涵盖私营部门无法控制的风险(即积极溢出效应超过消极溢出效应时的政治、监管和新技术风险)和没有或很少有市场解决办法的风险(即低收入国家的外汇风险)。

11.2 为氢能科技增速的创新业务模式——以清洁氢为例

2023 年,全球超过九成的氢能需求主要由化石燃料制氢满足,低碳强度氢能市场或清洁氢能市场远未达到实现 2050 年全球脱碳目标所需的水平[59]。为在 2050 年实现温室气体净零排放,清洁氢能市场需要在同年达到 6 亿吨氢当量,约为目前全球氢能供应的 6 倍。其中最重要的条件是通过有吸引力的商业场景、清晰的工业标准和认证流程、多样化的供应链及坚定的政策支持为市场发展奠定基础,并保持长期韧性。氢能企业在市场发展的初期阶段面对多样风险,即便是身处于有利政策条件地区的企业。这皆因一个直观的现实——即便我们都知晓如何生产清洁氢,但相对于其他替代性能源,它的价格还是让人望而却步。虽然生产成本应能随着氢能行业扩张而下降,但价值链上的市场参与者依然不确定从何入手产业链,拖慢了全球氢能经济的蓬勃发展。许多潜在的氢能供应商担心需求不足,而潜在的氢能买家则对具成本竞争力之供应的不确定表示担忧。再者潜在投资者的投资于可催化氢能未来增长的基础设施也需直接面对眼前的不确定性[60]。

许多人均认为这是氢能产业的"鸡和蛋"问题:是应先有需求、供应还是赋能产业的基础设施?但这也似乎低估了我们所面临问题的复杂程度。另一种更为恰当的表达是称之为氢能的"先行者系统性困局":产业各方都担心如抢先一步,可能会就地受困;但如慢人一步,又会落后于人。研究发现在氢能开发、生产和储运过程中,至少有十多个节点存在先行者困境问题,这包括:一方在投入资源之前,在观望另一方的行动,且这还不仅局限在清洁氢能供应商和承购商的这类直接的关系范畴;私人资金和政府资助应如何相辅相成为产业提供资金支持?电解槽制氢是否能在清晰供应链显现之前就开始扩大生产规模?储运设施是否能在强有力需求迹象未出现且价格持续波动的情形下先于发展?诸如此类的考量。

限制氢能市场扩张的挑战在于氢能和其他替代能源之间的短期成本差距,而这主要归因于有待提升的公共政策、未成熟的技术及过时的业务模式。氢能政策和技术在过去几年大步发展,但创新业务模式解决方案却并不多见。政府资助的行业催化作用仍不足以覆盖清洁氢能与现有燃料的成本差距,且其存在变数、不易获取。简单而言,不论是私营企业还是公共企业均对能源项目开发方式有根深蒂固的守成观念。因此,如要发展氢能市场,现有合约缔结、风险管理、资产生命周期考量的方式都需要变革。

守成的业务模式解决方案所造就的投资困境根生于当下清洁氢能市场的五大不确定性中:一是需求不确定性。如何应对需求端对价格曲线持观望而不大规模采购氢能的立场?企业是否能获得其所需的融资?二是监管不确定性。如何应对地区、国家和国际机构间相互矛盾或缺位的监管政策?三是技术不确定性。哪些技术将成为行业标准?企业应如何规避使用非最佳技术或者在技术应用上落后于大势?四是生产和基础设施不确定性。如何应对生产和基础设施投资的不足,或成本的高企?如何应对生态影响或公众接受程度的忧虑?五是合作不确定性。如何应对合作伙伴为保护自身利益而故步自封或对合作心怀二意?如何应对最大最强方独揽市场话语权?

我们将在下面以清洁氢为例,详细介绍通过风险降低机制应对不确定性的

13种业务模式解决方案,包括其带来的价值。其中不少已应用于当今市场中,只是未被广泛应用。如这些解决方案得以实施,将有助于应对先行者困局,并向规模化的清洁氢能经济迈进一步。

11.2.1 照付不议:风险共担应对需求不确定性

在照付不议(Take or Pay)合同中,买方和卖方通过缔约共担风险。在这样的场景中,买方购买并提取预先约定数量的货物,但即使买方不提货或不足额提货,仍需支付卖方预先约定的数额。此模式下,买方有了稳定且预知的付款义务进度,且不用承担其不再需要货物的运输、加工和储存成本;卖方得到预知的收入流,但保留了持有和储存货物的风险。照付不议协议让买卖双方分别得以通过支付和收取固定货款来规避新兴行业所面对的不稳定现金流的挑战,且可预测的现金流也有助于吸引投资者,促进清洁氢能经济的发展。

液化天然气产业也面临目前氢能产业般的许多运输和储存挑战,也常使用带照付不议条款的供给合同。照付不议条款可消除不可预测现金流所致之风险,有利于吸引投资,在液化天然气产销方之间已是共识。

11.2.2 提货即付:风险转移应对需求不确定性

在照付不议协议中,买方可选择不提取合同规定的最低氢气采购数量,而在提货即付(Take and Pay)协议中,买方需就其不提取的约定最低采购数量支付违约赔偿金。通过签订此类合同约定提货数量及付款义务,卖方获得了预知的收入流来降低风险,助其吸引融资来开发或扩建项目。许多早期清洁氢能项目通常签订了购电协议(PPA),即预先购买电力,且不得要求退还未使用的所购电力款,这将使氢能生产成本失去弹性。提货即付协议可降低氢能企业此类风险。

如肯尼亚和加纳目前正在推动购电协议从照付不议转至提货即付模式。两国虽都希望减轻购买者因支付未使用能源的费用而产生的财务负担,但唯此模式变更可降低投资者风险,从而改善能源基础设施项目的融资渠道。两国领导人企盼提货即付模式可以鼓励目前有过度生产倾向的国内电力生产商准确预测需求,供需两端都减少浪费。

11.2.3 保险再保:风险转移应对需求不确定性

清洁氢能市场发展的增速需要降低与可再生能源投资相关的感知和实际

投资风险。保险和再保险可就此发挥作用。清洁氢能产业刚起步,快速进化且为资本密集型行业。这使买卖双方的投资都存在风险,难以吸引所需资本。为此,能源发展商可购买保险以过渡并转移部分此类投资风险,而保险公司则可通过再保险保障可能失败的项目损失。

如在撒哈拉以南非洲,非洲能源担保基金(AEGF)正通过由若干保险承保商和银行共担的风险转移产品来降低可再生能源投资风险,并创建有利的投资环境。首先,非洲贸易保险机构(African Trade Insurance Agency)等作为初级保险公司承担与清洁能源项目相关的部分风险。AEGF 为其对接更大规模的保险公司进行再保险,以提升其风险承受能力,优化其风险应对方式,并高效开发清洁能源项目。

另外,欧洲投资银行(European Investment Bank)和德国复兴信贷银行(KfW)这两家金融机构会向再保险公司提供担保,以应对各种特定情况下的风险,如政治风险以及主权和次主权金融债务风险,从而提升再保险公司的运营能力。这一模式可帮助难以获得外国资金的地区吸引投资,并通过降低所涉实体的风险负担来促进市场加速发展。

11.2.4　产融降本:风险转移应对需求不确定性

对部分项目和国家而言,获得可负担的融资是个挑战。打造蓬勃发展的全球氢能经济需要拥有合适条件的国家,如自然资源丰富的国家的积极参与。市场上存在许多现成的或新兴的机制可帮助该等国家降低借贷成本。其中两种包括提供有吸引力借贷利率的开发银行,或以高信用评级国家可向低评级国家提供贷款为例的国家间的双边协议。

如世界银行近期创建的氢能发展伙伴(H4D)是一个推动发展中国家低碳氢能部署的全新全球倡议,发展中国家将得以通过 H4D 进一步获得优惠融资和技术援助,助力其大规模发展氢能项目。

11.2.5　意向表示:风险调整应对生产和基础设施不确定性

新项目的潜在牵头方通过意向书(EoI)要求潜在投资伙伴表明意向,以评估新项目的可行性。意向书让氢能市场参与者得以提高市场透明度,协调公司之间的投资并同步各方意向。其是不具约束力的合作意向声明,内容通常包括项目范围、各方资质、项目时间线和保密条款等。意向书可推动信息共享,提供灵活性。

这两点对正在寻求投资的快速进化且资本密集的清洁氢能企业来说至关重要。

如荷兰北部正利用意向书来填补投资缺口以及时推进各工作阶段，打造欧洲领先的氢能生态系统。该地区的领导人表示，他们认为意向书是在氢能市场成熟和扩张时期中"支持投资缺口的一种有效方式"，也是达成更长期、更具约束力协议的一个过渡步骤。

11.2.6 证书交易：风险调整应对生产和基础设施不确定性

证书交易模式下企业可就未能接收的燃料供应先行获得碳信用。在此模式中，身处氢能供应基础设施不足之地的企业（以下称"公司 A"）从供应商处购买氢气，但供应商并不向公司 A 运送所购氢气，而是向其提供清洁氢气购买证书，并将其所购氢气提供给公司 B。公司 B 随后将这些氢能投入生产使用，但却不能因用氢所抵消的碳排放量而获得碳信用额度，因为该额度已交付给公司 A。这种安排有助于氢气生产企业接触全球大量潜在买方，从而降低其生产和投资风险。此举得以激活能源行业，也可减少在全球四处输送清洁燃料及因此产生的碳排放。

如航空公司已开始采用证书交易模式（见图 11.1），以获得燃料脱碳的碳信用。可持续生物材料圆桌会议（RSB）正在为大型航空公司试行证书交易体系来管理其碳信用额度。新加坡航空、捷蓝航空和美国联合航空等航空公司均在推进证书交易体系试点工作，以借此实现脱碳。

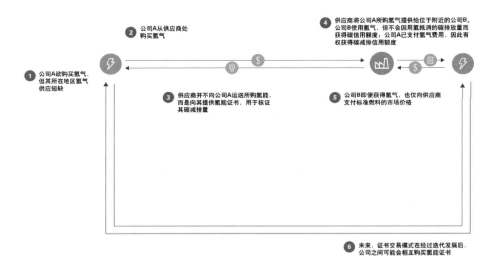

图 11.1　证书交易模式图

11.2.7 资产再生：风险调整应对生产和基础设施不确定性

利用并重新部署现有能源资产和网络是企业进入氢能市场的一条低成本、可持续途径。将现有能源网络重新使用于清洁能源中可充分利用能源生产商已发生的沉没成本，并助力现有运营商和利益相关者从传统能源平稳过渡至未来新能源。

重新部署和使用是行之有效的解决方案。可复制性、模块化、规模和经验是推动风能、太阳能、电池和电动汽车领域降低成本的关键因素。鉴于新技术在实现核心脱碳目标方面的能力和潜力，且为开发新技术寻得所需大量资金实属不易，因此当下投资应在成熟的物理和商业技术及新兴的氢能技术之间做合理分配。

目前，《国际氢能杂志》(International Journal Of Hydrogen Energy)正在探讨将欧洲天然气管网改造为氢能骨干网络。该杂志研究了国家天然气输送系统运营商(National Transmission System Operators)提供的数据(包括运营年限、管网压力等级、项目工期、混合率和管道规格)，发现现有 80 bar 的天然气管道可改造为 45～55 bar 的输氢管道。

11.2.8 差价合同：风险共担应对监管不确定性

在差价合同(CfD)中，清洁氢能或可再生能源电力的卖方与买方共同设定产品最低价格，即行权价格。在合约签订至产品销售期间，如果卖方产品的市场价格高于或低于行权价格，则因价格变动而利益受损的一方将获得行权价格与市场价格之间的差额作为补偿。签订差价合约后，发电商无须承担与市场价格波动相关的风险，相反还能在合约有效期内获得稳定预知的现金流；而购电方则通过事先约定的氢能或电力价格，减轻投资风险。差价合约既是对生产商的补贴，也是防止价格欺诈的手段，因而有利于能源生产商和消费者共担风险，促进他们对氢能的投资。

如 2015 年英国实施"差价合约"计划，旨在刺激对可再生能源的进一步投资(见图 11.2)。目前，该计划以招标流程中的投标价向发电商授予差价合约。英国也在考虑其他可再生能源项目对整个可再生能源行业健康发展的贡献程度而扩大计划。2015—2022 年间，差价合约使得海上风电的每兆瓦时价格降低了近 70%。

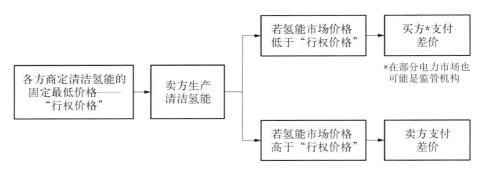

图 11.2　差价合约模式图

11.2.9　双重拍卖：风险调整应对监管不确定性＋合作不确定性

拍卖或"双重拍卖"方法即以尽可能低的价格购买清洁氢能，再将其出售给出价最高者。此种模式需要监管机构进行政策干预，因为这需要监管机构提供补贴以弥补目前清洁氢能和（或）电转 X（Power-to-X）产品的生产成本与化石产品市场价格之间的差额。这还需创立中介机构来负责管理拍卖流程，通过十年期氢购买协议（HPA）购买清洁氢能，并另行将其出售给有可能通过投标竞取短期供应合同的潜在客户。此方法有助于匹配市场上供给双方的风险。

如 2022 年德国政府推出了其首个清洁氢能补贴计划 H_2 Global，并已启动绿色氢进口拍卖项目，即从国际生产商处购买清洁氢能衍生氨气，再出售给出价最高的欧盟竞标者（见图 11.3）。H_2 Global 的首期资金为 9 亿美元，但政府计划在未来几年内大幅增加投资。

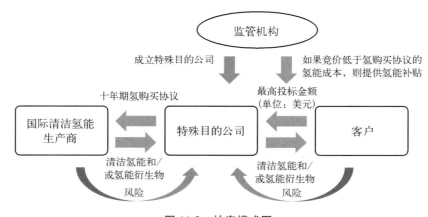

图 11.3　拍卖模式图

11.2.10 需求聚合：风险调整＋风险转移应对合作不确定性

需求聚合是指企业结成联盟购买某种产品的行为，其旨在通过集中需求加速产品产能开发，卖方会为其产品找寻巨大的市场而主导此种联盟。在另一些类似可持续航空买家联盟（SABA）的需求聚合计划中，联盟成员共同倡导监管及技术变革，以加速其所购产品的应用。需求聚合计划有利于缓解清洁氢能领域的先行者困局。它能为清洁氢能生产商提供一个稳健、集中的产品市场，充当连接买方和卖方的平台，并借力众多市场参与者的综合资源来倡议制定有利于氢能发展的法规。有了稳定及超过眼下一年的需求周期，投资风险将得以大幅下降，从而吸引银行等参与者的参与。

可持续航空买家联盟是由落基山研究所（RMI）和美国环保协会（EDF）联合发起的企业联盟，其创始成员包括德勤、美国银行等公司，旨在推动可持续航空燃料（SAF）市场的增长。该联盟汇总了包括德勤在内的发起成员单位对SAF 证书的需求，建立 SAF 证书系统，就政策规划和制定与监管机构进行接触，助力成员单位驾驭 SAF 和 SAF 市场的技术、航空排放统计以及 SAF 政策展望等领域。

除此以外，天然气加工商或贸易商通过与多家企业签订清洁氢能合同，使供应商能够专注于生产风险，并将商业和零售风险转嫁给其他企业。该方式已被应用于中东地区。很多项目因拥有了可靠及稳健的需求聚合主导人，而使之通过了项目的最终投资决定（FID）。近期采用此方式的项目是 NEOM"绿氢"项目，其中空气产品公司（Air Products）成为 NGHC 工厂绿氢的独家承购商，并将其全部产量销往全球。

11.2.11 合作竞争：风险调整应对合作不确定性

合作竞争是指竞争者之间有针对性地开展合作，是解决清洁氢能领域中"鸡和蛋"问题较直观的业务模式解决方案。在美国能源部的区域清洁氢能中心模式下，生产商、分销商和供应商将合作开发集中式的端到端氢能市场（见图11.4）。该合作可以串联整个价值链的市场竞争者，从而调整各参与方的不同风险；亦可为新的合作战略创造探索机会，皆因各个合作方均希望在保持定价灵活性的同时保持其市场地位。

如国际电池创新联盟（The Consortium for Battery Innovation，CBI）是一

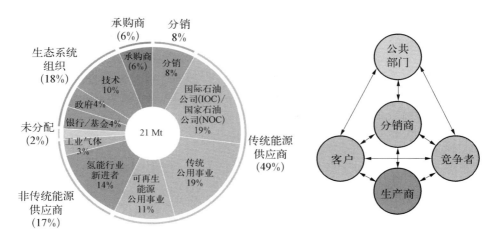

图 11.4 合作竞争

个铅蓄电池制造商、行业供应商、研究机构、商品贸易商和最终用户之间开展合作竞争的团体。他们共享专业知识、汇集丰富资源,促进整个行业的创新和发展。该联盟不仅能增进成员之间的关系,还能助力成员获得政府资助和利益相关者资金,用以加速创新,扩大全球电池市场。

11.2.12 氢即服务:风险转移应对合作不确定性

在氢即服务(HaaS)业务模式中,卖方免费为氢能移动出行领域的最终用户提供储氢及加氢基础设施,甚至是车辆改装。作为回报,最终用户与卖方签订一份通常为期数年的氢能购买协议。HaaS 直接解决了氢动力车队运输中"鸡和蛋"的问题,使车队运营商在没有进行前期资本投资的情况下使用储氢及氢燃料基础设施以及氢燃料汽车,让氢能生产商得以通过合同约定来与承购商建立起有利可图的业务关系。这一业务模式下,有能力管理较大风险的大规模、高实力的企业可以助力实力较弱的企业在氢能发展中有所作为。

如近期不列颠哥伦比亚省的 Hydra Energy 与八个商用卡车车队的老板签订了 HaaS 协议。由 Hydra 免费改装的车队车辆将在 Hydra 的站点加油加氢,并通过使用柴油和氢燃料混合燃料,使其碳排放量比传统柴油卡车减少40%。车队承诺在五年内以与柴油价格持平的固定价格从 Hydra 处购买氢气。由此,车队能够获得可负担的氢气供应,Hydra 也能得到稳定的收入。

11.2.13 产业协作：风险共担＋风险调整应对合作不确定性

每个价值链中的各个参与者都相互依存，然而市场在解决先行者困局时往往仅聚焦直接供应商和承购商，指望既有商业架构来促成合作。有些行业正在探索涉及更多上下游参与者的全价值链协作模式，如生产"绿色钢铁"，使用清洁氢的钢铁企业。在钢铁行业场景中，全价值链协作将包括矿业企业、钢铁生产商、汽车制造商（钢铁买方）、燃料供应商等。实现此类价值链协作需要各个参与者愿意为"做大蛋糕"而适度让利，降低最终用户价格成本，借此加速清洁氢能的使用、推动氢能规模化发展，减少补贴需求。

11.3 氢能科技金融的国际合作与展望

氢能作为全球应对气候变化和促进可持续发展的关键能源技术之一，国际合作在推动其研发、标准化和商业化进程中扮演着至关重要的角色。同时，随着技术的成熟和政策的支持，氢能的未来呈现出广阔的前景。

11.3.1 氢能科技金融的国际合作

国际合作在氢能领域表现在多个层面，包括技术交流、共同研发项目、资金支持和政策协调等。

11.3.1.1 合作平台共享

多国政府和国际机构通过建立合作网络和共享平台来促进氢能技术的发展。如国际清洁能源署（IRENA）提供了一个国际合作的平台，汇集政策制定者、专家和私营部门代表，共同探讨和推广氢能及其他可再生能源技术。氢能国际合作伙伴关系（IPHE）则旨在推动氢和燃料电池技术的国际合作，通过分享最佳实践、政策和技术数据，促进氢能的全球应用。

11.3.1.2 共同研发项目

多国政府和企业联合投资氢能项目，进行技术试验和标准制定。这些项目通常聚焦于氢生产效率提高、成本降低、储存与运输技术的安全性提升等关键问题。如未势能源与意大利国家研究委员会(CNR)正式签署氢能项目战略合作协议，双方将围绕氢能源产业发展在欧盟区域开展项目合作，助力意大利及周边区域绿色能源转型。

11.3.1.3　国际资金支持

国际金融机构如世界银行和亚洲开发银行提供贷款和资金支持，帮助发展中国家建设氢能基础设施和推广氢能技术。此外，全球环境基金(GEF)和国际清洁能源机构(IRENA)等也在资助相关的氢能项目。

11.3.1.4　政策协调与标准化

如国际能源署(IEA)和国际可再生能源机构(IRENA)等机构在推动氢能政策的国际协调和标准化方面起到了桥梁作用。通过制定国际标准，促进氢能产品和服务的全球贸易和互操作性。

11.3.2　氢能科技金融的未来展望

随着全球对可持续能源和碳中和目标追求的重视，氢能作为一种清洁、高效的能源解决方案，正逐渐成为能源转型的关键。技术创新将仍是推动氢能发展的核心动力，尤其是在氢的生产、存储和运输方面的突破，将直接影响到氢能的经济性和市场竞争力，使得氢能在多个重要领域实现商业化扩展，尤其是在交通、工业和能源存储等高能耗行业。

同时，政府政策的支持和激励机制将继续扮演至关重要的角色，通过财政补贴、税收优惠和直接的研发投资，为氢能科技的发展提供强有力的推动。此外，国际合作方面，多国之间的技术交流和资金流动将加速，共同克服技术和经济上的挑战，推动全球氢能市场的形成和成熟。

金融领域将见证更多创新工具的出现，以适应氢能项目的特殊需求，如绿色债券、氢能专项基金及其他相关金融产品，这些都将有助于降低投资风险并吸引更多的私人和公共资本。

综上所述，氢能科技金融的未来将是多元化和跨领域合作的结果，预示着氢能可能在未来几十年内成为全球能源结构中不可或缺的一部分，为实现全球可持续发展目标贡献重要力量。

12 氢能发展建议

氢能作为一种新兴能源技术，正以前所未有的速度快速迭代，是全球能源向绿色低碳转型的核心驱动力之一。电解水制"绿氢"是未来主流路线，推动"绿氢"时代到来。但目前氢能产业的发展还存在创新能力不足、技术装备水平不高，支撑产业发展的基础滞后等问题，产业发展形式和发展路径有待进一步探索。基于前文分析发现的问题，为实现氢能的可持续发展提出几点建议：

12.1 加快全球氢能科技创新布局

尽管一些关键技术，特别是最终用途的关键技术远未实现商业化，但氢气价值链的技术发展仍在推进。实现氢气在清洁能源转型中的作用取决于创新，既要支持商业可用技术的持续成本降低和性能提高，也要确保目前处于示范阶段的下一代氢气技术及时实现商业化。

目前制氢技术发展良好，包括生产低排放氢气。碱性和质子交换膜（PEM）电解槽可在市场上买到。固体氧化物（SOEC）电解槽处于示范阶段，阴离子交换膜（AEM）电解槽处于早期发展阶段，但技术发展迅速；与在新应用中采用氢气相比，在现有工业应用中用化石燃料基氢气替代低排放氢气所带来的技术挑战较小，然而仍然需要创新，如处理可变可再生能源的电力。2022年3月，Fertiberia和Iberdrola启动了第一个示范项目（20兆瓦），将太阳能光伏发电电解产生的氢气用于氨生产。大部分电力将来自太阳能光伏装置（带备用电池），尽管一些电网电力将提供稳定电力的保证。在中国，宁夏宝丰能源集团于2021年开始运营一台由太阳能光伏发电的大型电解槽（150兆瓦），用于生产甲醇。

专利是创新的标志，然而并不是所有的专利在价值或创新水平上都是平等的。国际专利家族（IPF）是在全球两个或多个专利局提交的专利申请，由于多个申请需要更多的努力和费用，这表明感知价值更高。尽管自2010年代以来，用于氢气生产、分配和储存的IPF数量有所增加，但过去十年的平均年增长率仅为5％，远低于2000—2013年间低碳能源创新所保持的12.5％的平均增长率。而且备案活动越来越集中在欧洲，2010—2021年，欧洲43％的IPF都已备案，尤其是在德国和法国。虽然并非所有的创新都获得了专利，但IPF数量可能是创新滞后的迹象。尽管有时间因素，从研发完成到申请专利并发表大约需要三年时间，但如果最近增加的与氢有关的关注和活动成功转化为发明，预计未来几年专利将增加。目前的低专利活动可能会对短期内的重大改进提出挑战。

世界主要经济体都在加速氢能科技发展方面的布局，氢能开发与利用已成为发达国家能源体系中的重要组成部分。2021年11月，清洁氢气伙伴关系成立，这是一个支持欧洲氢气技术研究和创新活动的公私伙伴关系，是燃料电池和氢气联合承诺的继任者。欧盟委员会将在2021—2027年为该伙伴关系提供10亿欧元（约10亿美元）的支持，并由该伙伴关系的私营部门参与者提供至少10亿欧元的额外私人投资。同样作为REPowerEU计划的一部分，2022年5月，欧盟委员会向清洁氢伙伴关系额外提供了2亿欧元（约2.11亿美元）的资金，以支持整个欧盟的氢谷开发。研发和示范项目也得到了美国两党基础设施法的大力支持，在五年内，其中10亿美元用于清洁电解的研发，5亿美元用于制造和回收清洁氢气技术。此外，五年内将有80亿美元用于支持氢轮毂示范项目。巴西将氢定义为研发投资的优先领域。因此，石油、天然气和生物燃料监管机构调整了法规，以促进石油和天然气公司对氢气的强制性研发投资。

因此必须尽快部署建设氢能技术创新体系，推动先进氢能技术研发，促进科技成果转化。要针对规模化可再生能源制氢技术、氢储能、氢能炼钢、"绿氢"化工、氢燃料电池、氢燃气轮机等氢能基础理论和关键技术，设立多条不同技术路径。许多其他最终用途技术处于开发的早期阶段，还没有准备好在市场上竞争，部分原因是它们尚未实现所需的规模经济。研究、创新和开发对于证明这些技术的可行性和支持即将商业化的技术持续降低成本至关重要。

12.2 推动绿色制氢技术进步，增强可再生能源的应用

从环境和生态的角度来看，利用可再生能源进行电解水制氢是最佳的技术途径。不仅能够实现零碳排放，获得真正洁净的"绿氢"，还能够将间歇、不稳定的可再生能源转化为稳定、可控的无碳能源，促进可再生能源的消纳和扩展。经过长期努力，当前中国能源结构中，煤炭消费含量已大幅降低，但以煤炭为主导的能源消费结构特征依然明显，要实现"双碳"目标，就必须有计划地减少煤炭消费，利用"绿氢"、绿电等能源载体实现可再生能源替代化石能源。

有多种选择可以提高可变可再生能源的氢气供应稳定性。混合发电厂结合了不同的可再生资源，如太阳能光伏和风力发电，可以增加年满负荷小时数，从而降低总体生产成本，尽管太阳能光伏和风能联合系统的电力成本更高。相对于电解槽容量超过可再生电力容量可以增加电解槽的总满负荷小时数，从而增加氢气供应。在可再生能源发电的高峰期，如果没有其他承购商或使用，但由于可再生能源的供应特性以及可再生能源和电解槽的资本成本，会导致可再生能源电力缩减，但是由缩减产生的成本劣势可以通过更好地利用电解槽来抵消。

当太阳能和风能与储存相结合时，可以以低成本和高负载因数为氢气生产提供动力，海上风电可以成为高满负荷小时制氢的一种具有成本效益的选择。到 2030 年，在太阳能条件良好的地区（即 2 600 满负荷小时），太阳能光伏发电的氢气可能会降至 1.5 美元/kg 以下，到 2050 年，降至 1 美元/kg 以下，因此太阳能光伏发电成本较低，在这些情况下，约占氢气总生产成本的 55%。到 2030 年，太阳能光伏发电成本必须降至 14 美元/MWh，到 2050 年降至 11 美元/MWh 才能达到这些氢气生产成本水平。除了降低电解槽的成本和提高效率外，到 2030 年，在资源条件良好的地区，这将使太阳能光伏发电的氢气与使用 CCUS 的天然气制氢具有竞争力。可见充分发挥太阳能和风能发电在氢气生产中的可变性还能够大幅降低氢能生产的成本，是推进能源消费总量和强度"能耗双控"向碳排放总量和强度"碳排双控"的发展转变、建立一个完全以绿色氢能为中心的氢能源工业链条体系的强大动力。

12.3 建设氢能应用产业集群与园区

市场需求不足是阻碍氢能发展的关键障碍之一。各地区应结合自身条件,建设氢能应用产业园区,在园区内集中发展大量使用氢能的钢铁冶金、石油化工、煤化工等行业,建设以"钢化联产"等为代表的循环经济体系,推动产业融合发展。同时为园区建设"绿氢"制造基地或氢能供给网络,形成氢能应用的大规模市场,扩大氢能应用范围,吸引对于氢能的投资,促进"绿氢"成本下降,为提高"绿氢"竞争力、推动"绿氢"应用的下游产业健康发展创造条件。

12.4 加速氢能基础设施建设,优化氢气运输体系

建设必要的氢贸易基础设施,如管道、港口和船舶的进出口码头,这是发展国际氢市场的基础。重新利用现有的化石燃料基础设施可以加快发展并减少投资需求。虽然重新利用通常是最便宜的选择,但在某些情况下,有必要建造新的管道来运输氢气。这是因为在某些情况下,现有的天然气管道将继续为消费者服务,或者在计划的氢气生产和需求地点之间没有现有的管道。尽管如此,如果新的氢气管道与现有的天然气管道路线平行,可以节省时间和成本,从而放弃一些开发步骤。

依托能源行业丰富的基础建设与储运经验,探索固态、深冷高压、有机液体等储运方式,统筹推进氢能基础设施建设,布局中长距离输氢管网建设,在重型卡车多的码头与运输高速路线上构建加氢站网络,加快构建安全、稳定、高效的全国氢能供应体系,逐步构建便捷和低成本的氢气运输网络。

具体做法包括:一是加大固态、深冷高压、有机液体等关键技术攻关,开展天然气管道掺氢、纯氢管道输送等试点示范,利用管道实现氢气安全高效输运;二是统筹布局建设加氢站,有序推进加氢网络体系建设,利用现有加油加气站场地设施改扩建加氢站,探索站内制氢、储氢和加氢一体化加氢站新模式。

12.5 完善政策框架、标准化体系与监管机制

随着氢贸易项目管道的扩大，各国政府已开始考虑采取措施促进国际氢市场的发展，并确保贸易满足国家目标。大部分计划中的氢气出口尚未达成一致，在很大程度上是由于对低排放氢气的需求疲软。虽然低排放氢气的成本仍然相对较高，但政府政策可以帮助鼓励先行者将低排放氢气纳入其工艺中。许多政府计划在现有的自由化能源市场结构和框架内促进氢气贸易，私营公司在政府提供的框架下开发出口或进口项目。在制定促进贸易项目的框架时，各国政府寻求为开发商和投资者提供确定性，制定法规使市场与国家优先事项保持一致，并利用政策支持加快市场发展。各国需要制定一种通用的方法来确定氢气生产的排放强度和其他重要的生产指标，并由国际标准化组织等国际标准机构采用。

一旦制定了标准和条例，实施和执行这些标准和条例就需要对认证系统进行能力建设。除了遵守法规之外，认证系统还可以用于自愿的低排放氢气市场。必须设立或任命机构，使用所采用的方法审查项目的制氢方法，颁发证书或原产地保证以验证合规性，并在透明和集中的登记册中跟踪证书。当局必须按照规定要求和处理贸易商的认证，并监督认证机构。

鉴于全球氢能市场还处于起步阶段，许多政府尚未实施具体的氢贸易政策。尽管如此，政府方法的共性和差异，以及氢贸易需要国际协调的领域，正在开始形成。必须加快建立健全氢能全产业链技术标准体系建设，尤其是关键技术装备的计量、检测和认证标准，大力推动行业技术革新与标准的制定；积极研究氢能减碳机理及减排标准，创建以氢能产业为基础的碳足迹标准及其度量指标，有助于构建低碳、清洁、高效的氢能源产业链。

纵观整个氢能行业的发展现状，氢能背后的发展动力依然强劲，它已被公认为实现各国政府近年来宣布的温室气体净零排放承诺的关键选择。氢的一些关键性应用正在显示出进展的迹象。各国政府继续将氢气视为其能源部门战略的支柱：自2021年9月以来，已通过了9项新的国家战略，使总数达到26项[61]。然而，采用低排放氢气作为清洁工业原料和能源载体尚处于早期阶段，与其他清洁能源技术一样，需要有效跟踪进展情况，以评估发展速度是否足够

快,是否处于清洁能源转型和加强能源安全的轨道上。

氢在支持政府宣布的气候承诺和加强能源安全方面发挥着显著作用。为了及时发挥这一作用,未来十年需要大规模部署可用的氢技术,并加快那些仍在开发中的技术的创新。伴随着科学技术的发展和产业链条的完善,未来氢气作为最新绿色能源,在"双碳"目标、全球能源转型中的重要战略地位会稳固保持,氢能行业迎来大发展将成为必然趋势。

12.6 氢能金融发展的对策与建议

随着全球气候变化问题的加剧和清洁能源转型的迫切需求,氢能作为清洁、高效、可持续的能源选择,正成为全球关注的焦点。为了推动氢能金融的健康发展,促进氢能产业链的完善与全球化合作,各国政府、金融机构和企业需要共同采取有效的对策,确保氢能金融市场的可持续成长。以下从政策与金融创新、风险管理与信息透明、国际合作与区域协同以及公众意识与企业责任四个方面提出相关对策与建议。

12.6.1 政策与金融创新

氢能金融的发展离不开政策支持和金融创新的推动,各国政府应通过财政激励和政策导向,引导企业加大对氢能项目的投资。

一是政府可以通过财政补贴、税收优惠和贷款优惠等方式,为氢能项目提供初期支持,减少氢能项目的高额前期投入风险。如对氢能技术研发、基础设施建设以及氢能车辆推广等领域的企业提供财政补助和政策优惠,帮助其渡过早期资金难关。二是政府和金融监管机构应进一步加强绿色金融体系的建设。如通过鼓励金融机构开发和推广绿色债券、可持续发展贷款、绿色基金等创新金融产品,将更多资金引向氢能项目。三是推动建立氢能专属基金,为技术创新型氢能企业提供长期稳定的资金支持,促进氢能技术的突破和商业化进程。四是数字金融技术也可应用于氢能金融领域,如通过大数据分析、区块链技术等手段,提升资金使用效率,优化金融风险管理。五是政策制定者应不断优化氢能产业的融资环境,促进金融创新与氢能产业链的紧密结合。

12.6.2 风险管理与信息透明

氢能项目具有较高的不确定性和技术复杂性，因此金融机构在支持氢能产业发展时，必须重视风险管理。金融机构应建立有效的风险评估机制，以确保投资的安全性和收益性。

一是氢能产业的特殊性要求金融机构加强对其风险的认知和评估。金融机构应在传统财务风险评估模型的基础上，针对氢能项目的技术不确定性、市场需求波动、政策变化等因素，制定专门的风险评估和管理框架。同时，引入外部专家和咨询机构，定期对氢能项目进行技术评估和市场前景分析，确保投资决策的科学性。二是信息透明度的提升是氢能金融发展的基础。氢能金融市场的参与者，包括投资者、金融机构、政府和企业，都需要更加透明的信息交流与共享。为此，可以建立氢能产业的信息共享平台，让市场主体能够获得及时、准确的氢能项目信息，如技术进展、市场需求、政策导向等。这一信息平台的建立，将有助于提高投资者的信心，减少因信息不对称导致的市场波动。

12.6.3 国际合作与区域协同

氢能产业的全球化特性要求各国加强国际合作与区域协同，推动氢能金融市场的国际化发展。

一是各国政府和多边金融机构应积极参与氢能项目的国际合作，推动跨境资金流动和技术转让。如世界银行、国际货币基金组织、亚洲开发银行等机构可以通过设立氢能发展基金或绿色贷款项目，支持发展中国家和新兴市场的氢能产业发展，帮助其加速清洁能源转型。二是区域合作组织如欧盟、东盟等可以发挥桥梁作用，协调各成员国的氢能发展政策，制定统一的技术标准和市场规则，减少氢能产业跨国发展中的政策和技术壁垒。通过建立标准化的氢能金融市场框架，可以促进国际资金、技术和人才的自由流动，加快全球氢能产业链的整合与协同发展。此外，政府间合作应包括在氢能基础设施建设方面的协同推进。氢能的生产、储运和应用需要巨大的基础设施投入，单一国家的独立投资成本高企，通过国际合作，各国可以共同分担基础设施建设的成本和风险，形成区域性氢能供应网络。

12.6.4 提升公众意识与企业的社会责任感

氢能产业的发展离不开社会各界的广泛支持,提升公众对氢能的认知、推广绿色消费理念以及企业承担更多的社会责任,都是氢能金融健康发展的关键。

一是政府和媒体应通过各种渠道提高公众对氢能的认知,帮助消费者了解氢能作为清洁能源的优势及其对环境保护的贡献。如通过组织宣传活动、科普讲座、媒体报道等形式,普及氢能知识,促进绿色消费和环保理念的普及。二是企业在推动氢能产业发展中也应承担起更多的社会责任,特别是在环境、社会和治理(ESG)方面。如政府可以通过政策引导,鼓励企业在开发氢能技术、推广氢能产品时,注重减少碳排放、提升社会效益;企业加强 ESG 责任意识,既有助于提升品牌形象,也能够在资本市场中获得更多的长期资金支持。三是公众参与机制的建立。通过公众参与项目决策和监督,确保氢能项目在开发过程中能够兼顾社会效益和环境保护,进而获得社会广泛的认同与支持。

13 "绿氢"发展建议

13.1 全球"绿氢"政策现状与发展趋势

脱碳发展逐渐成为世界各国共识,超过130多个国家和地区提出了碳中和目标,氢能等新兴能源技术加速推进,包括日本、德国、美国、中国等在内的42个国家和地区都已经推出氢能政策,36个国家和地区的氢能政策也正在筹备中。

各国发展氢能的驱动力分为三大方面:深度脱碳、保障能源安全和实现经济增长(见表13.1)。由于电解制氢碳排放低、纯度品质更高,随着电解槽成本与可再生能源发电成本不断下降,未来电解制取"绿氢"有望成为主流制氢手段。各国在氢能政策中均着重提出要加速布局可再生能源电解制备"绿氢",2022年全球"绿氢"产能约为21万吨/年,预计到2030年,全球"绿氢"产能将超过3 600万吨/年。

表13.1 "绿氢"发展的三大动力

项目	深度脱碳	经济增长	能源安全
代表国家	英国及欧盟国家	韩国、澳大利亚、俄罗斯	日本及欧洲
模式特点	结合可再生能源制氢进行多场景示范应用,以能源结构清洁化转型、产业脱碳为核心目的	拥有先进核心技术或氢能优势,通过技术出口或氢资源出口,以打造新经济增长为目标,打造氢能产业集群	开展国际氢资源供应链与贸易,国内进行发电等综合示范应用,替代石油、煤炭等化石能源
发展概括	应对气候变化为主推动	培育经济增长点	保障能源安全与技术优势

13.1.1 欧洲"绿氢"发展政策与现状

欧盟致力于探索氢能的综合应用,构建规模化"绿氢"供应体系,将氢能发展视为2050年实现碳中和的主要行动路径,尤其是德国、法国和西班牙,都将"绿氢"作为发展氢能的首选路径。截至目前,欧盟及其成员国现有发展计划中的氢能项目投资额,在其清洁能源产业投资额中的占比已经超过30%。随着欧盟各国在氢能领域的加速布局,各国日益紧密的氢能合作也将成为发展趋势。

2018年,欧盟委员会发布《欧盟2050年战略性长期愿景》,其中强调了绿色氢能将在推动绿色经济中迅速且广泛地应用,并设定目标,即到2050年,将氢能在能源结构中的占比提升至13%。2019年12月发布的《欧洲绿色协议》明确指出,氢能发展是一个紧迫的议题,并宣布欧盟将强化国际合作,运用外交途径促进氢能的发展。通过发布全面的战略路线图与规划,欧盟确立了氢能在实现绿色经济转型中的关键作用,并配套实施了一系列支持措施。2020年,欧盟推出了《欧盟氢能战略》,明确将氢能作为未来发展的重心,并成立了清洁氢能联盟,通过加大对氢能发展的支持力度,加强对气候政策的引领,旨在实现绿色经济的复苏。此后,欧盟又提出了能源—气候综合计划,进一步促进了氢能的应用。2022年,欧盟委员会携手欧洲氢能贸易协会(EHTA)共同建立了清洁氢能伙伴关系,为此专项拨款3亿欧元用于水电领域,旨在支持清洁氢能的生产、储存与分配,并推动水电在航空及重型运输等难以触及的传统领域中的应用。同年,欧盟在"清洁氢能联合行动计划"中,通过"地平线欧洲"项目投入了10亿欧元,用于资助氢能领域的示范项目。此外,2023年3月,欧盟委员会在发布"净零工业法案"的同时,也提出了"欧洲氢能银行"计划。图13.1概述了从2018年至2023年间,欧盟在绿色氢能领域所发布的一系列重要公告。

面对日益加剧的能源安全忧虑及能源价格波动,同时为确保持续的减碳进程,欧盟推出了《可再生能源指令》(RED II),设定目标为到2030年,可再生能源需满足能源总需求的45%。2022年5月18日,欧盟委员会正式揭晓了REpowerEU能源转型行动计划,旨在减少对俄罗斯化石燃料的依赖,并加速绿色能源的转型步伐。该计划提出,至2030年,欧盟将构建起每年1 000万吨的氢基可再生能源产能,并计划从可靠供应商处进口同等规模的氢基能源(见图13.2)。

图 13.1 欧盟"绿氢"主要政策时间线

图 13.2 欧盟"绿氢"生产目标

同年 7 月 15 日,欧盟委员会批准了包括法国、德国、奥地利、西班牙、意大利等在内的 15 个欧盟成员国联合发展可再生能源能力、共同推进氢能技术项目(IPCEI Hy2Tech)。

从上述政策举措中可以归纳出欧洲对绿色氢能产业的支持主要体现在以下四大方面:

一是严格的碳排放标准。只有制氢所用电力符合要求且生产过程中来源、时间或空间相关性符合要求,方可被视为"绿氢"。

二是碳差价合约(CCfD)。为低碳项目投资者提供的一种政策保险计划,促进工业领域使用"绿氢"。项目投资方通过竞争性投标方式来实现"绿氢"替代的商业化，报价确定了减碳成本（"绿氢"替代）的约定价或最低价。中标后将得到政策的支持，通过CCfD为中标项目提供长期最低价格担保。

三是"绿氢"项目补贴。欧盟创新基金承诺提供8亿欧元补贴，于2023年下半年启动制氢（"绿氢"）项目试点招标，中标者未来十年可按每千克"绿氢"获得固定溢价。

四是多项扶持聚焦"绿氢"产业各环节。包括欧洲共同利益重要项目、欧洲氢能银行、投资欧洲计划、战略能源技术规划等多个项目中，均将"绿氢"视为核心领域，基金将用于支持"绿氢"相关的建设、科研、运输等各个细分环节（见图13.3）。

国家	战略目标	内容
西班牙	4GW	2024年之前达300~600MW，2030年已安装电解槽产能达到4GW的2023年之前投资15亿欧元用于发展绿色氢
英国	10GW	双轨制：可再生绿氢+CCUS蓝氢 推进10亿英镑的投资计划，促进低碳氢经济发展 2030年，国内低碳氢产量10GW 2050年，20%~35%的能源消耗以氢为基础，氢能经济产值达到130亿英镑
德国	10GW	聚焦绿氢，推进风电、光伏制氢 2030年，根据国家氢战略（NHS），氢电解槽达到10GW 为氢能技术的本土市场推广投70亿欧元，投资20亿欧元用于国际合作
荷兰	4GW	2025年前完成500MW绿氢项目，2030年进一步增至4GW
法国	6.5GW	2030年前，氢能领域投入90亿欧元，实现6.5GW的电解装置装机容量
意大利	5GW	2030年在该氢能领域的投资将为100亿欧元，实现5GW电解能力

- 从各国的氢能战略路径来看，德国、法国和西班牙，将绿氢作为首选路径，对于英国和荷兰，两国拥有较多的天然气基础设施布局，短期内倾向于将蓝氢（CCUS技术）作为过渡路线同步发展，而后逐步扩大绿氢的占比。

图13.3 欧洲各国"绿氢"生产目标

氢谷是欧洲推崇的氢能生态系统，依托丰富的可再生能源地域建设制氢站，以此为中心，带动周围产业对"绿氢"的应用，并逐步扩大基础设施的覆盖半径，形成大型的产业集群。氢谷覆盖完整的产业链，生产、储存和运输与多种应用组合，生态系统内集中消耗大量的氢能，带来基础设施投入成本降低的同时改善了当地的能源结构和环境问题。接下来将进一步构建欧洲氢能骨干网，随着规模化的提升，有利于进一步发展经济、吸引投资，对管道、管网进行建设，进而将欧洲的各个氢谷进行连接，形成欧洲氢能架构（见图13.4）。

13.1.1.1.1 西班牙"绿氢"发展政策与现状

西班牙可再生能源资源丰富，年均日照时间超过2500小时，同时，漫长的

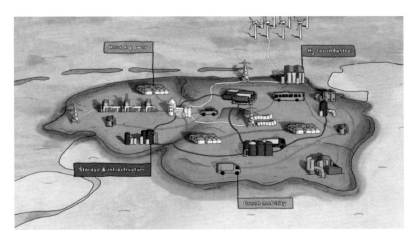

图 13.4　氢谷—氢能生态系统

地中海和大西洋海岸线使其成为发展风电的绝佳场所。2022年,可再生能源生产占西班牙能源结构的42.2%,风能是第二大发电来源(占22.2%),光伏发电是第四来源(占10.1%)。根据西班牙政府的计划,2030年前,风电装机将达到50 GW,光伏装机将达到77 GW。

　　基于得天独厚的地理和自然资源条件,西班牙将可再生能源制氢作为能源和经济转型的重要战略选项。目前,丰富的可再生能源资源和庞大的可再生能源装机正在支撑着西班牙"绿氢"产业的快速发展。在欧盟国家中,西班牙被誉为"欧洲最有可能生产最便宜绿色氢气的国家之一",根据西班牙制定的目标,到2024年电解产能要达到300~600 MW,到2030年要达到4 GW,以期成为欧洲主要的氢气供应国。

　　西班牙政府宣布,将向七个大型"绿氢"项目拨款1亿欧元(约合1.07亿美元),这些项目将使电解槽技术融合进工业环境中。为保障能源安全和实现碳中和目标,欧洲将发展氢能作为重要的战略方向。其中,西班牙作为欧洲发展可再生能源自然资源条件最好的国家之一,也不断加快氢能布局,加大对氢能市场的投资力度,并试图成为欧洲的"绿氢"供给中心。七个大型项目分布在西班牙五个不同地区——三个在安达卢西亚,巴伦西亚、阿斯图里亚斯、加利西亚和卡斯蒂利亚—拉曼恰各有一个,这些项目分别获得1 000万~1 500万欧元的拨款。西班牙生态转型和人口挑战部在一份声明中称,选择资助这些项目,是根据其创新价值决定的。

该计划包含可再生能源、可再生氢气和储存的重建及经济转型战略项目，由能源多样化与节约研究所（IDAE）管理。生态转型和人口挑战部在促进氢气的生产和使用方面取得了进展，包括在具有商业可行性的项目中和在难以脱碳的行业（如工业和重型交通）中的整合，以及在工业研究和实验环境中创新解决方案的开发。生态转型和人口挑战部没有就所涉及项目的规模、支持的工业应用作进一步说明，不过该部门表示，这笔资金旨在"促进电解槽示范项目的开发和高容量电解槽在工业环境中集成的发展"。

在总额1亿欧元中，约有6 000万欧元已分配给西班牙政府指定为"公正转型和人口挑战"地区的项目，意味着这些资金也将成为西班牙刺激其农村地区经济发展的财政支持。生态转型和人口挑战部即将再次拨付4 000万欧元资金，专项用于氢能的研究与开发。此外，该部门近期还启动了一项总额为1.5亿欧元的倡议，旨在资助"创新与综合"项目，以推动当地绿色氢气的生产与使用。

2020年10月，西班牙政府正式批准了《氢能路线图》，明确将绿色氢能定位为助力实现2050年碳中和目标及构建100%可再生能源电力系统的关键支柱之一。该路线图规划，至2030年，西班牙将利用可再生能源满足工业用氢需求的25%。在交通领域，西班牙计划推广至少150辆氢燃料电池公共汽车、5 000辆氢动力轻型与重型卡车，并开设两条商业运行的氢火车线路。

2023年1月，德国参与了法国、西班牙和葡萄牙之间的H2Med管道项目，该项目旨在从南欧的生产中心输送欧洲大陆10%的氢消费量，相当于每年200万吨，以满足欧洲日益增长的氢能需求，项目预计将于2030年完成。据了解，该管道将在地中海下运行，将从南欧的生产中心输送"绿氢"，以满足更广泛的欧洲氢气需求，管道将成为欧盟的"第一条"主要氢走廊，作为欧洲氢骨干的一部分。

2023年5月，西班牙伊比德罗拉电力公司（Iberdrola）在普埃托利亚诺（Puertollano）正式开设耗资1.5亿欧元的绿色氢气厂，预计首年将生产3 000吨"绿氢"。虽然仅能满足化肥厂1/10的能源需求，却能减少4.8万吨二氧化碳排放。预计到2027年，"绿氢"年产量将达到4万吨，成为欧洲最大的工业用清洁燃料的工厂。伊比德罗拉电力公司（Iberdrola）已为该项目投资1.5亿欧元，总投资额将达到18亿欧元。西班牙计划在2030年底前为年产4千兆瓦"绿氢"创造条件。由大约30家西班牙企业和跨国公司组成的财团"氢协议"正在规划产能67千兆瓦的工厂。生产的大部分"绿氢"预计出口到法国和德国，帮助它们用氢能替代最后一部分仍在使用的俄罗斯天然气。

2023年3月，英国石油公司公布了其在西班牙卡斯特利翁炼油厂的瓦伦西亚地区建造绿色氢集群的计划，该集群被称为HyVal。HyVal是一项公私合作计划，计划分两个阶段开发，该项目需要高达20亿欧元的投资，到2030年，将拥有高达2GW的电解能力。据悉，该项目将提供绿色氢以满足区域和国家需求，并通过绿色氢H2Med地中海走廊将剩余部分出口到欧洲。BP Spain and New Markets hydrogen副总裁Carolina Mesa表示，"绿氢"的生产将是西班牙乃至整个欧洲实现战略能源自主创新的里程碑。

13.1.1.2 德国"绿氢"发展政策与现状

德国作为氢能应用的先驱之一，已累计投入高达14亿欧元，致力于氢能项目的研发与推广，旨在满足严格的国际环保排放标准。德国视氢能为确保能源安全、促进能源低碳转型及可再生能源协同发展的关键技术，正全力加速氢能产业链的构建，并特别强调氢能在工业、建筑、重型运输等领域脱碳的核心价值。2020年，德国发布了《国家氢能战略》，进一步强化了绿色氢能在国家能源战略中的核心地位，并加速了绿色氢能技术的研发步伐。此外，作为"未来计划"的关键组成部分，德国规划再投资90亿欧元，以促进国内氢能技术的转化与应用，并深化与国际伙伴的合作，共同推动全球氢能产业的蓬勃发展。

2022年6月22日，德国能源公司莱茵集团与钢铁巨头安赛乐米塔尔签署了一份谅解备忘录，将共同开发、建设和运营海上风电场和氢设施，这些设施将提供生产低排放钢铁所需的可再生能源和绿色氢。合作重点是推动碳中和钢的生产，并计划用风能和绿色氢替代煤炭，作为安赛乐米塔尔钢铁生产的主要能源。

2023年7月26日，德国联邦政府通过新一版的国家氢能战略，希望加速德国氢经济的发展，以帮助其实现2045年气候中和目标。主要包括氢经济加速发展、所有部门都将平等进入氢市场、所有气候友好型氢都被考虑在内、氢基础设施加速扩张、国际合作进一步发展等内容，为氢能生产、运输、应用和市场制定行动框架。通过太阳能和风能等可再生能源生产的"绿氢"，是德国未来摆脱化石燃料计划的支柱。相较于三年前提出的目标，德国政府在新的战略中将"绿氢"产能目标提升了1倍，战略中提到，到2030年，德国"绿氢"产能达到

10 GW，并使该国成为"氢技术的领先供应商"。

13.1.1.3 法国"绿氢"发展政策与现状

法国政府于 2020 年发布了氢能战略，计划到 2030 年投资 70 亿欧元用于氢能发展，特别是绿色氢。法国致力于在 2050 年前实现碳中和，氢能被视为实现这一目标的重要组成部分。

将使用管道输送至陆地就地电解制氢或是未来拥有丰富风光资源地区消纳新能源发电的重要手段。由于海上拥有丰富的水资源和风能，目前国内外都在推进海上风电制氢项目的示范。

2022 年 9 月 22 日，法国氢技术公司 Lhyfe 在圣纳泽尔港启动了 Sealhyfe 全球首个海上制氢平台项目的一阶段试验。随着为期 8 个月码头试验的结束，Lhyfe 公司宣布，该项目已开始在法国大西洋勒克鲁瓦西奇海岸生产绿色氢气。Lhyfe 公司表示 Sealhyfe 平台已经移动到大西洋海岸 20 千米外，现在与 SEM-REV 动力中心相连。2023 年 6 月 20 日，该平台开始生产第一千克海上氢气，标志着该行业未来的一个重要里程碑。Sealhyfe 平台预计将进行 12 个月的海上风电制氢试验。据悉，该项目已获得欧洲 2 000 万美元的资助。

Sealhyfe 项目电解槽由 Plug 提供配套，产品型号为 EX-425D，为 PEM 电解槽。电解槽系统已经过调制，以满足加速、倾斜和其他船舶规格。Sealhyfe 项目目前电解槽装机量为 1 MW，可实现日产氢气 400 kg。Lhyfe 和 Plug 于 2021 年 10 月建立了战略关系并签署了一份谅解备忘录，以在 2025 年之前在欧洲共同开发 300 兆瓦的绿色氢工厂。2022 年 9 月，Plug 宣布与 Lhyfe 达成协议，为绿氢提供 50 兆瓦的 PEM 电解槽。

Lhyfe 是一家氢气生产商，其将证明海上生产基地直接连接到风电场并在欧洲其他地区、北海和波罗的海做同样的事情是可行的。Lhyfe 的目标是利用可再生能源生产氢气，与陆上相比，海上风电场更强大，海上风电场的规模是陆上风电场的 20~50 倍。

Lhyfe 技术总监 Thomas Créach 同时表示，Sealhyfe 项目将以绿色氨和气体的形式并主要通过海上和陆上生产场地之间的管道运输所有的氢气，而氢气消纳的主要厂商包括钢铁、玻璃和氨生产商等。2030—2035 年，海上制氢可能为 Lhyfe 增加约 3 GW 的装机容量。

13.1.1.4　葡萄牙"绿氢"发展政策与现状

葡萄牙致力成为"绿氢"大国。葡萄牙政府发布的战略旨在到2030年建立一个有竞争力的氢能市场，强调绿色氢的生产和使用，其目标包括减少温室气体排放、促进经济增长和提升能源安全。政府计划在未来几年内投资约70亿欧元于氢能相关项目。这些资金将用于基础设施建设、研发和示范项目。另外，葡萄牙积极参与欧盟的氢能战略，尤其是在"欧洲氢战略"框架下，寻求与其他成员国在技术、研究和市场推广方面的合作。葡萄牙以其丰富的可再生能源资源（尤其是风能和太阳能）为基础，致力于将这些能源与氢能生产相结合，以提高能源系统的灵活性和可持续性。

2022年，葡萄牙聚变燃料公司和巴拉德电力公司宣布，葡萄牙 H2Évora 工厂成功投产并网试点项目，每年将生产约15吨"绿氢"。

葡萄牙的 Fusion Fuel 已将其"绿氢"工厂连接到葡萄牙埃武拉的电网。该项目是葡萄牙第一个成功投产的光伏制氢项目。H2Évora 试点项目包括该公司的15台 HEVO-太阳能氢气发生器。他们每年将生产约15吨"绿氢"。该设施包括一个由加拿大巴拉德电力公司提供的200千瓦 FCwave 燃料电池模块，它用于将"绿氢"化为电能，使聚变燃料能够在需求高峰期向电网出售电力。H2Évora 包括氢气净化、压缩和存储系统，它自2021年底以来一直在运行，现已连接到葡萄牙电网。

Fusion Fuel 是"绿氢"领域的新兴领导者，致力于通过开发颠覆性的清洁氢解决方案来加速能源转型。成立于2018年的 Fusion Fuel 来自 Hevo-Solar technology，创造了一个模块化的集成太阳能制氢发电机，由专有的小型 PEM 电解槽供电，可实现绿色氢气的电网生产。

葡萄牙最大的公用事业公司 EDP 与石油和天然气公司 Galp Energia 计划在锡尼什的同一个工业中心建造绿色氢厂。葡萄牙的三大玻璃生产商和两家最大的水泥生产商约占到该国工业碳排放量的10%。这些公司也组成一个新的财团，共同启动"绿氢"项目。目前，葡萄牙约60%的电力消耗来自可再生能源，该国希望到2026年时这一比例能够达到80%。

13.1.1.5　丹麦"绿氢"发展政策与现状

丹麦作为全球可再生能源发展的领军国家，近年来在"绿氢"领域也积极布局。2021年,丹麦发布了国家氢能战略,将氢能视为实现其气候目标的重要组成部分,旨在到2030年成为全球"绿氢"生产的领导者之一。战略的核心目标是到2030年在氢能的生产和使用方面大幅增加,特别是促进"绿氢"在重工业、长途运输和能源存储领域的应用。2019年,丹麦通过了新的气候法案,承诺到2030年减少70%的温室气体排放,并在2050年之前实现碳中和。"绿氢"被视为实现这一宏大目标的关键。政府为此提供了支持性政策框架,包括财政激励、税收优惠和研发支持,以促进氢能技术和基础设施的开发。另外,公共与私人投资也引人注目。丹麦政府计划通过支持项目、提供融资和推动国际合作,吸引大规模私人投资,助力"绿氢"产业发展。多个公共与私人领域的合作伙伴关系正在形成,推动氢能技术的研发和示范项目。

丹麦是欧盟氢能战略的重要参与者,致力于与其他欧盟国家在"绿氢"技术、市场推广和政策制定方面进行合作。通过与荷兰、德国等国的合作,丹麦希望建立一条欧洲氢能供应链。丹麦希望与其他国家建立氢能技术与市场的合作关系,特别是与德国、荷兰和挪威等邻国。丹麦凭借其丰富的风能资源,有望成为"绿氢"的出口国。如丹麦与德国合作开发氢能基础设施,通过管道将多余的"绿氢"输送到其他欧洲国家。

丹麦在"绿氢"生产方面有几个大型的电解水制氢项目,如 Copenhagen Infrastructure Partners(CIP)与其他公司合作计划在北海附近开发多个大型的风能制氢项目,这些项目有望成为全球最大的离岸风能制氢项目。丹麦的可再生能源优势,尤其是风能资源,为其成为全球"绿氢"生产的中心提供了基础。政府和企业正积极探索利用海上风电场的电力进行电解水生产氢气。

"绿氢"的主要应用领域包括重型交通运输(如卡车、船舶、火车)以及需要高热能的工业领域,如钢铁和化工产业。目前,丹麦的多个港口城市正在测试氢燃料的海运应用,如马士基(Maersk)在测试氢能驱动的远洋航行。此外,丹麦公司 Ørsted 正在开发氢能解决方案,计划通过大规模"绿氢"生产为工业和能源储存提供清洁能源。丹麦政府和企业大力支持氢能技术的研发,特别是电解槽效率提升、氢气存储和运输技术的创新。丹麦技术大学(DTU)等学术机构在氢能研发领域也做出了积极贡献,特别是绿色氢气的低成本生产技术和氢能系统集成的研究。

2023年8月24日,Everfuel 公布了支持地区能源转型的丹麦绿色氢中心计划,希望加速绿色氢作为工业和交通领域的零排放燃料的规模化,提供安全、可靠和高效的供应链的清洁能源。该中心二期计划建设 100 MW 电解槽、氢气终端、配送中心以及重型和乘用车加氢站,预计将于 2027 年开始运营。

2023 年 12 月 9 日,西班牙、葡萄牙与法国共同公布了 H2Med 管道建造计划,该管道每年将通过西班牙向法国和葡萄牙输送 200 万吨"绿氢",预计将于 2030 年前投入使用。值得注意的是,原本的 H2Med 项目计划部分用于输送天然气,以弥补欧盟减少从俄进口的不足,但最终决定仅输送氢能。计划改变体现了欧盟对于摆脱天然气依赖的决心,也标志着欧盟的氢能产业进入实质发展阶段。

13.1.2 美国"绿氢"发展政策与现状

美国在氢能等战略性新兴产业方面并不囿于自由市场理念的窠臼,而是积极制定国家产业战略与扶持政策,促进产业发展。

白宫制定氢能发展战略,能源部等机构执行相关氢能发展政策。美国政府先后出台了《氢能研发和示范法案》(1990)、《能源政策法》(1992)、《氢能源计划》(1994)、《氢能前景法案》(1996)、《国家氢能路线图》(2002)、《氢能经济制造业研发路线图》(2006)、《燃料电池项目计划》(2011)等发展战略与政策。2020年 11 月,美国能源部发布新版《氢能计划发展规划》。

2023 年 6 月,拜登政府发布《美国国家清洁氢能战略及路线图》(简称《战略及路线图》)。《战略及路线图》提出,到 2030 年美国温室气体排放量较 2005 年水平减少 50%～52%,到 2035 年实现 100% 无碳污染电力,不迟于 2050 年实现温室气体净零排放。2030 年前,美国氢能经济有望增加 10 万个新的直接和间接就业岗位。《战略及路线图》还提出,到 2030 年美国每年生产 1 000 万吨清洁氢,2040 年达 2 000 万吨,2050 年达 5 000 万吨。美国拟 2027 年开始以氨的形式出口清洁氢,2030 年成为最大的氢能出口国之一。确定了美国清洁氢能价值链的近、中、长期发展规划,其中包括清洁制氢、输送和存储基础设施、终端应用与市场采用和使能因素等环节。此外,美国还计划建立 10 个氢能区域中心,总投资超过 70 亿美元,以加速清洁氢能的推广与应用。

为实现目标,《战略及路线图》制定了三个关键战略:一是瞄准清洁氢能的战略性、高影响力用途,以确保清洁氢能用于替代品有限的场景且效益高。二是通过促进创新和规模化、刺激私营部门投资,以及发展清洁氢能供应链来降低成本。三是重点关注近距离大规模清洁氢能生产和终端应用的区域网络，从基础设施投资、扩大规模、促进市场发展、公平包容的环境中获得最大利益。

《减少通货膨胀法》（IRA）通过实施税收减免政策，惠及碳封存技术和清洁氢气技术的生产商，显著降低了利用碳封存技术制备蓝色氢气以及通过电解水途径生产绿色氢气的成本。此外，该法案还引入了《两党基础设施法》（Bipartisan Infrastructure Law），据此计划投资80亿美元用于建设关键性的区域性清洁氢能源中心，同时划拨10亿美元支持清洁电解氢技术的研发，并投入5亿美元推动清洁氢的生产与回收项目。

美国氢能政策有如下特征：

第一，美国高度重视氢能全产业链的技术研发与创新，涵盖了氢的生产、储存、运输及应用等多个关键环节。早在1990年，美国即通过《氢能研究、开发与示范法案》，并于1996年颁布《氢能前景法案》，为此领域的研究与发展投入了1.6亿美元，专注于氢能的生产、储存、运输及应用技术的探索。这些努力不仅深化了氢能技术的基础研究，还评估了氢商业化的可行性，为美国氢能产业的未来发展奠定了坚实基础。目前，美国的氢能产业已步入技术开发与示范推广的新阶段。2003年，美国启动了为期五年的"氢燃料计划"，斥资12亿美元，进一步加大对氢气生产、储存及运输技术研发的支持力度。而在2013财政年度，美国更是在国家预算中划拨了63亿美元，用于推动氢能、燃料等清洁能源的研发，以及实施国家氢能发展计划。该法案还针对采用氢能的国内设施，提供了高达30%～50%的税收优惠政策。2021年，总统签署了《基础设施投资和就业法案》，其中特别划拨了15亿美元，旨在支持2022—2026年间电解槽技术及整个氢能产业链的研发与示范项目。此外，美国在新材料的研发领域同样不遗余力，重点包括燃料电池中的离子交换膜、电解槽的新型涂层材料，以及各类催化剂的研发工作。经过连续多年不断的资金投入与技术积淀，美国在"制氢—储氢—输氢—用氢"这一全链条的核心技术上取得了显著的进步，相关技术正逐步迈向成熟并实现产业化应用。

第二，立法为氢能的商业化进程及战略部署设定了清晰的方向与路径。借助立法力量，美国为氢能产业的蓬勃发展确立了具体的指导原则，推动了氢能经济从理论构想向实践应用的稳步迈进。2002年，美国能源部正式推出了《国家氢能路线图》，标志着氢能经济迈入实质性推进的新阶段。紧接着，在2004

年,氢能定位计划的发布进一步细化了氢能发展的四个阶段:从研发与示范阶段起始,经由市场转型,到基础设施建设与市场拓展,最终迈向全面发展的成熟阶段。自 2004 年起,美国坚持不懈地推进氢能与燃料电池项目,能源部年均投入逾 1.2 亿美元,旨在促进氢能产业的技术革新与广泛应用。2005 年,《能源政策法案》在美国获得通过,该法案规定汽车制造商需在 2015 年前推出氢燃料电池汽车上市销售。2012 年,美国国会对氢燃料电池的支持政策进行了调整,旨在加速氢储存技术、氢生产设施、加氢站及氢燃料电池汽车等领域的发展。同年,国会还通过一系列财政激励措施,如税收减免等,以支持包括储氢设施、制氢工厂、加氢站和氢燃料电池汽车在内的基础设施建设。2014 年颁布的《综合能源政策》则进一步凸显了氢能在引领交通领域转型中的核心地位。2022 年,美国能源部公布了《国家氢能清洁能源战略与路线图》的初步方案,再次确认了氢能在国家能源战略中的关键位置。该草案详细规划了 2022—2035 年的氢能清洁能源发展行动策略,涵盖了短期、中期及长期的发展目标,并附有时间安排表(见图 13.5),为氢能领域的未来发展勾勒出一幅明确的蓝图。

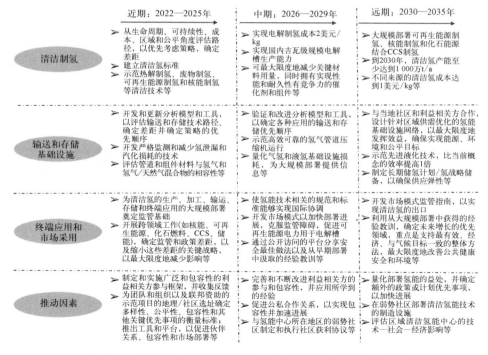

图 13.5　美国《国家氢能清洁战略与路线图》近中长期行动计划

第三，为了加速氢能领域的商业化进程，强化跨部门间的协同合作显得尤为重要。当前，美国已构建起一个以能源部为主导，汇聚了大学、研究机构及企业等多方力量的研发体系，共同致力于氢能与燃料电池技术的创新突破。美国政府还利用政府采购政策，进一步加大对氢能产业的扶持力度，并通过跨部门的紧密合作，推动氢能经济实现规模化发展。为破解产业发展中的难点与挑战，美国一方面明确了氢能技术的发展路线图，积极促进氢能技术的实际应用与普及；另一方面高度重视私营部门的参与，特别是吸引拥有资金和技术实力的跨国公司加入，以此加速氢能经济市场化进程，并培育出一批优质企业。在需求侧，美国政府推出了一系列激励政策，例如为购买氢燃料电池产品提供税收减免等，以激发市场需求。如消费者在购买特定型号的氢燃料电池汽车时，可享受最高达 8 000 美元的税收优惠政策，这一举措显著提升了氢燃料电池汽车在市场中的吸引力。

第四，2003 年，美国引领创立了氢能经济国际伙伴关系（IPHE），并与包括澳大利亚、加拿大、中国在内的 16 个国家共同签署了《氢能经济国际伙伴关系参考条款》，旨在就发展下一代氢基能源展开国际合作并达成全球性的共识。美国积极倡导氢能领域的多边及双边国际合作，涵盖标准化和供应链安全等方面，并鼓励国际标准的制定。截至目前，美国、日本及欧洲已初步构建起氢能领域的多边合作框架，期望通过全球协调机制，推动各自的氢能标准和法规获得国际认可，成为通用标准。2019 年，在 20 国集团（G20）能源与环境部长级会议上，来自这三方的代表宣布了欲在氢能和燃料电池技术领域建立合作联盟的意向。作为国际合作推进的一环，美国愈发重视水电全产业链的技术积累与储备，聚焦于发展低成本且环保的绿色氢能技术，以确保其在氢能技术领域的领先地位。然而，值得注意的是，得益于"页岩气革命"，美国拥有丰富且价格低廉的天然气资源。在氢能的终端应用环节，相较于天然气，氢能的整体成本并未展现出显著的竞争优势，这在一定程度上阻碍了氢能的广泛推广与普及。

美国政府已经摒弃自由市场的理念，运用产业政策来支持氢能产业发展。美国氢能发展政策主要包括以下方面：

一是鼓励清洁氢能技术研发创新，更加重视清洁氢能技术产业化。美国强调通过多种制氢途径，满足不同用途的需求，如交通、工业、电力等。重视"制氢、运氢、储氢、用氢"全链条技术研发示范，打通美国氢能产业技术链、产业链、供应链、价值链。制氢方面，研发了电解槽制氢技术，化石能源重整、气化和热解制氢技术、核能制氢技术等。储运方面，运用液化和化学储氢技术，建设天然气与氢气分配和输送系统。用氢方面，开发氢燃料电池技术、高浓度氢涡轮机系统等技术。

二是政府鼓励清洁氢多主体、多渠道投资，为氢能供给侧增加产能。美国实施氢能供给侧与需求侧激励机制相结合的政策，通过实施新兴产业支持政策来降低与应对氢能市场失灵的风险。供给侧激励机制包括提供生产税收抵免，为研发和示范项目提供公共资金，以降低制氢技术的成本。清洁氢能供给侧激励机制的法律支撑有多种。如《通胀削减法案》为能源安全和气候变化倡议拨款约3 690亿美元，为制氢提供每千克最高3美元的税收抵免，或使美国清洁氢能成本与价格为世界最低。《降低通货膨胀法》还为能源部的贷款计划办公室提供超过300亿美元额外的贷款授权，为包括制氢在内的清洁能源项目提供资金。

三是加强氢能基础设施建设，为氢能储运提供便利。美国计划建设加氢站、输氢管道等氢能基础设施，以支持氢能生产、储存和分销。该国《基础设施投资和就业法案》包括提供1亿美元资金支持氢电解和8亿美元资金资助广泛的区域清洁氢能枢纽计划，为清洁氢能的生产、储存、分配和消费创建网络生态。建立清洁氢能基础设施，有助于降低生产成本，同时提高氢能技术的溢出效应。

过去几十年，美国曾在氢能研究和发展方面投入大量资金。20世纪80年代，美国开始研究氢能作为替代能源的潜力。从1990年制定氢能政策开始，美国政府确定当时氢能技术全链条研发方向，将重心放在氢燃料电池在交通运输领域的应用上。此后，由于氢能自身局限和美国政府不够重视，氢能研发、使用不温不火。近年来，美国政府重新重视清洁氢能发展，将其作为能源转型和减排的重要途径，但面临供给侧、储运侧和需求侧等方面的限制。

第一，美国制氢产业发展取得一定成效，但面临成本与规模限制。美国氢能产业整体仍处于起步阶段。美国化石燃料制"灰氢""蓝氢"工艺较成熟，但环保压力大，需进行能源产业结构调整。美国在部分地区建设可再生能源电解水制氢设施，虽更为环保，但限于成本因素，尚未大规模发展。美国能源信息署的数据显示，当前美国1 000万吨氢产量中99%源于化石燃料制氢，只有1%来自水电解制氢。截至2022年12月底，美国147个电站中拥有约350台在营氢燃料发电机组，总发电能力约为17兆瓦。目前美国制氢1千克约需50千瓦时电力,预计到 2050 年每年制氢 5 000 万吨,约需 2 500 太瓦时电力。截至 2022 年底,美国已公布约 12 万吨/年的清洁氢产能,但只有约 10% 的产能达到最终投资决定阶段。

第二,美国氢能技术与储运设施发展有所推进,但氢能储运侧仍面临瓶颈。美国液态、固态氢储运技术设施较先进。美国宇航局拥有世界上最大的两个液氢储罐。美国还利用盐洞、废弃油气田等储氢,修建氢能管道,并赋予天然气管道输氢功能。但氢能存储和分销的效率、成本以及安全性与市场需求差距较大。由于加氢站有限或偏远,美国车主加氢费时费力,且燃料电池汽车价格高于同级别的电动汽车。美国 56 个加氢站和多数氢能车辆都分布在加利福尼亚州,规模有限。

第三,美国氢能应用集中于交通、工业等领域,需求侧潜力有待挖掘。美国氢能需求与应用场景局限于交通、工业与储能等领域。加州大学欧文分校国家燃料电池研究中心主任杰克·布鲁维尔坦言:"几乎所有关于实现零排放的客观分析都包括氢能应用,但氢能不会很快成为主要能源来源。"

美国清洁氢能战略能否落地尚待观察。特斯拉首席执行官埃隆·马斯克表示,氢燃料推广者长期以来未能兑现承诺。技术成熟度不够、制氢成本昂贵、政策激励机制尚未落实、基础设施匮乏、市场竞争等挑战,令美国实现清洁氢能快速发展的愿望蒙上阴影。

13.1.2.1　美国得克萨斯州计划建设 120 MW"绿氢"厂

美国《2022 年通胀削减法案》立法通过,该法案被称作是迄今为止世界上最重要的绿色氢立法,其包含的全球首个清洁氢税收抵免政策可能使美国生产的"绿氢"成为全球范围内最廉价的产品。专家指出,受补贴的"绿氢"的最低价格将低于 0.1 美元/千克,这将可"与天然气直接竞争"。在此利好的刺激下,美国企业纷纷加快"绿氢"布局。

2022 年 8 月 4 日,Plug Power 透露,已与 New Fortress Energy 达成协议,计划在美国得克萨斯州博蒙特附近建造一座 120 MW 工业规模的"绿氢"工厂,该工厂预计将成为北美同类工厂中最大的工厂之一,利用 Plug Power 的质子交换膜(PEM)电解技术每天生产超过 50 吨"绿氢"。作为 New Fortress Energy 的第一个"绿氢"投资,该设施将看到额外的支持基础设施的开发,这可以使其容量扩大到近 500 兆瓦。

2022年8月9日,总部位于英国的First Hydrogen Energy,宣布计划将其"绿氢"生产能力拓展到北美。该公司表示最初瞄准加拿大市场,利用该国的可再生能源资源,以及最近宣布加拿大政府将提供5.475亿美元的资金来鼓励使用重型零排放汽车。2022年8月18日,加拿大贝勒杜恩港宣布与Cross River基础设施合作伙伴达成原则协议,开发"绿氢"生产设施,支持地区、联邦和全球向清洁能源过渡的努力。根据协议,氢气设施将位于加拿大新不伦瑞克省贝勒杜恩港,使用200兆瓦的清洁能源生产"绿氢"以供出口,潜在的扩建将创造满足当地和全球能源需求的能力,氢气生产设施预计会在2027年投入使用。

13.1.2.2 全球化工巨头OCI Global携手美国开发商,"绿氢"迎来里程碑时刻

全球最大的化工和化肥公司OCI Global已经迈出了其在绿色能源领域的重要一步。该公司已与美国开发商New Fortress Energy于2023年9月签署了其在美国的第一份"绿氢"承购协议。根据这项协议,OCI将利用《通货膨胀削减法案》规定的补贴优惠价格购买位于得克萨斯州的ZeroPark 1项目的全量氢气。ZeroPark 1项目的预期产能为每天超过46吨氢气,如果全年充分利用,每年超过16 790吨。这一协议是迄今为止在美国签署的最大的"绿氢"公司承购协议之一。

OCI在竞争性招标过程中与New Fortress Energy签订了合同,OCI将在得克萨斯州的博蒙特(Beaumont)工厂使用氢气每年生产8万吨绿氨,从2026年起,该工厂的年产量将翻一番,达到16万吨。New Fortress Energy公司主营液化天然气(LNG),该公司宣布将从比尔·盖茨支持的初创公司Electric Hydrogen手中购买该项目的首个100兆瓦电解槽产能。

根据2022年通过的《通货膨胀削减法案》,该化学品生产商希望利用与New Fortress Energy商定的氢价格,为清洁氢生产商提供高达每千克3美元的税收抵免。然而,财政部关于项目如何有资格获得最高税率的指导意见尚未公布——这引发了一个问题,即如果New Fortress Energy无法满足这些指导意见,它生产氢的成本将如何变化。

詹纳斯肯证实,New Fortress Energy在开发零园区1号方面已经取得了进展,包括锁定电力供应。"实际上,它(在项目开发中)还很遥远,因为在OCI,我们不会承担这些风险,"他表示。不过他也承认,电力供应协议可能存在不符

合财政部规定的潜在风险。不过,OCI的乐观情绪可能是由于该公司计划将其博蒙特工厂生产的部分绿氨出口到欧洲。这将要求氢气原料的电力供应符合欧盟授权法案规定的非生物来源可再生燃料(RFNBOs)的标准,即附加性、地理相关性和时间匹配。

虽然财政部的指导意见尚未公布,但20国集团领导人的一份联合声明暗示,各国之间的规则和法规将得到协调,这表明,如果它可以作为RFNBO出口到欧洲,它将有资格获得每千克3美元(如果它的生命周期排放量低于每千克氢气0.45千克二氧化碳当量)。

"我们很可能会出口,但也会有一些本地采购,所以我认为这将是一个很好的组合。"詹纳斯肯补充道,不过他拒绝就两家公司可能的产量分配置评。

OCI还与工业气体公司林德(Linde)在美国博蒙特(Beaumont)开发了第一个绿地蓝氨项目。该工厂每年可生产100万吨NH3,预计于2025年启动,供应国内客户和出口市场,尽管这些市场可能在亚洲,因为欧洲缺乏使用非RFNBOs的激励措施。

13.1.2.3 美国能源部投资4770万美元开发氢技术以实现"绿氢"的商业规模应用

2023年9月20日,美国能源部(DOE)宣布为美国13个州的16个研究、开发和示范(RD&D)项目提供4770万美元资金,这些资金将支持拜登总统的"投资美国"议程,有助于降低氢相关技术成本,提高关键氢基础设施和氢燃料电池技术的性能,以支持DOE实现"绿氢"的商业规模应用。这些投资将与美国区域"绿氢"中心、《通胀削减法案》中的税收优惠政策以及DOE正在进行的氢研发计划一起,助力DOE实现其"绿氢"目标,即在10年内将"绿氢"的成本降低到1美元/千克。

DOE表示,该项投资将有助于加快对现有的能源密集型行业的优化升级,同时在未来几十年重振美国制造业。这些项目由DOE氢和燃料电池技术办公室(HFTO)管理,通过关注"绿氢"产业链中的几个关键领域——氢输送技术、氢储存技术、低成本氢燃料电池技术等,补充正在开展的降低"绿氢"成本的相关项目。

此次投资共包含四个大类:

一是氢载体开发,包括7个项目,共690万美元;

二是机载液氢系统开发,包括3个项目,共1170万美元;

三是液氢燃料/转换组件与系统开发，包括3个项目，共1 770万美元；

四是高性能耐用膜电极组件开发，包括3个项目，共1 130万美元。

其中一些具体研究项目包括：

第一，采用新型电极结构和碳氢化合物质子交换膜的高性能耐用膜电极组件（400万美元），包括开发使用"绿氢"的高性能耐用燃料电池，实现中型和重型氢燃料电池卡车的商业化应用。该项目由夏威夷大学马诺阿分校牵头，参研单位包括夏威夷大学和加州大学默塞德分校。

第二，液氢转换过程中的固态氢损失回收（600万美元），包括设计并部署一个原型系统，用于回收在液氢转换过程中"蒸发"（然后以气体形式释放）的氢。该原型系统的目标是在液氢转换过程中捕获80%的氢"蒸发"，并再利用这些氢气以降低"绿氢"的生产成本，并限制氢气作为间接温室气体对环境的影响。该项目由科罗拉多矿业学院牵头。

第三，用于重型卡车和飞机的复合液氢储罐（290万美元），包括设计、制造并测试一种能够携带20千克液氢的复合材料储罐，采用低成本复合材料和制造方法。之后，将应用于重型卡车的氢储罐扩展至60~120千克，将应用于飞机的氢储罐扩展至200~1 000千克。该项目由GE研究中心牵头。

第四，化学储氢介质与增值副产品（100万美元），包括开发能够高效储存和释放氢的化学载体，释放后该化学载体还可用于其他农业用途。该项目由南加州大学牵头，参研单位包括洛斯阿拉莫斯国家实验室、布鲁克海文国家实验室和加州大学洛杉矶分校。

第五，通过多金属合金催化剂实现甲酸基储氢（100万美元），包括开发一种使用化学载体储氢的低成本方法，助力"绿氢"在其他领域中的商业应用。该项目由路易斯安那州立大学牵头。

对于所有项目，DOE还计划授出额外1 070万美元的财政援助奖励，使此次投资总额可能达到5 840万美元。但DOE还未承诺该奖励一定会兑现，因为在奖励发放前将经历谈判过程，DOE可以在此期间因任何原因取消奖励。

13.1.2.4 墨西哥对美国"绿氢"发展的支撑

墨西哥湾沿岸地区是北美重要的"绿氢"基地，这一地区靠近工业终端用户，并获得可靠的电力和物流，包括铁路、海运和横跨美国墨西哥湾地区的现有管道。同时，墨西哥湾地区汇聚了全球油气高科技企业，无论是油气开采、管道运输还是海上风电建设,都处于全球领先水平,有利于"绿氢""产—销—储—运"整套生态链形成。

13.1.3 日本"绿氢"发展政策与现状

13.1.3.1 发布"2050碳中和绿色增长战略"

2021年,日本发布"2050碳中和绿色增长战略",将氢能列为重点发展的14个领域之一,并计划未来十年投资3700亿日元支持氢能产业的扩展。该战略通过多项政策措施促进氢能的发展,包括增加预算支持、实施税收优惠、提供金融助力、进行监管改革、推进标准化以及深化国际合作,旨在推动日本氢能产业加速成长并实现碳中和目标。在日本的第六次能源基本计划中,还对氢能在电力系统中的占比提出要求:2030年实现氢能年供应量300万吨,2050年实现氢能年供应量达到2000万吨;推动氢能炼钢、电解水等技术发展;建设稳定的氨供应链,氨是天然储氢介质,运输安全,可极大降低氢气运输成本;2030年电力供给结构中氢/氨能占比达到1%,2050年氢/氨能占比将达到10%。

13.1.3.2 推动政企及科研合作,建立氢能开发机构

日本氢能企业联盟由各个环节头部企业和相关政府部门构成,通过不同企业间开展协作,能够协调企业发展战略与行业发展规划,进而共享利益与共担风险(见表13.2)。此外,日本建立新能源产业技术综合开发机构NEDO,负责氢能和燃料电池示范项目的管理,并连接相关学术研究和工业运行,政府、企业、科研三位一体的合作模式可以激发研究活力,有利于相关科研成果转化。

表13.2 日本"绿氢"政策概述

年　　份	政　策　概　述
2000—2005	为企业开发和商业化氢能技术建立全面的法律框架 2003年制定首个"能源战略能源计划"
2006—2010	制定激励措施,鼓励公司在氢能研发上增加投入

续 表

年　　份	政　策　概　述
2011—2015	建立政府资助的氢能技术研发计划 2014年制定"氢和燃料电池战略路线图"
2016—2020	制定国家氢能路线图,向低碳经济转型 2019年再次更新"氢和燃料电池战略路线图" 2017年制定"基本氢能战略" 2016年更新"氢和燃料电池战略路线图"
2021—2023	采取强制性措施将氢能技术应用在公共交通和公共建筑领域

13.1.3.3　打造海外氢气供应链

资源稀缺、土地面积受限,让日本可再生能源制氢的成本高昂。因此,日本致力于国际氢气供应链开发,打造氢气生产、储运、利用为一体的供应链,在海外利用化石燃料或可再生能源制氢,获得廉价氢能,并利用液化氢和甲基环己烷(MCH)运输回日本。当前日本已与挪威、澳大利亚、文莱、沙特阿拉伯等国家就氢燃料采购问题达成合作(见表13.3)。

表13.3　日本海外氢能合作

合作国家	主　要　内　容
挪　威	2017年,日本川崎重工与挪威的氢能公司NeL合作启动了一项示范项目,旨在利用水力发电来生产氢能,年产量目标为22.5万~300万吨不等。挪威方面预计,该项目将来可实现以最低24日元/Nm^3(约0.217美元/Nm^3)的价格向日本提供液态氢
澳大利亚	2018年4月,澳大利亚AGL能源公司与日本川崎重工签署合作协议,计划在维多利亚州拉特罗贝谷建设一座示范工厂,通过煤气化技术将褐煤转化为氢气,并对氢气进行液化处理后输送至日本。这一试点项目计划于2020年启动,总投资约4.96亿美元,其中一半资金用于澳大利亚的生产设施建设,另一半则用于日本的基础设施建设和运输系统开发。根据项目规划,初步测试将在2020年中期完成,目标是在2030年实现规模化应用,推动氢能的商业化发展

续 表

合作国家	主 要 内 容
文莱	2017年7月,得益于日本新能源与产业技术综合开发机构(NEDO)的资助,千代田、三井、三菱及友成这四家公司联手创立了先进氢能源链技术开发协会(PREST)。随后,PREST与文莱达成了一项合作协议,旨在利用文莱天然气液化工厂所产生的副产品,通过蒸汽转化技术制取氢气。在该协议框架下,千代田公司采用了其独有的Spera制氢技术,将处理后的氢气与甲苯一同转化为液态甲基环己烷(MCH),这种物质能够在常温常压条件下安全地储存与运输。当MCH被运抵日本后,氢气会通过脱氢工艺被从MCH中提取出来,并供给一个燃料热电联产发电厂的示范项目使用。与此同时,被分离出的甲苯则会被重新送回文莱,进行再氢化处理与循环利用,从而形成了一个闭环的可持续流程
沙特阿拉伯	2016年9月,日本与沙特阿拉伯携手成立了一个联合工作组,并正式启动了名为"2030沙特—日本愿景"的合作倡议。这一宏伟计划涵盖了双方共44个政府部门及机构,其结构建立在三大核心支柱、九大核心议题以及46项政府主导的项目之上。其中,推动该计划执行的重任,由沙特阿拉伯的能源、工业和矿产资源部(简称MEIMR)与日本的经济产业省(简称METI)共同承担

13.1.4 中国"绿氢"发展政策与现状

自2020年9月提出"双碳目标"以来,我国在国家层面加大了对氢能政策的引导,逐步从燃料电池应用向绿色低碳的能源转型倾斜,"绿氢"正成为我国推进能源低碳化的重要支柱。作为全球领先的氢能生产和消费大国,我国2023年各类氢气年产量约4 500万吨,较前一年增长28%。而目前氢能被广泛应用于航空航天、制药、能源化工、钢铁冶金、电子电力、光伏组件、食品等领域,且在燃料电池交通、发电、储能等领域潜力巨大,使用"绿氢"将对实现碳中和目标起到极大的推进作用,"绿氢"成为未来构筑低碳社会的重要环节。我国丰富的可再生能源为"绿氢"发展提供了动力,但该产业尚处于起步阶段。

13.1.4.1 中国国内"绿氢"发展现状

第一,目前可再生能源制氢占比较低。作为全球最大的氢能生产国和消费国,中国目前生产的氢气大部分为"灰氢"。2021年,在生产的3 400万吨氢气中,80.3%来自化石燃料,18.5%来自工业副产品,1.2%来自电解。虽然氢消费量相对较大（2021年约为2800万吨），但对"绿氢"的需求在很大程度上受到成本和可用性的限制，其应用目前仅限于交通运输部门的几个小型试点项目。据相关机构预测，在2030年实现碳达峰的情景下，中国的年氢气需求量将达到3715万吨；在2060年碳中和情景下，需求预计增至约1.3亿吨，其中可再生能源制氢的规模有望达到1亿吨。

第二，规模化"绿氢"示范项目正加速扩张。我国丰富的可再生能源为"绿氢"发展提供了动力，但该产业尚处于起步阶段。截至2022年，已建成并运营"绿氢"项目36个，总产能约为每年3.7万吨，正在规划的"绿氢"项目超过300个，预计产能将达到每年350万吨。从地域分布上看，2023年第一季度，我国"绿氢"项目增量主要集中在"西北、东北、华北""三北"地区。截至2023年3月底，"三北"地区项目数量合计占比75%，较2022年11月的70%进一步提升。2023年6月，新疆库车"绿氢"示范项目顺利产氢，制氢规模达到每年2万吨，标志着首次实现万吨级"绿氢"炼化项目全产业链贯通。

目前，我国"绿氢"项目的年规划产量普遍超过万吨，其中最大的项目年规划产量已提升至30万吨，配置750台1000 Nm^3/h 的碱性电解槽。这类项目主要服务于大型工业用途，但绝大多数仍处于早期规划阶段，距离投产还有较长周期。在已经投入运营的项目中，不少"绿氢"设施仍面临"运行即亏损"的困境，亟待产业协作来共同攻克这一难题。尽管"绿氢"项目现阶段在经济性、稳定性、寿命等各方面存在很多问题，但项目的火热程度在2023年并未减少。绿色合成氨，预计将于2025年逐步开始投产。

13.1.4.2 中国"绿氢"规划政策

在国家层面，2020年4月，《中华人民共和国能源法（征求意见稿）》首次将氢能纳入国家能源体系，标志着氢能发展正式上升至国家战略层面。2022年3月，国家发展改革委和国家能源局联合发布了《氢能产业发展中长期规划（2021—2035年）》，明确指出氢能将成为未来国家能源结构中的重要组成部分，这一规划明确了我国氢能发展的核心方向，强调以可再生能源制氢为主线，推动绿色、低碳氢能产业的可持续发展。规划进一步提出了"绿氢"发展的三个阶段性目标，为产业发展绘制了清晰的路线图：第一阶段，到2025年，全国可再生能源制氢量达到每年10万～20万吨，初步建立"绿氢"生产和应用的技术体系，同时推动氢能在交通、工业等重点领域的试点示范。第二阶段，到2030

年,可再生氢在能源、工业、交通等多领域实现规模化应用,构建较为完善的氢能供应链和市场化机制。第三阶段,到2035年,显著提升可再生氢在终端能源消费中的比例,形成以"绿氢"为核心的新型能源消费结构,为国家实现碳中和目标奠定坚实基础。

在省级层面,山东、河北、辽宁、内蒙古、北京、上海、山西、河南、湖南、贵州、四川、宁夏、安徽、陕西等省(市、自治区)也制定了氢能发展规划,支持"绿氢"产业发展。多地出台非化工园区制氢"松绑"政策。为支持氢能的大规模开发和利用,多地相继出台相关文件鼓励非化工园区可再生能源制氢。例如,2022年11月,吉林省印发《支持氢能产业发展的若干政策措施(试行)》,开展分布式可再生能源制氢加氢一体站在非化工园区示范建设。2023年6月,广东省发布了《广东省燃料电池汽车加氢站建设管理暂行办法》,首次允许在非化工园区内建设集制氢与加氢为一体的站点。同月,河北省也印发了《河北省氢能产业安全管理办法(试行)》,放宽了"绿氢"项目的选址限制,允许在化工园区外开展电解水制氢以及制氢加氢一体化站的建设。这些政策为推动"绿氢"项目的落地提供了更灵活的空间。

13.1.4.3 近三年中国"绿氢"项目及政策信息汇总

风光大基地建设加速,就地制氢成为消纳问题的解决手段之一。根据我国风光大基地规划,目前第一、第二批项目进入建设阶段,第三批已启动申报。我国第一批风光大基地于2021年11月下发清单,共97 GW,2022年9月全部开工,我国第二批风光大基地于2021年12月启动项目报送,第二批大基地项目总规模为455 GW,其中"十四五"建成200 GW、外送150 GW,外送比例75%,"十五五"建成255 GW、外送165 GW,外送比例约65%。根据部分省份下达的文件,第三批风光大基地于2022年10月启动申报。为解决风光大基地带来的新增发电量消纳问题,就地制氢成为解决手段之一。同时,锂电储能、光热储能、液流储能等储能手段以及特高压向东部输电亦同步规划发展中。

从需求端看,2021年全球氢气需求量超9 400万吨,增量主要来自传统化工工业领域,其他应用(重工业、交通运输、建筑、发电等)仅占总需求的0.04%。其中,中国是全球氢气需求量第一大国,2021年的需求量约2 800万吨,占全球的29.8%。据中国氢能联盟预测,预计到2030年,我国氢能需求量将达到3 500万吨,占终端能源消费的5%;预计到2060年,需求量增至约1.3亿吨,占终端能源消费的 20%。这些数据表明,氢能在我国未来能源结构中将占据更重要的地位。其中,工业领域用氢 7 794 万吨,占总需求量的 59.8%;交通运输领域用氢 4 051 万吨,占总需求量的 31.1%。另外建筑领域用氢 585 万吨,电力领域用氢 600 万吨。

中国亦是全球氢气生产量第一大国,2021 年中国氢气产量 3 300 万吨,占全球 35.1%。从 2018 年开始,中国氢气年产量已超过 2 000 万吨规模。根据中国煤炭工业协会数据显示,2012—2021 年,中国氢气产量从 1 600 万吨增长至 3 300 万吨,整体呈稳步增长趋势;自 2020 年"双碳"目标提出后,我国氢能产业热度攀升,发展进入快车道,2021 年中国氢气产量同比增长达 32%。

根据国家能源局发布的《氢能产业发展中长期规划(2021—2035 年)》,预计到 2025 年,我国将建立以工业副产氢和可再生能源制氢为主的区域性氢能供应体系,计划可再生能源制氢年产量达到 10 万~20 万吨,预计可实现 100 万~200 万吨的二氧化碳减排目标。这一规划旨在推动氢能的低碳化与清洁利用。

第一,中国 2020 年"绿氢"项目及政策(以时间为顺序,下同):

2020 年 1 月,兰州新区迎来了全球首个大型太阳能燃料合成示范项目的成功运行,这一事件标志着中国在太阳能燃料合成技术上取得了具有里程碑意义的突破。该项目的核心技术源自中国科学院院士、中国科学技术大学化学与材料科学学院院长李灿所研发的高效、经济且可持续的电催化水分解制氢技术。同年 10 月,全球首个"液态阳光加氢站"示范项目也宣布取得了成功。这一装置实现了从液态阳光燃料的合成到氢能储存、加注的完整链条,其创新性在于集成多项前沿技术和简化绿色氢能的生产与应用流程,标志我国在氢能综合利用方面取得了新的突破。到 2021 年底,中国首个万吨级光伏"绿氢"示范工程在新疆库车正式启动,为绿色制氢规模化应用奠定基础。

2020 年 12 月,《新时代的中国能源发展》白皮书正式面世,其中明确提出要加速发展"绿氢"制取、储运和应用等氢能产业链技术装备,全力推动氢燃料电池技术链及氢燃料电池汽车产业链的全面发展。此外,白皮书还着重指出,需支持储能技术在多种能源应用场景下的应用,积极推动储能技术与可再生能源的深度整合与协同发展,为构建绿色低碳的现代能源体系提供强有力的支持。

2020 年,中国发布了《低碳氢、清洁氢与可再生氢标准及评价》,并基于联合国清洁发展机制(CDM),制定了可再生能源制氢减碳以及燃料电池汽车减碳方法学。此外,中国正在努力构建绿色氢能全生命周期溯源评价数字化平台和交易平台,并借助"中欧能源技术创新合作氢能专项"、亚太经合组织倡议以及世界经济论坛等渠道和机制,持续推动全球"绿氢"产业高质量发展。中国将继续推动"绿氢"规模化、多元化和商业化应用,愿与全球合作伙伴携手努力,深化技术、标准、项目等务实合作,共同建立高质量产业发展生态圈,推动"绿氢"产业健康发展。

第二,中国2021年"绿氢"项目及政策:

2021年3月,国家级太阳能电解水制氢综合示范项目在宁夏启动,这是宁夏首个氢能产业项目,也是全国规模最大的可再生能源制氢储能一体化示范工程,采用了单台产能为1 000 Nm^3/h的国产高效碱性电解槽。项目年产氢气预计达1.6亿 Nm^3,副产氧气0.8亿 Nm^3,预计每年可减少煤炭消耗25.4万吨,并减少二氧化碳排放44.5万吨。

2021年10月,国务院发布《2030年前碳达峰行动方案》,明确提出推进包括能源绿色低碳转型、节能降碳增效、工业领域碳达峰在内的"碳达峰十大行动"。其中,工业领域被要求力争率先实现碳达峰。作为碳排放的主要来源之一,工业领域在按期实现碳达峰与碳中和目标方面面临巨大压力。要达成这一目标,亟须大力推动高效低碳技术、零碳技术以及负碳技术的研发与应用,全面助力工业绿色转型。

2021年10月31日,洪洞县800 MW光伏制氢源网荷储一体化项目完成签约。项目由800 MW光伏制氢源网荷储一体化项目投资建设,总投资额约38亿元,制氢项目选址于洪洞县经济技术开发区,制氢规模15 000 Nm^3/h(约1.125万吨/年),分期建设,制氢装置包括水电解槽、储气罐、加气站等装置。

2021年11月30日,中国石化在新疆库车启动了"绿氢"示范项目建设,这是国内首次大规模利用光伏发电直接制氢的项目,总投资约30亿元,涵盖光伏发电、输变电、电解水制氢、储氢和输氢五个模块。项目规划建设300兆瓦光伏电站,预计年发电量6.18亿千瓦时,配套年产能2万吨的电解水制氢厂、储氢规模21万标立方米的储罐、每小时输氢2.8万标立方米的输氢管道及相关电力设施。项目计划于2023年6月建成投产,"绿氢"将供应中国石化塔河炼化,替代天然气制氢,每年减少二氧化碳排放约48.5万吨,预计每年为当地GDP贡献1.3亿元,创造税收1 800万元以上。

2021年，宝丰1.4万吨光伏制氢项目正式建成，成为现阶段全球最大的光伏制氢项目，实现了国内光伏制氢领域关键性突破；中石化库车年产2万吨"绿氢"项目也在2021年投建，为国内光伏制氢的高质量发展提供了持续的推力。此外，还有多个年产万吨级以上的项目在2021年签约或投建。

第三，中国2022年"绿氢"项目及政策：

2022年，北京冬奥会见证了氢气作为火炬燃料的大规模首次应用，同时，氢动力汽车的数量相较于东京奥运会实现了翻倍。在张家口地区，中国石油自主研发的绿色氢气成功地点燃了太子城火炬台，这一火炬不仅成为冬奥会上唯一一支依赖绿色氢气点燃的火炬，也标志着冬奥会历史上绿色氢气作为燃料的首次使用，从而翻开了冬奥会绿色燃料使用的新篇章。

2022年3月，国家发展和改革委员会牵头制定的《氢能产业发展中长期规划（2021—2035年）》正式出台，目标是："到2025年，基本掌握核心技术和制造工艺，燃料电池车辆保有量约5万辆，部署建设一批加氢站，可再生能源制氢量达到10万～20万吨/年，实现二氧化碳减排100万～200万吨/年。到2030年，形成较为完备的氢能产业技术创新体系、清洁能源制氢及供应体系，有力支撑碳达峰目标实现。到2035年，形成氢能多元应用生态，可再生能源制氢在终端能源消费中的比例明显提升。"这明确了氢能的总体战略定位——"氢能是未来国家能源体系的重要组成部分；氢能是用能终端实现绿色低碳转型的重要载体；氢能产业是战略性新兴产业和未来重点发展方向"。

2022年4月，工业和信息化部联合六部委印发了《"十四五"推动石化化工行业高质量发展的指导意见》，提出"鼓励石化化工企业因地制宜、合理有序开发'绿氢'，推进炼化、煤化工与'绿电''绿氢'等产业融合示范"。地方层面，截至目前全国已有20多个省（市、自治区）和60多个地级市制定了氢能产业发展规划，已公开发布的可再生能源制氢项目合计产能达到429万吨，其中合成氨、合成甲醇项目成为带动"绿氢"需求的关键驱动因素。

2022年6月，国家发展改革委、国家能源局等九部门联合印发了《"十四五"可再生能源发展规划》，明确提出"十四五"期间要打造规模化的"绿氢"生产基地，可再生能源制氢已然成为我国实现碳中和目标、迈向零碳未来的关键路径。

2022年11月，吉林省印发《支持氢能产业发展的若干政策措施（试行）》，开展分布式可再生能源制氢加氢一体站在非化工园区示范建设。

2022年12月28日,中能建氢能源有限公司与吉林省松原市正式签署了关于中能建松原氢能产业园(绿色氢氨一体化)项目的投资框架协议。这一项目总投资高达296亿元,旨在打造一个集新能源发电制氢与"绿氢"合成氨于一体的综合性产业园区。项目规划内容包括建设先进的生产设施,预计每年可生产绿色合成氨60万吨,用于满足工业及农业领域对清洁能源原料的需求。此外,为支持产业链的进一步发展,项目还将建设年产50台套、单台容量达1 000 Nm^3/h 的碱性电解水制氢设备生产线。同时,项目配套规划建设4座综合加能站,提供加氢、加电、加气等多功能服务,推动清洁能源在交通和其他领域的普及应用。

2022年12月30日,吉电股份发布公告称,根据公司发展战略,为实现氢能产业创新,促进公司可持续发展,吉电股份全资子公司——大安吉电"绿氢"能源有限公司拟投资建设大安风光制"绿氢"合成氨一体化示范项目。项目动态总投资595 579万元,安装PEM制氢设备和碱液制氢设备,配置储氢装置,建设制氮空分设备及公辅设施等,新建一座220 kV用户侧总降变电站为制氢合成氨厂区供电。

2022年12月30日,佛山市飞驰汽车科技有限公司与国家智能网联汽车创新中心共同开发的搭载L4级自动驾驶系统的氢燃料电池重卡完成道路测试。该实验为国内首台对外发布的L4级氢燃料电池重卡道路测试,标志着氢燃料电池与自动驾驶两项前沿技术在实际场景方面已完成深度融合。

第四,中国2023年"绿氢"项目及政策:

2023年1月3日,乌兰察布兴和县的风光发电制氢合成氨一体化项目正式获批,这是中国石油在内蒙古投资的首个结合风光发电用于制氢和合成氨的项目。项目总投资41.39亿元,计划建设风电350 MW,光伏发电150 MW,年制氢能力25 700吨,用于合成氨、尿素,项目计划于2024年底投产。

2023年1月28日,大连海水制氢产业一体化示范项目正式开工。项目将分阶段建设,第一期投资约8亿元,包含100 MW的滩涂光伏发电和60 MW的制氢装置,预计年发电量可达1.37亿千瓦时,年产2 000吨"绿氢"。未来三年内,该项目计划总投资约30亿元,目标是实现500 MW新能源发电规模和年产1万吨"绿氢"的生产能力。

2023年2月16日,中国石化在鄂尔多斯市启动了风光融合"绿氢"示范项目,项目总投资约57亿元,是全球规模最大的"绿氢"与煤化工耦合项目。利用鄂尔多斯丰富的太阳能和风能资源,该项目通过可再生能源发电直接制备"绿氢",年产量可达 3 万吨"绿氢"和 24 万吨绿氧。这些清洁能源产品将供应给中天合创鄂尔多斯煤炭深加工示范项目,为推动煤化工行业减碳目标的实现提供重要支撑,彰显了鄂尔多斯在绿色能源转型中的巨大潜力,以实现降碳目标。

2023 年 2 月 25 日,府谷县绿电制氢合成氨及储氢电池产业链项目签约。作为府谷县 2023 年的重点项目之一,绿电制氢与年产 20 万吨绿氨及燃料电池产业研究院一体化示范项目计划投资 52.8 亿元,拟建设 60 000 m^3/h 电解水制氢项目、一座 500 kg/日示范加氢站、20 万吨/年绿色合成氨项目、燃料电池产业研究院及电池储能系统制造等多个项目。

2023 年 3 月 7 日,中能建风光氢储及氢能综合利用一体化示范项目(化工部分)环境影响评价第一次公示。该项目建设地点位于玉门东建材化工工业园,总体规划建设"绿氢"年产量 1.7 万吨、绿氨年产量 3.9 万吨以及配套工程,总投资 76.25 亿元。

2023 年 3 月 7 日,中煤鄂尔多斯能源化工有限公司 10 万吨/年液态阳光——二氧化碳加"绿氢"制甲醇技术示范项目绿色甲醇合成单元社会稳定风险评估公示。该项目总投资 49 亿元,规划建设风电 225 MW、光伏 400 MW、制氢约 2.1 万吨/年、10 万吨/年二氧化碳加"绿氢"制甲醇。

2023 年 3 月 20 日,国富氢能、龙源新能源及中国机械设备三方就内蒙古丰镇风光制氢一体化项目签约。该风光制氢一体化项目总投资约 36 亿元,建设制氢规模约 40 吨/天,项目分两期建设,一期计划建设制氢 3 300 吨/年,日产能 10 吨。

2023 年 4 月 5 日,中电建签约内蒙古满洲里风光制氢一体化示范项目。该项目计划建设 1.5 GW 的新能源发电设施,其中包括 600 MW 光伏和 900 MW 风电,并规划每年生产 6 万吨氢气,总投资约 100 亿元。

2023 年 4 月 10 日,中国石化的"西气东输"氢气管道项目被正式纳入《油气"全国一张网"建设实施方案》,标志着中国首个氢气长输管道项目正式启动。该项目旨在构建一条氢气输送通道,一旦建成,将向京津冀地区输送清洁能源,替代传统化石燃料在氢气生产和运输中的应用。此举将有力缓解中国绿色氢气的供需矛盾,为京津冀地区的绿色能源转型和碳减排目标的实现提供关键支撑。

2023 年 4 月 15 日,国际氢能冶金化工产业示范区迎来新能源制氢联产无碳燃料配套风光发电一体化示范项目的开工奠基仪式。该项目由水木明拓氢能源科技有限公司投资建设，总投资达 400 亿元。项目计划建设一套年产 30 万吨新能源制氢、120 万吨绿氨、110 万吨氢直接还原铁的生产设施，并配套 500 万千瓦风力发电装置，为绿色能源生产和无碳冶金工艺的推广提供强大支持。这一项目的启动将推动氢能和清洁能源在工业领域的深度融合，为实现"双碳"目标提供新动能。

2023 年 4 月 24 日，内蒙古乌拉特中旗发改委就中能建巴彦淖尔乌拉特中旗绿电制氢制氨综合示范项目（绿电制氢项目）发布《项目备案告知书》。该项目总投资 23.15 亿元，建设 210 MW 风电、50 MW 光伏、39 MW/1 h 电化学储能，年产"绿氢"1 万吨、绿氨 5.7 万吨。同日，赤峰新辰新能源有限公司发布《中电建赤峰风光制氢一体化示范项目（风电部分）社会稳定风险公示》。中电建赤峰风光制氢一体化示范项目由电建新能源集团投资建设，内蒙古分公司负责实施，项目规划新能源装机 490 MW，年发电量将达 12.43 亿千瓦时，年产氢气 1.86 万吨，项目总投资 35 亿元。

2023 年 4 月 25 日，中能建氢能源有限公司与巴林左旗人民政府及东北电力设计院有限公司就中能建巴林左旗绿色氢基化工基地示范项目签署《绿色氢基化工基地项目投资框架协议》。该项目计划投资 50 亿元，拟建设年产约 2 万吨/年电解水制氢设施，年产 10 万吨/年低压合成氨装置，适时建设 1 座综合加能站。

2023 年 4 月 25 日，内蒙古乌拉特中旗发改委就三一重能乌拉特中旗甘其毛都口岸加工园区风光氢储氨一体化示范项目（绿电制氢项目）发布《项目备案告知书》。该项目总投资 42.7 亿元，建设 400 MW 风电、100 MW 光伏、电化学储能建设 40 MW/80 MWh，年生产"绿氢"3.6 万吨、绿氨 15 万吨。

2023 年 5 月 7 日，中国大唐集团新能源股份有限公司多伦 15 万千瓦风光制氢一体化示范项目（制氢）环境影响评价第一次公示。该项目总投资 10.94 亿元，项目配套建设新能源装机 150 MW，新建 14 套 1 000 Nm^3/h 碱性电解水制氢装置，年产"绿氢"5 419 吨，所产氢气将送至大唐多伦煤制烯烃厂合成甲醇。

2023 年 5 月 23 日，内蒙古杭锦旗能源局就鄂尔多斯库布其 40 万千瓦风光制氢一体化示范项目发布《项目备案告知书》。该项目由内蒙古库布其绿电氢能科技有限公司实施，总投资 29.45 亿元，制氢能力为 15 460 吨/年，配套并网式 250 MW 风电、150 MW 光伏发电装机规模。

2023 年 6 月 13 日，内蒙古赤峰市政府与中广核新能源投资（深圳）有限公司及扬州吉道能源有限公司共同举行了一场签约仪式，正式签署了关于年产 100 万吨绿色甲醇项目的合作协议，该项目以氢气为关键原料。

2023 年 6 月 27 日，融科氢能、中国电建昆明院与丰镇市人民政府签署了合作协议，计划投资建设年产 5 万吨"绿氢"和氢能装备生产线项目。该项目集风光氢储于一体，采用国际先进的 PEM 制氢技术，通过 3 GW 可再生风光能源制氢，为全球最大规模的新能源 PEM 制氢项目，项目总投资约 330 亿元。

2023 年 6 月 28 日，内蒙古乌兰浩特市发改委就兴安盟京能煤化工可再生能源"绿氢"替代示范项目（制氢部分）发布《项目备案告知书》。兴安盟京能煤化工可再生能源"绿氢"替代示范项目总投资 36.76 亿元。项目建设规模及内容：制氢站配套 60 套 1 000 Nm^3/h 碱性电解水制氢设备，最大生产效率为 60 000 Nm^3/h，平均生产效率为 32 400 Nm^3/h，年制氢 2.5 万吨。

2023 年 6 月 29 日，中国首个年产能达到 1 万吨的新能源制氢项目——纳日松光伏制氢示范项目（简称"纳日松项目"），在内蒙古鄂尔多斯市准格尔旗成功产出首批氢气。这一成就标志着鄂尔多斯市在绿色制氢领域取得了重大突破，同时也成为中国绿色制氢大规模商业化应用的一个重要典范。该项目巧妙地利用煤矿旧址建立起光伏电站，年均发电量约为 7.4 亿千瓦时，其中 20% 的电力直接输入当地电网，而剩余的 80% 则专门用于绿色氢气的生产。为了高效实现制氢目标，项目配备了 15 套碱性电解质制氢装置，每套装置产能为每小时 1 000 标准立方米，预计每年能生产出约 1 万吨氢气和大约 8 万吨氧气。这种大规模清洁能源制氢模式不仅为鄂尔多斯绿色能源产业注入了新活力，也助力我国在全球"绿氢"技术领域取得领先地位。三峡新能源（集团）股份有限公司内蒙古分公司党委委员、副总经理兼鄂尔多斯市瀚峡新能源有限公司董事长周渊在接受《中国能源报》采访时表示："内蒙古得天独厚的光照资源为新能源制氢提供了丰富的能源基础，同时区域电价水平较低，这使得绿电制氢的经济性更具优势。特别是在鄂尔多斯，其光照条件在全国范围内名列前茅。我们通过利用采煤沉陷区建设光伏电站，不仅盘活了闲置土地资源，也延续了内蒙古的产业基础，为区域绿色经济转型开辟了新路径。"纳日松项目的亮点在于通过高效整合太阳能和氢能两大清洁能源，利用光伏电力驱动电解水设备，实现了无污染、零排放的绿电制氢模式，帮助解决可再生能源高比例。这一技术路径在推动清洁能源产业高比例利用的同时，也为缓解可再生能源消纳难题提供了有效解决方案，展现了"绿氢"生产的巨大潜力和可持续性，为全国其他地区发展新能源制氢提供了宝贵经验和实践蓝本。

内蒙古凭借丰富的煤炭资源和大量化工企业，成为"绿氢"产业发展的理想之地。目前，煤化工领域对"绿氢"的替代需求预计可达 600 万吨。同时，自治区内拥有近 50 万辆重型柴油机车、矿用卡车、矿山机械、采运车辆和物流车辆，这些交通工具对清洁能源的需求也为"绿氢"的推广提供了巨大市场潜力。通过充分利用内蒙古丰富的风能、太阳能资源，区域有望发展成为大规模的风光"绿氢"制造基地，打造中国"绿氢"生产的核心源地。

2023 年 6 月 30 日，中国石化新疆库车"绿氢"示范项目正式投产。这一项目总投资近 30 亿元，建设内容包括光伏发电、输变电线路、电解水制氢、氢气储输设施以及相关配套工程，具备每年 2 万吨的电解水制氢能力、21 万标准 Nm^3 的储氢能力和 2.8 万标准 Nm^3/h 的输氢能力。项目生产的"绿氢"将就近供应中国石化塔河炼化，为传统炼化行业的绿色低碳转型开辟了新路径。库车"绿氢"示范项目的落地不仅提升了新疆在"绿氢"领域的技术水平，也为全国"绿氢"炼化一体化的探索提供了范例。同日，中南电力设计院中标的中煤 50 万吨/年离网型风光制氢合成绿氨技术示范项目也传来新进展。该项目选址于内蒙古鄂尔多斯市乌审旗，总投资约 245 亿元，计划于 2024 年 4 月开工建设，2026 年 3 月全面投产。项目旨在通过风能和光伏发电，支持离网型制氢及绿氨生产，规划年产氢气 9 万吨，并综合产出 50 万吨绿色氨基化工产品。该项目是内蒙古推进新能源与氢能融合应用的又一重要布局，为全球绿氨产业发展提供了重要示范。

2023 年 7 月，上海浦江特种气体有限公司与上海氢枫能源技术有限公司签署了镁基固态储运氢车批量采购协议。而镁基固态储运氢车有效地提升了浦江特种气体公司目前的运输业务效率，使单车储氢量提高约 3 倍，同时助力浦气公司实现了 200 千米以外的氢气运输和供应市场。这解决了氢气储运难题，有效提高了其氢气运输效率以及安全性。

2023 年 7 月 8 日，华电德令哈 100 万千瓦光储及 3 兆瓦光伏制氢项目全容量并网投产发电。该项目是国家第一批以沙、戈、荒为重点的大型风光基地项目，也是我国在高海拔地区制"绿氢"的首次尝试。该项目年可发绿电 22 亿度，满足 200 万个家庭一年所需，减排二氧化碳 148 万吨，制氢规模 600 Nm^3/h。

2023 年 7 月 14 日，隆基氢能与澳大利亚客户签署电解水制氢设备采购合同,产出的氢气将用于天然气掺氢项目。项目将"绿氢"以高达10%的比例混合到当地的天然气网络中,项目建成后可为约4万户家庭和20个工业场所提供更清洁的能源,预计年平均减碳量可达4 000吨。该设施预计将于2025年中期投产。

2023年7月17日,亿华通发布消息称公司风氢一体化源网荷储综合示范工程项目(一期)获河北省发改委批复,该项目由亿华通全资子公司国创河北氢能产业创新中心有限公司在张家口市张北县实施。项目总投资17.6亿元,规划建设200 MW风电、24万 Nm^3/h 制氢站、配套储氢装置及40 MW氢燃料电池发电系统。

2023年7月18日,国能阿拉善高新区百万千瓦风光氢氨+基础设施一体化低碳园区示范项目配套14万吨"绿氢"合成氨项目环境影响报告书报批前公示。该项目总投资50.822 5亿元,拟建电解水制氢5.2万 Nm^3/h,1座空压制氮站,14万吨"绿氢"制绿氨装置。

2023年7月19日,中核科右前旗风储制氢制氨一体化示范项目进行环评公示。该项目总投资45亿元,建设500 MW风电、电化学储能50 MW/100 MWh,储氢27.5万标方,年生产"绿氢"2.16万吨,下游生产绿氨。

2023年7月24日,上海河图工程股份有限公司中标鄂尔多斯市伊金霍洛旗圣圆能源风光制氢加氢一体化项目制氢部分可行性研究报告(达到初步设计深度)。据悉,鄂尔多斯圣圆能源风光制氢加氢一体化项目总投资13.55亿元,项目包含新能源制氢储氢站和配套风光发电装置,年产"绿氢"5 445吨。

2023年7月28日,腾格里60万千瓦风光制氢一体化项目环境影响评价信息公示。该项目总投资40.77亿元,由内蒙古阿拉善能源有限责任公司实施,计划建设400 MW风电、200 MW光伏,制氢能力达到20 827吨/年,用氢场景为庆华腾格里精细化工合成氨项目及己内酰胺装置产能提升项目。

2023年8月3日,内蒙古扎鲁特旗发展和改革委员会就远景通辽风光制氢氨醇一体化项目发布《项目备案告知书》。该项目总投资98.4亿元,计划分三期建设300 000 Nm^3/h 电解水制"绿氢"装置,60万吨/年"绿氢"制合成氨装置及30万吨/年绿甲醇装置。

2023年8月9日,中能建松原氢能产业园(绿色氢氨醇一体化)项目正式进行环评公示。作为吉林省首批"氢动吉林"大型氢基化工示范工程之一,该项目总投资达296亿元,涵盖新能源制氢及氢能应用的全产业链。项目内容包括建设新能源电源设施、一条年产 60 万吨的绿色合成氨和甲醇生产线、一条年产 50 台套 1 000 m³/h 碱性电解水设备生产线,以及 4 座综合加能站。通过全面覆盖制氢、加氢、氢基化工及氢能装备制造等环节,项目将为吉林省推进氢能产业发展和能源转型提供重要支撑。

2023 年 8 月 14 日,吉林电力股份有限公司发布大安风光制"绿氢"合成氨一体化示范项目第四批施工及设备集中招标公告。该项目总投资 63.32 亿元,采用风光发电结合电解水制氢,并通过空分制氮生成合成氨,规划风光发电装机容量为 800 MW,配备 40 MW/80 MWh 储能装置,年产"绿氢"3.2 万吨,合成氨年产规模 18 万吨。

2023 年 8 月 30 日,我国规模最大的光伏制"绿氢"项目——新疆库车"绿氢"示范项目全面建成并正式投产。伴随项目配套的光伏电站全容量并网运行,该示范项目实现满负荷运转,年产 2 万吨"绿氢",标志着我国"绿氢"工业化应用领域取得重大突破。该项目充分利用新疆得天独厚的太阳能资源,采用光伏发电直接驱动电解水制氢的技术路径,为国内"绿氢"生产探索出一条高效、清洁的能源转型模式。项目具备每年生产 2 万吨"绿氢"的能力,同时配套 21 万标准立方米储氢设施和每小时 2.8 万标准立方米的输氢能力。这些"绿氢"将全部供应给中国石化塔河炼化公司,用于替代传统天然气制氢工艺,实现油品加工与"绿氢"生产的深度耦合,推动炼化行业的绿色低碳发展。

2023 年 9 月 2 日,江苏省苏州市颁布《关于加速未来产业建设的工作指引》,明确指出该市将依托电子信息、装备制造、生物医药、先进材料四大前沿产业的规模优势,大力推进氢能技术的创新与产业化进程。在氢能领域,苏州将着重发展经济高效型绿色氢气加工技术、高压低温氢气储运技术、加氢站运维技术、高效可持续燃料电池及其基础材料等关键技术。与此同时,持续扶持光解水制氢、氢脆机理研究、低温吸附等前沿科技领域的探索。此外,还将积极鼓励燃料电池技术的创新与升级,特别是新型膜材料和高性能催化剂的研发,旨在不断提升制氢技术的可靠性与可持续性。此外,苏州还规划为氢能产品构建全面的检测与认证服务体系,强化知识产权的保护与管理机制,并致力于推动氢能技术在交通运输、储能系统、电力生产等多个领域的示范应用。这一系列举措将为氢能产业链的全面进步提供强有力的支持,助力苏州成为全国范围内氢能技术与应用创新的引领者。

2023 年 9 月 25 日,由中国氢能联盟主办、上海燃料电池汽车商业化促进中心承办的氢能及燃料电池行业组织月度会商在新疆克拉玛依市以线下线上结合方式召开。会上，北京、上海、广州、深圳、苏州中欧氢能技术创新中心等国内7个区域氢能组织，结合新疆氢能发展特色，以"'绿氢'耦合化工应用场景和模式"为主题，围绕氢能创新发展、新疆能源绿色转型、"绿氢"耦合化工举措及建议等进行研讨。克拉玛依市白碱滩区区委常委、副区长沈豪出席会议。会议邀请克拉玛依市发改委副主任郑直分享克拉玛依氢能发展情况，北京、上海、深圳、苏州中欧氢能技术创新中心等地的各区域行业组织代表先后分享交流各地"绿氢"耦合化工应用整体情况、布局举措及发展建议。作为新疆重要的能源产业基地，克拉玛依将推动氢能发展放到新疆整体布局规划，并将氢能作为其加快产业转型升级、培育发展新动能的战略方向。2023年7月，克拉玛依发布氢能产业发展三年行动计划，提出立足"绿氢""绿电""绿热"应用需求，推进氢储能调峰电站、绿电制氢等项目建设，到2025年初步建成功能配套齐全、引领带动作用强的"新疆氢能港"，打造全疆氢能产业示范区和"中国西部氢都"名片。氢能同时也是上海对口支援克拉玛依重点布局的领域，在上海援克指挥部助推下，2023年6月，源网荷储新能源集团、势加透博、上海汉翱新能源等嘉定9家企业落地克拉玛依，项目涵盖氢能全产业链。近日，由源网荷储新能源集团开发、中国能建承建的规模化氢储能调峰电站示范项目正式启动，项目总投资350亿元，涵盖光伏发电、氢储能调峰、燃料电池发电等，建成后可提供零碳热源、零碳供暖等服务。为高质量推动"绿氢"耦合化工应用发展，经研讨建议：建立健全"绿氢"耦合化工应用相关法律法规和监管制度，做好安全管理；加快清洁氢评价应用，探索化工领域使用"绿氢"在行业能耗、碳排放考核中的抵扣政策，鼓励化工行业使用"绿氢"；加速研发支撑"绿氢"与化工耦合的前沿核心技术，包括高效电解水制氢、大规模氢储存、可再生能源发电与电网的协同技术以及适应"绿氢"的化工工艺流程重构等。推进"绿氢"与化工耦合降碳规模化示范项目建设，降低产业综合成本；加强发电、电网、石化企业及关键设备制造商和科研单位间合作和联合攻关，探索具有创新性、经济性的"绿氢"化工耦合商业化模式；加强地区间信息交流研讨，建立跨区域人才联合培养机制，助力区域高效协同发展。

13.1.4.4 中国"绿氢"面临的挑战

第一，生产成本是"绿氢"发展的核心制约因素。"绿氢"的生产成本是供应方面临的主要挑战之一。目前,"绿氢"的生产成本为每千克 4.92~6.23 美元,平均至少是煤制氢成本的 3 倍,也远超天然气或工业副产品制氢的成本。而利用煤或天然气与碳捕集、利用与封存(CCUS)相结合的"蓝氢"生产成本相对较低,并且有可能在低碳排放强度下生产氢。但是,CCUS 技术的发展和应用还不充分,仅限于少数示范项目。

第二,基础设施的滞后限制了"绿氢"的供应。在目前的监管框架下,氢既是能源,也属于危险化学品,这使得该行业的发展受到一些制约,即氢基础设施必须位于化工园区,并获得一系列许可证。此外,氢基础设施的投资成本高且融资渠道有限。2021 年,氢能行业获得的投资仅为 5.78 亿美元,而电动汽车获得的投资高达 4 890 亿美元,占新能源汽车行业融资的绝大部分。

第三,"绿氢"新市场需要政策支持才能发挥其潜力。要大规模发展"绿氢",除供应方面需取得突破外,还需要更多的政策支持来创造需求侧机会。氢在交通、制造、公用事业和建筑等领域有着广泛的应用。如氢燃料电池汽车可为长途重型卡车运输提供理想的解决方案、氢在航空和航运方面也在进行试点、氢冶金还是钢铁产业减排的重要方向及其他应用包括氢能储存等。

第四,当前标准的制定进度尚难以满足氢能产业快速发展的需求。尽管中国已经发布了一系列涵盖全供应链的标准,但在某些关键领域仍存在差距,尤其是储氢、输氢和加氢的技术标准,相较于美国和日本等国家仍显滞后。此外,由于氢能价值链的复杂性,涉及标准制定的主管机构涵盖多个部委,协调难度较大,导致在"绿氢"等新兴领域的快速认证上难以满足市场的迫切需求。

第五,拥有较成熟的碱性电解技术,还需探索新一代制氢工艺。电解被认为是当今领先的绿色制氢技术,其可以生产高纯度的氢并与可再生能源结合使用。因此,与核能或光催化制氢技术(仍处于实验室阶段)相比,电解制氢的前景更加光明。电解过程依赖于电解槽,目前使用的有碱性电解槽、质子交换膜和固体氧化物电解槽三种类型。其中,质子交换膜反应效率较高,非常适合于风能和太阳能,有望迅速商业化。为了发展质子交换膜技术,中国需要发展国产替代品来取代进口组件。固体氧化物电解槽回收高温工业过程中的余热,与光热发电系统配合良好。目前,中国固体氧化物电解槽技术仅限于实验室规模的演示。

第六，需要进一步加强氢产业链的国际合作。为了推动氢能行业的发展，一些国家已经制定了明确的氢产业发展路线图，加强氢产业链的国际合作。如日本在国际合作方面处于领先地位，正在率先建立海外氢供应系统和销售市场。中国拥有全球最大的氢气生产能力，未来的发展主要关注能源结构调整和碳中和目标，需要进一步加强国际合作，拓展合作领域，推动合作模式更加多样化。

13.1.5 澳大利亚"绿氢"发展政策与现状

澳大利亚在世界范围内大规模生产可再生氢气的竞赛中处于领先地位，其生产的氢气将通过液氢船舶，运往日本、韩国和东南亚、欧洲等地区，预计最快2030年前后实现大规模商业化运营。

13.1.5.1 与日本共同发起了"氢能供应链"项目

日本、澳大利亚发起了"氢能供应链"（The Hydrogen Energy Supply Chain，HESC）项目。2022年2月，该项目完成全球首次液氢海上运输实践，从澳大利亚进口液氢，供日本神户码头液氢发电站使用。日本丸红株式会社也正在进行澳大利亚与印尼之间的"绿氢"制造、运输和利用的实证项目，在该实证项目中，将在澳大利亚的南澳大利亚州利用低价可再生能源制造氢，然后使用储氢合金将制造的氢运输到印度尼西亚。

13.1.5.2 澳大利亚在"绿氢"上投资巨大

位于澳大利亚北部的"绿氢"工厂耗资107.5亿美元，产能高达10 GW，全面达产后每年可生产约41万吨"绿氢"。澳大利亚政府提出2025年实现"每千克氢气降到2美元"，接近重型卡车、公共汽车和远程电力的成本竞争力。

澳大利亚打造多元化的全球氢气跨洋贸易网络。氢气跨洋贸易可以通过三种运输载体（管道、轮船或卡车）以多种形态在全球范围内储运。对于长距离运输，新建或改造后的海底输氢管道进行大规模氢气运输，成本比航运更具经济性，但并非适用于所有国家和地区。

在缺乏管道基础设施的情况下，目前主要通过液氢、液态有机氢载体

(LOHC)和氨的形式进行储存，并依靠船舶实现长距离运输。不同地区在选择氢的储运方式时，需要综合考虑运输距离、地理条件和终端应用等多种因素，以确定最优的储运方案。按照全球各大能源机构的预测模型，2025年，"绿氢"成本可降至5美元/千克，2030年"绿氢"成本约为1.4～2美元/千克，在澳大利亚、中东、北非等优势地区，"绿氢"成本甚至可能降至1美元/千克。

而据 Hydrogen Europe 报告，在最为悲观的情况下，"绿氢"的价格必须降至每千克1.50欧元（1.53美元）以下，绿钢和利用高污染化石燃料生产的钢铁相比具有成本竞争力。价格低于1美元/千克的"绿氢"可能会刺激对绿色钢铁的需求，同时也会影响到水泥、玻璃制造等其他工业行业。

总体来看，从全球贸易布局的视角观察，中国、日本、韩国以及欧洲预计将成为氢能的主要进口地区，而澳大利亚、俄罗斯、美国和中东地区则可能扮演氢能主要出口国的角色。随着时间推移，氢能源贸易市场和相应的运输网络有望在这些地区之间逐渐形成并不断扩大规模。

13.1.6 中东、北非"绿氢"发展政策与现状

13.1.6.1 具有丰富的自然资源

中东、北非地区拥有强烈日照、丰富风能以及大量无人居住的土地，使其在利用可再生能源生产"绿氢"方面具有巨大优势。加上地理位置的邻近，处于能源危机旋涡的欧洲以及国际资本，把眼光投向这里的清洁能源开发。

13.1.6.2 具有巨额的投资资金

中东石油公司拥有巨额资金将投资于脱碳、可再生能源和清洁能源，确保该地区产出的"蓝氢"和"绿氢"在短期内主导新兴的氢气市场，并向欧洲和东南亚的需求中心出口低碳氢气。

沙特阿拉伯、阿联酋、埃及、阿曼、摩洛哥等国正不断加大对清洁能源尤其是"绿氢"的投资，以降低对石油的严重依赖，努力实现经济多元化发展。2023年1月，沙特阿拉伯投资1万亿沙特里亚尔（约合2660亿美元）生产清洁能源，并增加相关运输线和分配网络，沙特决心成为世界主要氢气出口国，并计划为本地重工业提供清洁氢气以有竞争力的价格生产绿色钢铁、绿色铝、化肥等

绿色产品。

13.1.7 拉美"绿氢"发展政策与现状

近年来,"绿氢"在拉丁美洲逐渐成为能源转型的重要抓手,特别是对依赖化石燃料的国家而言,这一趋势尤为明显。拉美国家正在积极利用其丰富的可再生资源(如风能和太阳能)推动"绿氢"产业发展,期望在全球能源市场上占据一席之地。根据最新报告,拉美的"绿氢"生产项目在过去几年里大幅增加,从2019年仅有的3个试点项目,到2021年末规划的超过25个项目,而到2024年,这一数字还在迅速增长。

智利是拉美"绿氢"发展的领头羊,其致力于成为全球最具成本竞争力的"绿氢"生产国。智利政府制定了雄心勃勃的目标,希望到2030年成为世界主要的"绿氢"出口国之一。此外,阿根廷和哥伦比亚等国也在积极投入开发,旨在利用国内丰富的可再生能源基础设施推动氢能技术应用。

巴西则更关注"绿氢"在本国工业脱碳中的应用,特别是在钢铁和化肥等高耗能行业。同时,乌拉圭和巴拿马也在探索将"绿氢"应用于特定领域,如海运和重型卡车运输,以减少化石燃料依赖。

拉美在推动"绿氢"经济方面仍面临挑战,如技术和资金不足、基础设施建设滞后以及市场需求不确定性。为了克服这些障碍,区域各国正通过制定政策框架、促进国际合作以及吸引投资来加速氢能经济的发展。各国也在探讨建立统一的认证标准,以确保"绿氢"的可持续性和市场竞争力。

总体来看,随着国际社会对绿色能源需求的增加,拉美有望在未来的全球氢能贸易中扮演关键角色,为实现区域内的碳中和目标提供重要支持。

13.1.7.1 巴西"绿氢"发展与现状

2023年6月,巴西国家清洁能源研究所宣布将成立一个新的绿色氢气工业秘书处(SHV)。SHV的负责人希望通过发展该国的绿色氢气业务来支持巴西的低成本清洁能源部门。

2023年7月25日,巴西氮肥生产的领军企业Unigel公司宣布了一项总额为1.2亿美元的投资计划,旨在生产绿色氢气。该计划的第一阶段将着手建设三座绿色氢气生产厂,总计装机容量达到2万千瓦,并预留了未来逐步扩大的空间,目标是最终达成每年4万吨的生产能力。根据Unigel公司最新发布的信息,他们将在巴西东北部的巴伊亚州筹建一座规模宏大的绿色制氢工厂,预计于 2023 年投入运营。至 2025 年,该项目将迈入第二阶段扩建,在此期间,预计绿色氢气和绿色氨气的年产量将实现当前产能的四倍增长。

跨国企业 Fortescue Future Industries 宣布,将在巴西塞阿拉州的 Pecem 投资 60 亿美元建设"绿氢"项目,此外,FFI 还与里约热内卢签署了开发氢基绿色工业项目的谅解备忘录,计划在阿苏港建造一座容量为 300 兆瓦的绿色氢气工厂,每年可生产 25 万吨绿色氨。壳牌也宣布将与巴西企业合作建设"绿氢"项目。

13.1.7.2 智利"绿氢"发展与现状

智利拥有得天独厚的太阳能和风能资源,非常适合绿色氢气生产。智利被视为全球"绿氢"发展的领先国家之一,致力于成为世界上最具成本竞争力的"绿氢"生产国。这一目标得益于其丰富的可再生能源资源,尤其是在北部的阿塔卡马沙漠地区,那里拥有全球最高的太阳辐射水平。此外,智利南部也有丰富的风能资源,这为"绿氢"生产提供了源源不断的清洁能源。

智利政府于 2020 年发布了国家氢能战略,旨在将智利发展成为全球"绿氢"的主要生产国之一。该战略强调利用丰富的太阳能和风能资源来生产氢气,目标是到 2030 年实现"绿氢"的生产和应用,特别是在重工业、交通运输和能源存储领域。智利政府宣布了 2025 年前电解装机能力达到 5 GW 的目标,并计划在 2030 年底前生产出最具成本效益的绿色氢气。

智利目前正在推进多个重大"绿氢"项目。如位于南部的 Haru Oni 项目,由智利与德国合作开发,计划利用风能生产"绿氢",并进一步合成合成燃料。此外,智利还与欧洲和亚洲国家建立合作,探索"绿氢"出口的潜力,目标是为国际市场提供低碳解决方案。

然而,智利在推动"绿氢"发展的过程中也面临挑战,包括基础设施建设、技术引进以及国际市场需求的不确定性。尽管如此,智利依然被视为未来全球氢能市场的关键参与者,其"绿氢"战略为拉美其他国家提供了成功的示范路径。通过大力发展"绿氢",智利希望加速其能源转型进程,并推动经济的可持续增长。

13.1.7.3 埃及"绿氢"发展与现状

2022年11月，埃及作为东道国主办第27届联合国气候变化大会。埃及政府提出了总额高达400亿美元的氢能发展战略。上述战略一推出即得到欧洲方面的重视，欧洲复兴开发银行于3月同埃及电力和可再生能源部及石油和矿产资源部签署框架协议，将协助埃方开展氢能开发前期评估工作，推进埃及绿色经济转型进程。4月，欧盟高官访问埃及期间，双方提出了一项"地中海'绿氢'合作伙伴倡议"，希望在未来发展氢能贸易。

为推动氢能产业发展，埃及政府已在苏伊士运河经济区附近划定了一些专用于氢能项目的特定区域。2022年3月，挪威Scatec公司宣布与埃及政府合作共同开发一座年产能为100万吨的绿氨设施，并可能扩大到每年300万吨，使用绿色氢作为原料。

亚洲公司也加入了埃及的"绿氢"布局。2022年7月27日，印度可再生能源公司ReNew Power与埃及政府签署了一项初步协议，将在苏伊士运河经济区投资80亿美元建设年产能为22万吨的"绿氢"生产工厂。

13.2 "绿氢"成本分析与案例研究

13.2.1 基于平准化成本的计算方法

13.2.1.1 计算公式与主要结果

在制氢工艺的研究范畴内，这些工艺可被划分为两大类别：传统制氢技术与新兴制氢技术。传统制氢技术涵盖了煤气化、蒸汽甲烷转化（SMR）、石脑油转化、从工业副产品中回收气体以及传统形式的电解水法。而新兴制氢技术则聚焦于利用可再生能源的创新手段，诸如依托风能和光伏能的电解水制氢、热化学制氢、核能制氢以及生物质制氢等。

研究表明，制氢工艺的选择对成本具有显著影响，成本主要受制于制氢设备的类型、生产规模以及原材料价格等因素。当前，基于化石燃料的传统制氢技术已相对成熟，生产成本较低，适宜于大规模制氢应用。然而，这些工艺会伴随产生较多的气体杂质，同时碳排放和常规污染物排放较高，这与绿色氢能发展所追求的低碳目标相悖。另一方面,虽然利用工业副产气体制氢的工业化生产成本较低且技术相对成熟,但其发展受到原料可获得性的制约,通常需要在靠近原料产地的区域进行项目建设。

可再生能源电解水制氢以其高纯度、低污染和生产灵活性等特点逐渐受到关注。然而,该技术目前面临电能消耗高和能量转化效率低的挑战,仍需通过技术改进来降低成本并提高效率,从而实现大规模的产业化应用。此外,电解水制取氢气时,其产生的温室气体排放与电源的组成密切相关。生物质和核电是一种新兴的氢气制备方法,但都还在研究与示范阶段,氢气的制备工艺对氢气的消耗有很大的影响。未来发展潜力巨大,但需进一步优化以实现商业化和规模化生产。

王彦哲等采用基于归一化成本的求解方法,建立基于 LCOH 的制氢成本(LCOH)模型,以评价各种制氢方式的平均成本。该模型的构建过程遵循以下步骤:

一是以中国当前的能源价格和制氢技术参数为基础,确保模型的现实依据和时效性;

二是结合各种制氢技术路线的特点,开发出合理的算法,以适应不同技术路径的特定需求;

三是通过适当简化和合并生产环节,增强模型中不同模块之间的可比性,从而更准确地评估成本;

四是对模型中的关键参数进行敏感性分析,量化这些参数变化对制氢成本的影响,以识别成本控制的关键因素。

平准化制氢成本(LCOH)的计算遵循公式(1)至公式(3)所示的方法。在此框架中,$CAPEX$ 代表制氢设备的资本性支出,即初始投资成本;$FuelCost$ 指的是制氢过程中所需的原料或电力成本;$OPEX$ 表示运营和维护的年度支出。P 代表制氢设施的年产量,I 代表项目初期投资,CRF 为资本回收系数,用于将未来的资本成本折现至现值;i 为贴现率,用于反映资金的时间价值;T 则指代项目的预期运营寿命。

$$LCOH = \frac{CAPEX + FuelCost + OPEX}{P} \tag{1}$$

$$CAPEX = I \cdot CRF \tag{2}$$

$$CRF = \frac{1}{\sum_{n=1}^{T} \frac{1}{(1+i)^n}} \tag{3}$$

$$P = \begin{cases} H \cdot m \cdot \dfrac{Q_m}{Q_H} \cdot \eta, & \text{化石能源制氢} \\ H \cdot m \cdot \alpha, & \text{生物质和工业副产制氢} \\ H \cdot C \cdot p_e(p_h), & \text{电解和热化学制氢} \end{cases} \quad (4)$$

根据公式(4),可算出各种制氢法的年产氢率,其中,H 为制氢方法的年制氢率。以石化能源制氢为例,采用原料流量 m、原料低位热值、氢气低位热值和氢气效率 η 等方法,计算氢气产量。氢气的收率是根据原料的质量流量 m 和氢气的转化率(萃取速率)α 来计算的。对于水电解制氢和热化制氢,氢气收率是根据制氢装置的能力 C、制氢效率(或热效率)来计算的。

本研究综合考量了传统与新型制氢技术,并依据中国当前的生产流程及原材料市场价格,对不同技术在中国的制氢成本进行了估算。所研究的制氢技术涵盖了煤气化制氢、蒸汽甲烷重整制氢、焦炉煤气制氢、生物质气化制氢、水电解制氢以及高温核反应堆热化学制氢等多种方法。在电解水制氢方面,研究特别聚焦于碱性(Alkaline,AE)电解槽与质子交换膜(Proton Exchange Membrane,PEM)电解槽技术,并深入探讨了电力来源的多元化,包括电网供电、核能发电、水力发电、风力发电以及太阳能光伏发电等(见表13.4)。

表 13.4　不同制氢方式技术路线参数

参　数	单位投资	运营维护成本	年运行时间	使用寿命	原料热值	效率[3]	折合电价
单位	元/kW	元/kW	h		MJ/kg	%	元/kWh
煤气化	6 000	250	7 200	25 年	22	60	
煤气化+CCS[1]	11 500	744	7200	25 年	22	56	
SMR	4 000	200	7 500	25 年	46.5	73	
SMR+CCS[1]	7 500	500	7 500	25 年	46.5	66	
AE	7 000	140	—[2]	75 000 小时	3.6	65	
PEM	12 000	360	—[2]	45 000 小时	3.6	70	
焦炉煤气提取[3]	—		8 000	10 年		50	
生物质气化[4]	—		6 240	20 年	16.7	34	

续　表

参　　数	单位投资	运营维护成本	年运行时间	使用寿命	原料热值	效率	折合电价
高温堆热化学[5]	24 500	1 050	7 800	40 年		33～43	
网电			5 000				0.50
核电			7 800				0.37
光伏			1 200				0.55
风电(陆上)			2 100				0.50
水电			3 800				0.31

注：(1) 煤气化制氢的碳捕集率为90%，SMR的碳捕集率为95%，碳的运输和封存价格参考国内实际情况，成本包含在运营维护成本中。(2) 电解槽年运行时间由发电方式运行时间决定。(3) 生物质制氢设备投资成本2 000万元，产氢率21 kgH_2/h。(4) 焦炉煤气提取设备(变压吸附PSA设备)投资成本为2 500万元，进气处理速率为5 000 Nm^3/h。(5) 高温堆热化学制氢案例选取中国高温堆示范项目，数据来自 IAEA 的国际合作项目

表13.5所展示的计算结果揭示了不同类型氢气制备氢气的成本(LCOH)在10～50元/千克之间存在较大差别。石化能源和焦炉煤气制取氢气具有原料成本低、生产成本低等优点，是当前氢气生产中成本最低的一种。与此形成鲜明对比的是，新的氢气生产技术的费用比较高，这主要是因为初期投入、运行维护费用高，或是因为年运转时数少。其中，电解水生产氢气的成本在每千克25元以上，风力发电和太阳能发电的价格则高达每千克40多元。但核电高温热化制氢工艺的成本约20元/千克。其成本相对较低，接近于蒸汽甲烷重整(SMR)制氢技术。这一成本优势归功于高温气冷堆的高年运行小时数、较长的项目寿命以及较低的运行成本。

表13.5　公共参数(基于2020年中国市场实际价格)

参　　数	值	参　　数	值
贴现率(%)	8	天然气价(元/m^3)	3
氢热值(MJ/kg)	120	生物质价格(元/t)	600
电热值(MJ/kWh)	3.6	焦炉煤气价格(元/m^3)	0.5
煤价(烟煤，元/t)	550		

电解水制氢的成本主要受两大因素影响：电解槽的投资成本以及电力成本。其中，电力的来源和电解槽的类型对制氢成本具有显著的影响。根据表13.5中提供的参数进行计算，碱性电解水技术在制取每千克氢气时需要消耗大约55千瓦时（kWh/kg H_2）的电能，而质子交换膜（PEM）电解水技术则每千克氢气消耗约48千瓦时的电能。此外，电费占据了电解水制氢总成本的一半以上比例。

相较于AE电池，PEM电池不仅面临着更高的投资与运行成本，其使用寿命也相对较短，这直接导致了PEM电解水制氢的成本要高于AE电解水制氢。此外，提高年运行时间是有效降低制氢成本的一个途径。在没有储能设施的情况下，由于年运行时间受限，利用可再生能源进行电解水制氢的成本普遍超过30美元/千克。特别是光伏电解水制氢，其成本更是高达60美元/千克以上，这主要是因为年运行时间通常仅为1 200小时。虽然通过引入储能设施及其相关成本有可能延长可再生能源制氢的年运行时间，但这同时也意味着电力成本的进一步增加（见图13.6）。

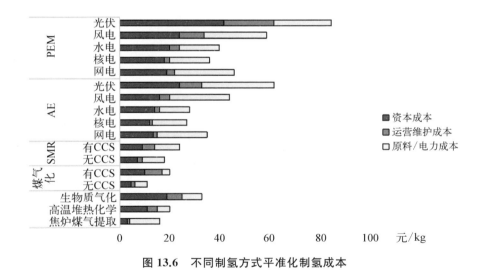

图 13.6　不同制氢方式平准化制氢成本

13.2.1.2　不同制氢方式的碳排放强度

在综合考量不同化石燃料制氢技术的碳排放强度以及各种发电方式的碳排放特性后，可以对不同制氢方式的碳排放强度进行精确计算，相关数据详见

表13.6。值得注意的是,本研究中的碳排放计算并未包括制氢设备生产过程中的间接碳排放以及与碳捕集与封存(CCS)技术相关的电耗。当考虑到CCS技术耗电所产生的间接碳排放时,煤气化结合CCS技术和蒸汽甲烷重整(SMR)结合CCS技术的减碳效果大约为60%(见图13.7),揭示了即使在应用了CCS技术的情况下,这些传统制氢技术相较于新型制氢技术在碳排放方面仍有改进空间。

表13.6 传统制氢方式的碳排放强度

制氢方式	碳排放强度($kgCO_2/kgH_2$)
煤气化	20.0
SMR	9.70
网电+AE	31.3
网电+PEM	29.1

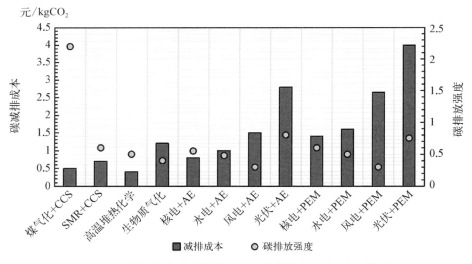

图13.7 不同制氢方式碳排放强度和碳减排成本(相对于煤制氢)

现阶段,我国电力系统仍然是以燃煤发电为主体,造成了电力行业的高碳排放。因此,将电网电源与碱金属电解水相结合制备氢气,其二氧化碳排放量为$31\ kg/kgH_2$。与此形成鲜明对比的是,以煤为原料制备氢气的二氧化碳排放量为 20 kg/kgH$_2$，而水蒸气重整制氢的二氧化碳排放量为 10 kg。但新工艺的二氧化碳排放量一般都在 1 千克 CO$_2$H$_2$ 以下，显示出其在环境友好性方面的优势。

将碳捕集与封存(CCS)技术应用于石化能源制氢，可大幅降低碳排放，达到新能源制氢技术的减排要求。在低碳制氢技术中，电解水制氢的碳减排成本一般超过 1 000 元/吨 CO$_2$，而利用石化能源与 CCS 相结合可实现 700 元/吨 CO$_2$ 的减排。高温热化学制氢技术可实现每吨二氧化碳 460 元的减排，是当前最经济的规模化制氢技术。这些结果不仅突显了不同制氢技术在环境影响和经济性方面的差异，也为未来制氢技术的选择和优化提供了重要的参考依据。

13.2.1.3 不同制氢方式的关键参数敏感性分析

制氢成本的构成是一个复杂的问题，在氢气生产过程中，氢气生产装置的运行时间、原料或电源费用、氢气装置的投资费用是决定氢气生产效率的主要因素。这些因素不仅决定了制氢过程的直接成本，还涉及长期的运营效率和经济效益。在进行敏感性分析时，需考虑到各个参数的不确定性范围，以评估它们对制氢成本的潜在影响。

第一，制氢设备年运行小时数。

在此基础上，通过调节各发电模式年均运行时数的增减，并对各投入因子进行调节，从而揭示发电成本与全年运行时间的相关性。其结果如图 13.8 所示。在这些制氢技术中，可再生能源电解水制氢的成本对年运行时间的增加表现出最为显著的下降趋势。这一现象的根源在于可再生能源发电的年运行小时数相对较低，导致其边际生产成本较低。因此，随着年运行小时数的增加，制氢成本能够迅速降低。

在光伏年运营时间达到 2 000 小时或者风电年运营时间达到 3 000 小时的情况下，风电、光伏和电网用电的成本会趋于相同。与此形成鲜明对比的是，其他氢气生产工艺的费用不会受到年度运营时数的影响。

第二，制氢原料/电力成本。

在氢气生产过程中，由于原材料和电能的比重较大，氢气的价格变化对氢气生产成本的影响也就越大。在中国大宗产品价格变动幅度较大的情况下，分析了各种原材料和发电成本对氢气生产的影响，得出了相应的结论。具体而

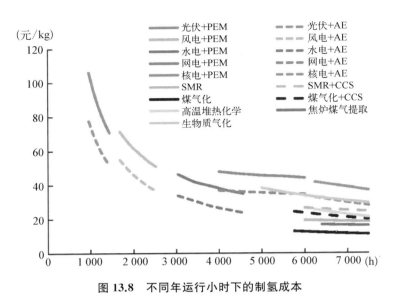

图 13.8　不同年运行小时下的制氢成本

言,各类原材料及电价的变动幅度为:煤(烟煤)500～800 元/吨,天然气 2～3.5 元/立方米,生物质燃料价格在 400～700 元/吨,焦炉煤气价格在 0.4～0.8 元/立方米,电价则在 0.2～0.8 元/千瓦时之间。从这些数据中可以明显看出,蒸汽甲烷重整(SMR)氢气生产对原材料价格变化的反应要比煤制氢气的反应大,而煤价的变化对氢气生产成本的影响不大。哪怕是在煤炭价格居高不下的时候,煤制氢也是最便宜的一种。此外,结合碳捕集与封存(CCS)技术利用矿物资源生产氢气,是一种廉价、低碳的氢气生产技术。在电解水制氢过程中,电力价格的高低直接关系到其生产成本。若能将弃风弃光发电或在低谷期发电,则可节省 30%～40% 的氢气生产成本。根据国家能源局发布的统计数据,2021 年,中国在清洁能源消纳利用方面取得了积极进展。全国风电的平均利用率达到了 96.9%,相较于前一年提升了 0.4 个百分点;光伏发电的利用率则高达 98%,全年弃光电量为 67.8 亿千瓦时,太阳能弃光率保持在 2% 左右,与 2020 年大体相同。尤其是新疆、西藏,光伏发电效率较上年同期提高 2.8%、5.6 个百分点,大幅提升了光伏消纳量。其中,西藏、青海是弃光最严重的地区,弃光比例分别为 19.8%、13.8%。

在华北、西北和东北地区,2021 年的弃风总装机容量为 191.9 亿千瓦时,约为 93.1%,但目前仍存在较大的问题。其中,华北地区弃风高达 97.8 亿千瓦时,弃风比例为 18.4%;西北地区弃风 82.1 亿千瓦时,弃风比例为 31.4%;东北地区弃风 12 亿千瓦时,弃风比例为 6.8%。在风电消纳上,"三北"地区 2021 年风电装机总量为 60.2 亿千瓦时,约为 88.8%,其中风电装机规模最大,华北地区弃光为 12.8 亿千瓦时,弃光比例为 6.8%;西北地区弃光达 46.4 亿千瓦时,弃光比例为 21.5%;东北地区的弃光为 1 兆千瓦时,弃光比例为 1.9%。

这些数据不仅展示了中国在提高清洁能源利用率方面取得的成就,同时也揭示了部分地区在能源消纳方面存在的挑战。特别是在"三北"地区,尽管风电和光伏的消纳情况整体向好,但仍有部分地区的弃风弃光率较高,这提示我们在能源管理和调度上需要进一步优化,以实现更高效、更环保的能源利用(图 13.9)。

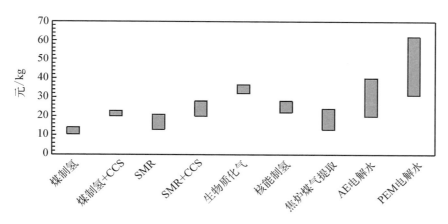

图 13.9 制氢成本随原料/电力成本的变化

第三,制氢设备投资成本。

从图 13.10 可以看出,氢气生产装置的投资费用变化对整个氢气生产成本有很大的影响。尤其是新的氢气生产工艺,其氢气的生产成本严重受到设备投入费用的限制。这主要是因为这些技术目前尚未完全成熟,导致前期的设备投资在总成本中占据了较大比例。在高温热化制氢、生物质气化制氢和 PEM 电解水制氢等工艺过程中,设备投资费用波动对制氢过程的影响尤为明显。

随着工艺水平的提高和氢气产量的增加,氢气的初投资将会大幅减少,从而降低氢气的生产成本。

总体而言,从制氢成本的角度分析,不同工艺路线制备氢气的成本存在较大差异。其中,以矿物为原料制取氢气和工业副产品制取氢气具有价格低廉等优点,而电解水生产氢气由于价格昂贵,目前还不能满足工业化生产需要。特别是,煤炭气化制取氢气(有/没有 CCS)的费用在 11~20 元/千克,工业副产

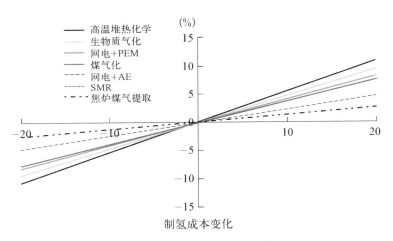

图 13.10 制氢成本随制氢设备投资成本的变化

提氢的成本为 16 元/千克,蒸汽甲烷重整(SMR)制氢的成本在 18~24 元/千克(无/有 CCS),核能制氢的成本在 20~27 元/千克,电网电力电解水制氢的成本在 35~46 元/千克(AE/PEM),可再生能源发电电解水制氢的成本在 28~85 元/千克,而生物质气化制氢的成本为 33 元/千克。在决定制氢成本的关键因素中,原材料成本对于化石燃料制氢、工业副产品制氢以及生物质气化制氢的成本具有尤为突出的影响。而对于电解水法制氢而言,电解槽的成本、电价以及年度的运行时长则是成本的主要影响因素。基于当前的价格和技术水平,若按照每年的实际运行时长来计算,中国采用风能和光伏进行电解水制氢的成本显著高于其他制氢方式。然而,在风能和太阳能资源丰富的地区,由于年度的运行时间得以延长,制氢成本能够降低 20% 以上,从而使得这一成本接近于通过电网进行电解水制氢的成本。

展望未来,降低可再生能源制氢成本的关键在于可再生能源发电的度电成本和电解槽价格的进一步下降。随着技术不断进步和规模化生产的实现,预计这些成本将逐步降低,从而使可再生能源制氢在未来的能源结构中发挥更重要的作用。

13.2.2 电解水制氢成本分析

当前,绿色制氢技术主要基于电解水原理,该过程通过电能将水分子分解为氢气和氧气。电解槽作为电解水制氢的核心组件,依据其所使用的溶液类型,可被划分为三大类别:碱性电解槽(AWE)、质子交换膜电解槽(PEM)以及固体氧化物电解槽(SOEC)。这些技术各有特点,适用于不同的应用需求和场景(具体分类见表13.7)。通过选择适合的电解槽技术,可以提高解水制氢的效率和降低成本,从而促进"绿氢"的规模化和商业化发展。

表13.7 主流电解水技术对比

技　术	碱性电解槽 (AWE)	质子交换膜 电解槽(PEM)	固体氧化物 电解槽(SOEC)
电解质	20%～30%(质量分数)KOH/NaOH	PEM	Y_2O_3/ZrO_2
工作温度/℃	70～90	70～80	600～1 000
电解效率/%	60～75	70～90	85～100
能耗/ $(kWh \cdot Nm^{-3})$	4.5～5.5	3.8～5.0	2.6～3.6
操作特征	启停较快	启停快	启停不便
运维	有腐蚀液体,运维复杂,成本高	运维简单,成本低	实验室研究为主,目前无运维要求
商业特点	技术成熟,商业化程度高,投资少	国外已经商业化,国内小规模应用,投资高	转化效率高,但高温限制材料选择,处于实验室研发阶段,尚未产业化

目前,碱性电解槽(AWE)与质子交换膜电解槽(PEM)技术已被应用于工业规模生产,而固体氧化物电解槽(SOEC)技术仍停留在实验室研发阶段,尚未实现商业化应用,因此,目前尚无法对SOEC的制氢成本进行具体分析。接下来的部分将着重对两种已实现工业化的电解槽技术——AWE与PEM的制氢成本进行量化评估,以在当前的技术经济环境下审视它们的竞争力及未来发展潜力。

13.2.2.1 碱性电解槽

碱性电解水技术目前为制氢工艺中的领先技术,特点包括结构简化、高度安全、维护便捷及经济效益显著,使其在全球范围内被广泛用于多种行业如钢铁、医药、能源存储及食品处理等。该技术的核心组件包括配置有电解质的电极和隔膜,其中隔膜负责将电解槽分割为两部分。在控制电压驱动下,电流穿过电极促进氧和氢的生成,实现水的分解。这些设备通常在70℃~90℃的温度范围内运行,采用KOH或NaOH作为电解介质。隔膜材料主要选用石棉或是高分子复合材质,而电极则以镍为主,确保了超过99%的氢气纯度。此外,为优化转化效率,这类装置在运行中往往采用低电压高电流的方式。这些装置的成本直接与其性能输出相关,产气能力越高的设备价格越昂贵,市场上售价介于一百万至上千万元人民币,其中最高产能设备价格在700万~1 000万元之间,显示出成本与产能成正比的经济规律。根据市场主要碱性电解槽厂家的报价,发现设备的制氢能力与其成本基本呈线性正相关关系,如图13.11所示。

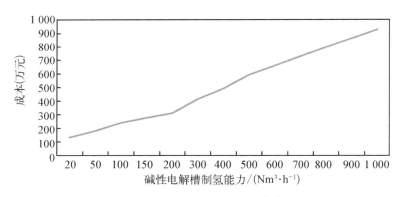

图13.11 碱性电解槽制氢能力与成本的关系

制氢成本通常由固定成本和可变成本两部分构成。固定成本涵盖了设备折旧费用、人工成本以及运行和维护等开支;而可变成本则主要包含了制氢过程中所需的电力消耗和水资源消耗。基于这些要素,我们可以推导出碱性电解槽制氢成本的计算公式:

制氢成本＝电价×单位电耗＋(每年折旧＋每年运维)/每年制氢总量
　　　　＋单位水耗×水价

以方便计算电解水制氢的具体成本为目的,设定假设如下:工业用电价格为0.4元/千瓦时,生产1 m³氢气耗电5千瓦时;每年运行2 000小时,年制氢量达200万Nm³;人工及维护成本合计每年为40万元;1 000 Nm³/h的碱性电解槽成本为 850 万元（除去土地费用），土建及设备安装费用为 150 万元；每生产 1 m³ 氢气需耗用 0.001 吨原料水和 0.001 吨冷却水，水价为 5 元/吨；设备折旧期为 10 年，土建及安装折旧期为 20 年，采用直线折旧法，设备无残值，每年折旧率为 10%，土建和安装折旧率为 5%。分析结果如表 13.8 所示。

表 13.8　碱性电解槽制氢成本分析（元/Nm³）

项目	成本	项目	成本
折旧成本	0.46	电耗成本	2.00
原料成本	0.01	单位体积氢气成本	2.67
人工运维成本	0.20	单位质量氢气成本/(元·kg^{-1})	29.90

表 13.8 显示，现阶段通过电解水提取氢的花费约为每千克 30 元，这比通过天然气或煤的方法（10～15 元/千克）明显更高，缺乏市场竞争力。成本分析指出，电力消耗为主要财务负担，占比达 74%，随后是设备的折旧费，占 18%，这两项费用合计构成了超九成的总成本。考虑到人力及原材料费用为不变开支，降成本策略应着眼于缩减电力及设备折旧开销。鉴于国内电力主要依赖火力发电，使用电网电力的电解水制氢方式的碳排放量高于煤炭及天然气方法，违背了国家的低碳政策方向。因此，建议将电解水技术与光伏及风能等可再生能源相结合，以实施绿色氢生产。依据国家发展改革委《中国 2050 年光伏发展展望（2019）》预测，光伏发电的成本将在 2035 年与 2050 年分别减少 50% 与 70%，预期降至每千瓦时 0.2 元与 0.13 元。

图 13.12 显示，随电价减少，电解水法制氢的花费同步下调，电力消费比重也减少。具体而言，电力费用每降低 0.1 元每千瓦时，氢气生产费用能平均减少 0.5 元/m³。依据光伏能源成本预估，2035 年与 2050 年电力费用可能占成本的 60% 与 49%，氢气生成费用可能降至 1.67 元/m³ 与 1.32 元/m³，较现阶段最低的煤氢费用降低 37% 与 50%。若加上政府补助，电解水制氢的花费有潜力比传统化石能源制氢成本还低。

提高设备运行效率是第二种降低成本的方式。随着氢能源行业的拓展及氢需求增加，若可再生电力存储技术取得新进展，可以通过增加电解单元的操

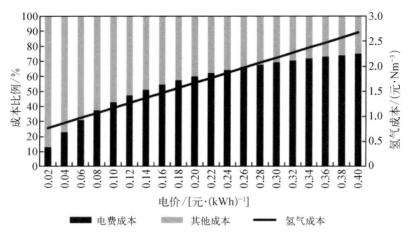

图 13.12　碱性电解槽在不同电价下的制氢成本比例以及氢气成本的变化

作时间来生产更多的绿色氢,这样可以更有效地分摊固定成本。进一步的研究包括在电价每千瓦时为 0.13 元、0.2 元、0.3 元及 0.4 元的条件下,全年运行时间在 2 000~8 000 小时的情况下,探讨制氢成本的变化。

根据图 13.13 的分析可以发现,随电价减少和电解单元运行时长增加,氢气生产的单位成本显著减少。具体来说,当操作时间从 2 000 小时扩展到 8 000 小时,每立方米氢气的成本能够减少超过 30%。预测显示,2030 年和 2050 年的电力费用预计分别为每千瓦时 0.2 元和 0.13 元,操作时间扩展到 4 000 小时和 8 000 小时,氢气成本预期降至 1.34 元/m³ 和 0.83 元/m³。在这种情况下,无须政府补贴,"绿氢"的成本将低至或低于传统氢生产方法。

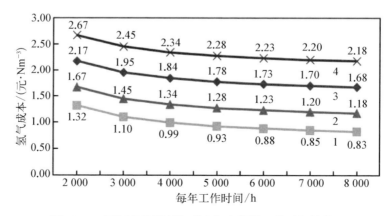

图 13.13　不同条件下制氢成本与电解槽工作时间的关系

此外,减少电解设备的购买成本和提高设备效率是降低成本的另一途径。尽管碱性电解技术已相当成熟,预计未来十年通过继续的技术升级和产能扩充,成本可能降低40%,这将使得具有1 000 Nm³/h产能的电解单元成本可能降至500万元。同时,研发新一代的电极和隔膜材料,改善设备构造,可进一步提升氢气的转化效率并降低生产成本及能耗。

13.2.2.2 质子交换膜电解槽

碱性电解槽虽然在电解水制氢技术中占据主导地位,但由于其启动和调速反应缓慢、与可再生电源不兼容等缺陷,PEM电解槽技术逐渐得到行业重视。PEM技术采用聚合物质子交换膜替换传统碱性电解设备中的隔膜和液体电解质,有效地进行离子传输和气体隔离。PEM设备由膜电极和双极板构成,能在无污染环境下运行,提供更高的氢气纯度和能效,结构更为紧凑,并能灵活应对0~150%的负载变化,非常适合接入不稳定的可再生能源。

对于PEM电解槽成本的评估假设如下:1 000 m³/h产能的PEM设备投资为3 000万元,不包括土地相关费用,而建设和安装则需200万元;每生产1立方米氢气耗用0.001吨水和0.001吨冷却水,水成本为5元/吨;设备和基建的折旧期限分别为10年和20年,无残值,年折旧分别为10%和5%;工业电价设为0.4元/kWh,每立方米氢耗电4.5千瓦时;设备年运行时间为2 000小时,年生产氢200万立方米,人工及维护费用为40万元。PEM设备的高初始成本导致其制氢成本较高,主要是由设备折旧和电力成本驱动,这两项分别占据总成本的44%和50%。为了降低整体成本,可以从两个方面进行优化(见表13.9)。

表13.9 PEM电解槽的制氢成本分析(元/Nm³)

项 目	成本	项 目	成本
折旧成本	1.55	电耗成本	1.80
原料成本	0.01	单位体积氢气成本	3.56
人工运维成本	0.20	单位质量氢气成本/(元·kg^{-1})	39.87

图 13.14 展示了随着电力成本的减少,其在总成本中的占比逐渐下降,同时氢气成本也呈现下降趋势。具体而言,当电费分别为 0.13 美元/千瓦时和 0.2 美元/千瓦时时,对应的氢气成本分别为 2.4 美元/立方米和 2.71 美元/立方米,此时电力成本占总成本的比例分别为 24% 和 33%。然而,与碱性电解槽制氢的成本相比,这一成本水平仍存在一定差距,这主要是由于 PEM 电解槽的成本过高,导致其折旧费用也相对较高。通过对过去几十年 PEM 电解槽成本的分析,我们发现 PEM 电解槽的平均学习率为 13%。据此预测,到 2030 年,1 000 Nm³/h PEM 电解槽的价格将降至 1 500 万元,而到 2050 年,这一价格有望进一步降低至约 500 万元。

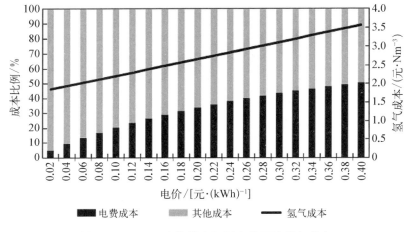

图 13.14　PEM 电解槽在不同电价下的制氢成本比例以及氢气成本的变化

对图 13.15 的数据分析,可以观察到随着 PEM 电解槽价格的逐步下降,与之相关的氢气制造成本以及设备折旧所占的比率也相应下降。预测表明,到 2030 年与 2050 年,PEM 电解槽可能的采购成本将分别降至 1 600 万元与 500 万元人民币,这期间氢的单价可能达到每立方米 2.86 元和 2.31 元,而折旧成本所占比重则可能分别是 30% 与 13%。这表明尽管成本有所降低,与传统碱性电解技术相比,PEM 电解槽在成本竞争力上还是处于劣势。进一步分析不同电价与槽成本配置下的影响,如电价 0.4 元/kWh 配合 3 000 万元槽成本等情况下,运行时间如何作用于氢气成本,具体见图 13.16。

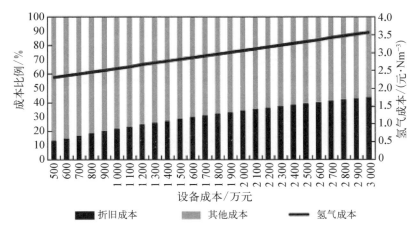

图 13.15　PEM 电解槽在不同设备成本下的制氢成本比例以及氢气成本变化

根据图 13.16 可知，随电价下调，延长电解工期带来氢气产量提升，从而实现了生产成本的显著降低。在固定和能源成本较高的情况下，此趋势更为明显。在 2030 年及 2050 年的预测中，电费预期将调至 0.2 元/kWh 和 0.13 元/kWh，操作时长也将增至 4 000 小时/年和 8 000 小时/年。在这种情况下，PEM 电解技术的资金投入分别降到 1 500 万元和 500 万元，进而使得氢气的单位成本降到 1.41 元/m^3 和 0.72 元/m^3。虽然目前与传统的碱性电解技术相比成本较高，但预计 PEM 电解技术的成本在未来将逐渐优于碱性电解，并有望在 2040 年之后达到低于传统化石燃料氢气的成本水平。此外，PEM 电解技术由于其紧凑的设计，尤其在土地成本高昂的地区具有显著优势，结合其高效率和低能耗特性，未来 PEM 电解技术将成为制氢的主流方法。

绿色氢气的生产成本对于氢能产业未来的扩展具有举足轻重的作用。准确预测成本趋势能够有效减少氢能项目投资中的不确定性，进而推动项目扩张，加速产业增长。国际氢能联盟（IHEA）的一项研究表明，加速氢能项目的设计进程能够迅速削减整个氢能产业链的成本，这预示着氢能在众多领域具有巨大的应用潜力。预计到 2030 年，氢能将在 22 个主要的终端领域中成为高性能且低碳的解决方案。在过去十年间，得益于可再生电力成本的降低和电解槽价格的下降，绿色氢能的成本已经大幅降低了 60%，从 2010 年的每千克 10～15 美元减少到 2020 年的每千克 4～6 美元。研究显示，可再生能源和电解槽投资成本的下降趋势可以通过学习曲线进行预测。事实上，自 2010 年以来，光

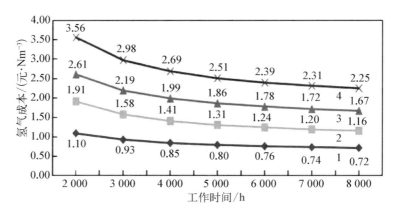

图 13.16 不同条件下制氢成本与电解槽工作时间的关系

伏发电和陆上风力发电的成本一直在稳定地下降。全球范围内光伏发电和陆上风力发电的成本分别实现了 85% 和 56% 的显著下降。与此同时,电解系统的成本也降低了 60%,其学习率约为 10%～20%。有科学家预测,随着技术的持续进步,电解槽成本的降低速度将会加快,这意味着未来绿色氢气的生产成本有望实现迅速下降。

13.2.3 新能源风光发电制氢成本动态测算

新能源发电制氢技术不断成熟,制氢成本直接影响氢能产业商业化推广与应用。针对电解水制氢技术方案投入与运营成本变化,目前基于新能源产业风光发电成本视角不同学者已经构建了碱性(ALK)电解槽＋风电、质子交换膜(PEM)电解槽＋风电、碱性(ALK)电解槽＋光伏发电、质子交换膜(PEM)电解槽＋光伏发电 4 种电解水制氢组合方案的成本动态测算模型。

目前,碱性电解池(ALK)、质子膜(PEM)电解池已步入商用,而 SOFC 电解制氢仍处在实验阶段。新能源生产氢气的成本研究通常是以特定的工程为基础进行的。考虑到风光资源的分布状况,以及各个工程的技术工艺、经营和管理费用等方面的巨大差别,利用基于工程数据进行的发电/制氢成本很难反映出整个行业或者全国的成本,因此,利用具有行业代表性的上市公司的年成本数据来对发电成本进行全面的估计,更加具有借鉴意义。针对目前氢气生产评价方法的研究现状,为消除个体差异,需要将氢气生产成本从单个项目的分析扩展到全行业的角度;同时,考虑到发电—氢气的集成利用,电解水的成本也趋向于直接利用风电和光伏发电的发电成本。

13.2.3.1 风电和光伏发电的成本估算

孙旭东等针对不同的新能源和电解池的技术组合,从风光发电—制氢集成的角度出发,以上市公司的数据为基础,对行业的发电成本进行全面的估计,并将其与电解池的技术投入进行动态拟合,构建我国风电和光伏发电的年度成本预测模型。根据他们的计算结果可知:

2017—2020年,风力发电成本不断降低,风力发电成本从0.205元/度下降到0.194元/度,太阳能电池的成本从0.322元/度降至0.268元/度。在发电成本方面,风力发电和光伏发电行业的规模、集中度以及企业间的技术、资源和经营状况差异显著。如2020年光伏发电的总规模不到风电的30%。在风力发电领域,前五大企业的发电总量为480.31亿kWh,占19家风电企业总发电量的59.43%;而在光伏发电领域,前五大企业的发电总量为182.03亿kWh,占17家光伏企业总发电量的80.12%。总体来看,在这段时间里,风力发电产业的各个公司之间的发电费用差距很小,比光伏产业要好,其计算结果之间的差距大约是0.12元,而光伏产业的差距在0.28元以上(表13.10、图13.17)。

13.2.3.2 电解水技术的制氢成本构成

为了精确体现风力发电与光伏发电在集成制氢过程中的实际成本情况,我们采纳了图13.18中所示的风力与光伏发电成本作为制氢联产的投入基准,并据此计算了2017—2020年中国采用ALK与PEM电解槽技术制氢的成本演变。从成本发展趋势来看,得益于电解槽技术的持续进步、生产工艺的不断优化以及新能源发电成本的逐步削减,制氢成本呈现出稳步下降的趋势。具体而言,ALK风电制氢的成本从2017年的20.80元/千克降低至2020年的17.90元/千克,实现了13.94%的降幅;而PEM风电制氢的成本下降更为显著,从2017年的39.99元/千克减至2020年的28.27元/千克,降幅高达29.31%。在同一时期内,ALK与PEM光伏制氢的成本也分别下降了19.55%和31.03%。然而,需要注意的是,由于光伏发电的生产成本相较于风力发电更高,因此,光伏制氢的生产成本依然高于风力发电制氢。以2020年的数据为例,采用光伏技术制氢的成本相较于风电制氢技术,每千克要高出大约4元。

表 13.10　20 MW 电解装置技术参数估算

参　数	ALK 电解装置				PEM 电解装置			
	2017	2018	2019	2020	2025	2017	2018	2019	2020	2025
制氢电耗(kWh·kg^{-1})	51.00	50.36	49.99	49.73	49.00	58.00	56.04	54.92	54.14	52.00
电池组使用寿命/h	80 000	83 028	84 853	86 171	90 000	40 000	42 917	44 721	46 047	50 000
电解装置总系统成本/(元·kW^{-1})	5 716.22	5 083.34	4 634.70	4 453.05	3 776.77	9 145.95	7 898.84	7 079.65	6 720.05	5 507.79
电解装置运维成本(初始成本取电解装置总系统成本的2%)/(元·kW^{-1})	15.00	13.03	12.00	11.32	9.60	24.00	20.25	18.33	17.08	14.00
电池组更换成本(元·kW^{-1})	2 591.35	2 295.70	2 088.47	2 003.42	1 691.68	3 201.08	2 633.39	2 294.02	2 134.03	1 652.34

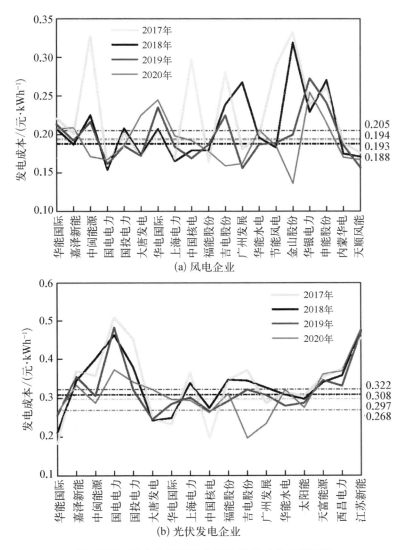

图 13.17 风电和光伏发电产业发电成本估算结果

从成本结构分析来看,在 ALK 风力制氢方案中,电力消耗构成了 2020 年总成本的最大部分,占比高达 54.04%,紧随其后的是电解装置投资成本(约 14.36%)、储氢成本(约 12.53%)、电池维护更换成本(6.76%)以及电解装置运营成本(6.00%)。转向风力发电驱动的 PEM 制氢方案,虽然 2017 年电解装置投资成本占据主导地位,但从 2018 年起,电力消耗成本取而代之成为主要开

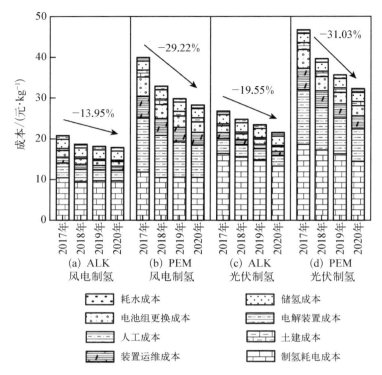

图 13.18　2017—2020 年 ALK 和 PEM 制氢成本构成

销。至 2020 年,电力消耗成本占比 37.25%,电解装置投资成本降至 27.95%,之后依次为电解装置运营成本(11.18%)、电池更换成本(8.88%)和储氢成本(7.94%)。在 ALK-PV 制氢方案中,电力消耗成本占比高达 61.80%,而电解装置投资成本仅占 11.93%。至于 PEM-PV 制氢方案,从 2017 年至 2020 年,电力消耗成本始终高于电解装置投资成本,且到 2020 年,电力消耗成本的比例将进一步提升至 44.97%,而电解装置投资成本则达到了 24.51%,这一成本结构与 PEM 风电制氢方案相比呈现出显著差异。总体而言,ALK 制氢方案的主要开支集中在电力消耗上,而对于 PEM 制氢而言,其成本则由电力消耗与电解装置投资成本两部分共同构成。

13.2.3.3　多情景制氢工艺成本比较

四种电解水制氢方案均使用发电成本电价,即在制氢项目具备自备电源的条件下,从发电—制氢一体化的视角进行直接成本估算。然而在可再生能源面临消纳困难、发电供应不足或不具备自备电源的情况下，可能需要使用上网电价。当前我国各地区和不同时段的上网电价差异显著。为便于比较，采用加权平均法计算了波峰、波谷和平段三个阶段的全国平均电价及相应的制氢成本，上网电价依据全国各省市的一般工商业峰谷电价（10 kV 电压等级），2020 年不同时段的电价下制氢成本如表 13.11 所示。

表 13.11　2020 年不同时段上网电价（电解水制氢耗电成本）

时段	平均电价及范围/ （元·kWh^{-1}）	ALK 电解水制氢成本/ （元·kg^{-1}）	PEM 电解水制氢成本/ （元·kg^{-1}）
峰电	0.974 (0.619～1.144 3)	56.67 (39.05～79.99)	70.47 (51.30～95.86)
平电	0.626 (0.413～0.796)	39.36 (28.77～53.88)	51.62 (40.10～67.43)
谷电	0.318 (0.207～0.440)	24.04 (17.68～30.11)	34.96 (28.02～41.56)

研究表明，采用 ALK 技术利用低谷时段电力制氢展现了一定的成本效益。特别是在云南、青海和新疆等地区，其制氢成本能够降低至约 18 元/千克，稍低于采用 ALK 技术以风电制氢的成本。综合来看，ALK 低谷电力制氢的平均成本为 24.04 元/千克，这一数值略高于利用 ALK 技术结合光伏发电制氢的成本。相比之下，非低谷时段的电价以及采用 PEM 技术制氢的成本，在经济性方面并不具备竞争优势。

依据各种制氢技术的单位成本，我们可以将其划分为三个成本区间。在第一区间内，成本低于 25 元/千克，其中煤制氢以其 9.04 元/千克的极低成本脱颖而出，成为成本效益最高的成熟工艺。这一低成本主要得益于其原材料（假定煤炭价格为 600 元/吨）占比高达约 75%。此外，利用工业副产品如焦炉煤气生产氢气的成本为 12.39 元/千克（假设焦炉煤气价格为 0.5 元/立方米），其中原材料成本占比约 80%，同样是一项成熟的技术。天然气制氢的成本为 13.48 元/千克（假定天然气价格为 2.5 元/立方米），原材料成本占比也接近 80%。值得注意的是，煤制氢结合碳捕集与封存（CCS）技术的成本，与传统煤制氢相比增加了 5～8 元/千克，与碱性电解水（ALK）风电制氢的成本相近。

而甲醇制氢的成本为22.39元/千克,其中原料成本为17.74元/千克(假定甲醇价格为2.2元/千克),这一成本与煤制氢相当。

在第二个成本区间内,单位成本介于25~50美元/千克,具体排序为:风能驱动的质子交换膜(PEM)制氢、光伏驱动的PEM制氢、低谷时段电力驱动的PEM制氢以及恒定输出模式下的碱性水电解(ALK)制氢。进入第三个区间,即成本超过50美元/千克的范畴,无论是处于恒定功率状态还是峰值功率状态,采用ALK或PEM技术进行制氢均不再具备经济可行性。

13.2.4 国内外"绿氢"示范项目模式分析

目前,国内外已开展多种类型的绿色氢能示范项目,主要可分为三类:电力侧或微网侧的电氢耦合项目、新能源基地的规模化制氢及综合利用项目以及氢能灵活调节应用项目。

13.2.4.1 配用电侧/微网侧电氢耦合项目

配电侧或微网侧的电氢耦合项目的主要特点是通过氢电耦合技术实现制氢、储氢和用氢的全过程示范。这类项目的电氢耦合模式大致相同,氢能流程包括电解水制氢、储氢罐储存以及为氢燃料电池汽车和燃料电池发电提供氢气;电能流程则涉及可再生能源发电和氢燃料电池发电,电力用于电化学储能、质子交换膜电解水制氢和电动汽车快速充电。具体设备容量参数详见图13.19及表13.12。

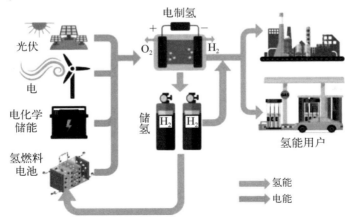

图13.19 配用电侧/微网侧电氢耦合项目示意图

表 13.12　代表性配用电侧/微网侧电氢耦合项目具体参数

项　　目	制　　氢	储　　氢	用　　氢
宁波慈溪氢电耦合直流微网示范工程	PEM 电解水制氢功率为 400 kW 氢产能≥6×10⁵ Nm³/a	储氢罐	10 辆氢燃料电池车、240 kW 氢燃料电池
杭州亚运低碳氢能示范工程	碱性电解水氢产能为 200 Nm³/h	储氢罐	燃料电池发电、氢燃料电池车
台州大陈岛氢利用示范工程	PEM 电解水制氢功率为 100 kW	储氢容量 200 Nm³	氢燃料电池热电联供 100 kW、氢燃料电池车
丽水缙云水光氢生物质零碳能源示范项目	水电解制氢	储氢罐	燃料电池、氢能叉车及天然气提纯

每个项目都各具特色。如：宁波慈溪氢电耦合直流微电网示范工程是我国首个±10 千伏直流互联系统，实现了电—氢—热耦合，充分利用燃料电池发电产生的热量供热，作为杭州亚运会低碳氢能示范项目的一部分，建立了柔性直流配电网，并与格力电器合作就直流充电、空调变频等近用户技术应用进行了深入研究；丽水缙云水光氢生物质零碳能源示范项目通过电网电制氢，氢气应用场景更加多样，包括利用绿色氢气"提纯"沼气、制备沼气等。

13.2.4.2　新能源基地规模化制氢与利用项目

新能源基地所开展的大型制氢及全球氢能应用项目，其核心特征在于其制氢规模庞大且氢能应用途径多样。这些项目普遍坐落于风能、太阳能及水能充沛的地域，结构上主要包含三大核心组件：风力或光伏发电系统、电解水制氢装置以及氢气应用设施，见图 13.20，具体参数详见表 13.13。

甘肃"液态太阳能燃料合成示范项目"是中国首个国家级太阳能燃料生产示范项目。该项目利用光伏板电解水制氢，然后在催化剂的作用下与气化的二氧化碳反应合成甲醇，作为低碳交通燃料。中石化新疆库车绿色制氢示范项目是世界上最大的光伏绿色制氢项目，目前正在建设中。生产出的绿色氢气将供应给中国石化塔河炼油化工厂，为绿色氢气和炼油化工行业引入了新的发展模式。宝丰能源太阳能电解水一体化制氢项目将为加氢站提供氢气，为化工系统提供氢源,支持聚乙烯、聚丙烯等数百种优质化工产品的生产。该项目还与现代煤化工产业合作,促进新型优质化工材料的研发和使用。

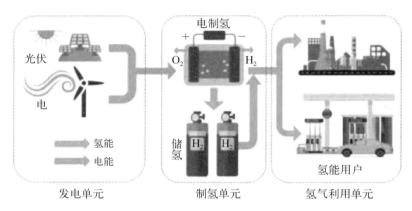

图 13.20　新能源基地规模化制氢与利用项目示意图

表 13.13　代表性新能源基地规模化制氢与利用项目具体参数

项　　目	发　　电	制　　氢	用　　氢
甘肃液态太阳燃料合成示范项目	10 MW 光伏	电催化分解水制氢单套电解槽 1 000 Nm^3/h	二氧化碳催化加氢制甲醇
新疆阿克苏库车电制氢项目	300 MW 光伏	碱性电解水制氢 氢产能 $2×10^4$ t/a	供给炼化厂
宁夏宝丰能源太阳能电解制氢储能及综合应用示范项目	200 MW 光伏	碱性电解水制氢 氢产能 $2×10^4$ Nm^3/h	供给煤化工生产系统

13.2.4.3　氢能灵活调节项目

氢能灵活调节项目的核心特点是将氢能视为电力系统中的可调节资源。首先,电制氢装置能够直接跟踪新能源的波动出力,有助于实现当地可再生能源的消纳。其次,当新能源出力不足或电力供应紧张时,电制氢装置可以与储氢和燃氢发电系统配合,提供必要的发电支持,以确保新型电力系统在各个时段的电力供应保持平衡(见图 13.21)。

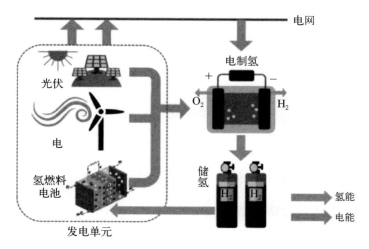

图 13.21 氢能灵活调节项目示意图

目前,此类项目的数量还相对较少。位于安徽省六安市的兆瓦级全球氢能利用项目是电网领域首个兆瓦级 PEM 制氢示范项目。在该项目中,电制氢装置作为可控负荷,能够将多余的电能转化为氢气储存起来,并与兆瓦级燃料电池电站配合,实现"削峰填谷"的目标。在德国美因茨的项目中,氢能发电厂与中压电网和周围的四个风电场相连。当可再生能源发电在现货市场上的价格较低时,系统会判断风力发电"过剩",并启动氢气发电机,而风力涡轮机则在其余时间并入电网。

13.2.4.4 "绿氢"典型项目的制氢成本

根据公开信息,可得商业化投产项目的制氢成本对比如表 13.14 所示:

表 13.14 商业化投产项目制氢成本

项 目	投产时间	单位制氢成本（元/kg^{-1}）
宁夏宝丰能源光伏发电电解水制氢示范项目	2021 年	14.91
新疆库车光伏发电"绿氢"示范项目	2022 年	12.95
河北建投风电制氢项目	2022 年	30.00

13.2.5　国内"绿氢"新疆库车示范项目模式分析

13.2.5.1　新疆水能源总量

2021年,全疆水资源总量为809.04亿m^3,这是通过以下计算得出的:全疆年降水量为2 638亿m^3,地表水资源量达767.8亿m^3,地下水资源量有434.15亿m^3,不过要扣除地下水资源与地表水资源重复计算量392.91亿m^3。平均产水系数0.31,平均产水模数4.96万m^3/km^2(见表13.15)。

表 13.15　2021年新疆行政分区水资源总量表(单位:亿m^3)

行政区名称	年降水量	地表水资源量	地下水资源量	重复计算量	水资源总量
乌鲁木齐市	28.12	10.43	5.71	4.736	11.41
克拉玛依市	6.80	0.04	2.06	1.686	0.41
吐鲁番市	30.00	5.03	5.56	4.105	6.48
哈密市	107.91	10.57	7.49	5.501	12.56
昌吉州	128.55	25.43	17.72	14.58	28.57
博州	58.40	22.72	13.83	11.95	24.59
巴州	397.91	114.87	65.45	61.84	118.48
阿克苏地区	220.50	70.61	71.92	64.24	78.29
克州	171.20	51.48	18.81	17.14	53.15
喀什地区	266.13	74.53	47.99	45.49	77.03
和田地区	437.34	108.22	45.59	41.65	112.17
伊犁州	785.59	273.87	132.03	119.99	285.9
全疆	2 638.45	767.80	434.15	392.91	809.04

2021年,全疆总供水量571.4亿m^3。供水量中,地表供水量420.07亿m^3,地下水供水量147.12亿m^3,其他水源利用量4.18亿m^3。2021年全疆用水总量为

571.4 亿 m^3，其中生产用水 540.8 亿 m^3，生活用水 16.21 亿 m^3，生态环境补水量 14.38 亿 m^3。在生产用水中一产用水 526.78 亿 m^3，其中灌溉用水 522.8 亿 m^3，鱼塘补水 1.77 亿 m^3，牲畜用水 2.154 亿 m^3；二产用水 11.97 亿 m^3，其中工业用水 11.25 亿 m^3，建筑用水 0.72 亿 m^3；三产即服务业用水为 2.049 亿 m^3。

库车市，新疆维吾尔自治区阿克苏地区辖县级市，位于天山南麓中部、塔里木盆地北缘，地形北高南低，自西北向东南倾斜，热量丰富，气候燥，降水稀少，夏季炎热，冬季冷，总面积 15 200 平方千米（2023 年），辖 9 镇、5 乡、4 个街道。截至 2022 年末，库车户籍人口 486 666 人。库车地区的水价如下：居民生活用水 2.80 元/立方米，行政事业用水 3.90 元/立方米，工商业用水 4.10 元/立方米，宾馆、饭店、餐饮业等用水 4.60 元/立方米，洗浴业用水 60 元/立方米，洗车业、纯净水用水 40 元/立方米，农赔水 0.60 元/立方米。

首先，库车氢能项目位于阿克苏地区，从整个新疆地区来看，该地区属于水资源较为丰富的地区，2021 年达到 78.29 亿立方米。实际上，新疆虽然面临水资源短缺的问题，但它的氢能项目研发可能不会直接依赖于当地的水资源。氢能项目主要涉及氢能源的生产、存储和利用，而水资源主要与氢能源的生产环节相关。在氢能项目中，通常使用的是电解水法，通过电解水分解水分子，产生氢气和氧气。这意味着水资源的消耗是很低的，因为水电解过程中，水分子只是被分解并且随后再生产出来，没有真正的消耗。

所以，即使在水资源短缺的情况下，新疆仍然可以供给氢能项目的研发，因为水资源的需求相对较小且可以循环利用（见表 13.16）。

表 13.16　2022 年省级行政区（未含港、澳、台地区）水资源总量

省级行政区	降水量/mm	地表水资源量/亿 m^3	地下水资源量/亿 m^3	地下水与地表水资源水重复量/亿 m^3	水资源总量/亿 m^3
全　国	631.5	25 984.4	7 924.4	1 103.7	27 088.1
北　京	482.1	7.4	26.8	16.4	23.7
天　津	584.7	11.0	6.8	5.6	16.6
河　北	508.1	88.5	152.8	99.5	188.0

续 表

省级行政区	降水量/mm	地表水资源量/亿 m³	地下水资源量/亿 m³	地下水与地表水资源水重复量/亿 m³	水资源总量/亿 m³
山　西	592.5	108.2	112.6	45.3	153.5
内蒙古	271.8	365.9	223.1	143.3	509.2
辽　宁	914.6	513.8	154.3	47.9	561.7
吉　林	820.7	625.2	192.6	79.9	705.1
黑龙江	578.8	771.4	307.1	147.0	918.5
上　海	1 072.8	27.6	8.4	5.5	33.1
江　苏	813.3	142.5	102.7	50.4	192.8
浙　江	1 567.0	918.0	208.3	16.3	934.3
安　徽	979.8	476.7	159.0	68.5	545.2
福　建	1 712.4	1 173.1	303.7	1.6	1 174.7
江　西	1 599.3	1 533.6	363.7	22.6	1 556.2
山　东	878.0	391.1	225.4	117.9	508.9
河　南	621.7	172.2	140.4	77.2	249.4
湖　北	987.2	690.1	258.1	24.2	714.2
湖　南	1 305.3	1 677.2	416.2	6.6	1 683.8
广　东	2 114.3	2 213.3	546.2	10.3	2 223.6
广　西	1 696.7	2 207.6	436.9	0.9	2 208.5
海　南	2 068.6	356.1	100.3	7.7	363.8
重　庆	945.2	373.5	82.6	0.0	373.5
四　川	842.7	2 207.8	547.2	1.4	2 209.2
贵　州	1 016.6	912.4	246.5	0.0	912.4

续 表

省级行政区	降水量/mm	地表水资源量/亿 m³	地下水资源量/亿 m³	地下水与地表水资源水重复量/亿 m³	水资源总量/亿 m³
云 南	1 173.8	1 742.8	602.6	0.0	1 742.8
西 藏	538.7	4 139.7	928.1	0.0	4 139.7
陕 西	671.1	330.6	139.9	35.1	365.8
甘 肃	253.6	221.6	112.7	9.4	231.0
青 海	341.1	707.5	319.8	18.2	725.7
宁 夏	253.7	7.1	15.3	1.8	8.9
新 疆	141.3	871.0	484.3	43.1	914.1

从图13.22、图13.23中可以看出,新疆地区的供水量位列全国第二,且主要为农业用水。通常水价是由多个因素决定的,包括水资源供求情况、水处理成本、管网建设和维护成本、政府政策等。新疆的水价可能受到该地区的自然条件、人口密度、经济发展状况、政府政策等方面的因素影响。根据2023年国

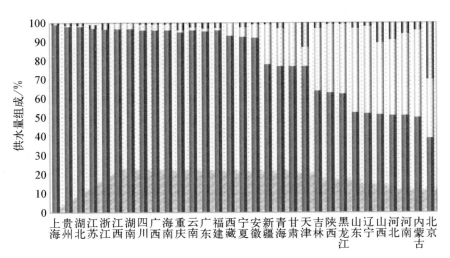

图13.22　2022年省级行政区(未含港、澳、台地区)供水量组成

家水费收取标准规定介绍,不同用途的水费收取标准是不相同的,而且目前实行的是阶梯水费,一般情况下,水费分为居民生活用水、非居民生活用水、特种行业用水。事实上,国家规定的水费价格如下:首先是居民生活用水 2.80 元/立方米;其次是行政事业用水 3.90 元/立方米;然后是工商业用水 4.10 元/立方米;再是宾馆、饭店、餐饮业等用水 4.60 元/立方米;然后是洗浴业用水 60 元/立方米;然后是洗车业、纯净水用水 40 元/立方米;最后是农赔水 0.60 元/立方米。

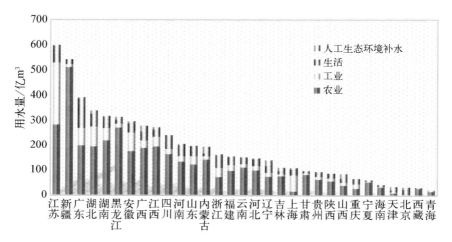

图 13.23　2022 年省级行政区(未含港、澳、台地区)用水量组成

数据来源:《2022 年中国水资源公报》

库车市现行有居民生活用水、工业与建筑业用水、商业和服务业用水、特殊行业用水、绿化环卫消防用水共五种用水类型,现简化为居民生活用水、非居民生活用水、特种用水和其他用水四类。库车市的供水价格为居民生活用水 1.73 元/m^3;行政事业、工业、建筑业、商业、服务业用水合并为非居民生活用水(行政事业用水 2.16 元/m^3;工业、建筑业用水 2.16 元/m^3;商业、服务业用水 2.16 元/m^3);特种用水 9.00 元/m^3;其他用水执行现行价格 0.58 元/m^3。虽然新疆库车地区水资源相对于全国别的地区水资源并不丰富,但是其工业用水的价格仅仅为 2.16 元/m^3。

13.2.5.2　新疆与全国电价对比

全国范围内,新疆的电价相对较低(见表 13.17),主要由以下几个原因导致：一是丰富的能源资源。新疆拥有丰富的煤炭、天然气和风能等能源资源，特别是在风能资源方面，新疆是中国最大的风能发电基地之一，这使得新疆可以低成本地生产电力，从而降低了电价。二是充裕的电力供应。由于新疆拥有大量的能源资源，该地区的发电容量相对较高。能源供应的充足意味着电力供应的稳定，减少了供需之间的紧张程度，并对电价造成了一定的压制作用。三是区域发展政策。为促进新疆经济的发展，政府采取了一系列的扶持政策，包括在电力方面给予一定的补贴和优惠。这些政策措施在一定程度上缓解了新疆的电力成本，从而降低了电价。

需要注意的是，随着能源结构调整和环境保护的要求日益加强，新疆未来的电价可能会受到一定的影响。政府可能会推动清洁能源的发展并限制对高耗能、高排放的能源形式的使用，这可能导致电价的上涨。因此，电价的具体水平将受到诸多因素的综合影响。

表13.17　2023年9月部分省级行政区分时电价表（单位：元/kWh）

地　区	尖峰时段	高峰时段	平时段	低谷时段
山　东	1.264	1.115	0.766	0.417
海　南		1.429	0.878	0.406
青　海	0.818	0.686	0.504	0.322
辽　宁	1.324	1.070	0.731	0.393
宁　夏		0.667	0.496	0.375
黑龙江	1.358	1.138	0.773	0.408
吉　林		1.213	0.832	0.450
河　北	1.006	0.882	0.627	0.372
安　徽	1.232	1.166	0.710	0.332
江　西	1.267	1.065	0.728	0.391
湖　北	1.322	1.102	0.779	0.386
贵　州		0.931	0.592	0.252

续 表

地 区	尖峰时段	高峰时段	平时段	低谷时段
云 南		0.065 6	0.458	0.261
甘 肃		0.683	0.621	0.559
新 疆		0.602	0.435	0.269
天 津		1.190	0.828	0.437
福 建	1.096	1.005	0.732	0.459
河 南		1.127	0.712	0.329
山 西		0.783	0.568	0.371
浙 江	1.418	1.058	0.820	0.443
北 京		1.178	0.885	0.620
陕 西		0.950	0.647	0.343
江 苏		1.274	0.762	0.344
广 西		1.070	0.862	0.655
广 东	1.746	1.402	0.836	0.335
上 海		0.996	0.835	0.472
四 川		1.033	0.661	0.288
重 庆		1.140	0.729	0.304
湖 南	1.592	1.334	0.852	0.368

13.2.5.3 新疆库车"绿氢"项目模式分析

氢能,是氢和氧进行化学反应释放出的化学能,是一种二次清洁能源,具有燃烧热值高的特点。新疆的光照资源丰富,年日照时间为 2 550～3 500 小时,具有发展光伏发电的天然优势。

2021 年,中国石化在新疆库车地区启动并建设了我国首个规模达到万吨级的光伏"绿氢"示范项目,该项目全面覆盖了从光伏发电到"绿氢"的最终利用的全过程,具体包括光伏发电、电力输送与变换、电解水制氢、氢气储存以及氢气输送五大核心环节。项目亮点包括:一座装机容量300兆瓦、年发电量约为6.18亿千瓦时的光伏电站,一座年产能2万吨的电解水制氢设施,一个储氢能力约210万立方米(标准状态)的储氢球罐系统,一条输氢能力达到28万立方米/小时的氢气输送管道。整个示范项目占地广阔,超过9 700亩,安装了超过50万块光伏板,这些光伏板在阳光照射下能够产生电流,通过精确计算光伏组件的最佳安装角度使全年太阳辐射接收量达到最大化,并采用双玻璃面板设计提升太阳光利用率,年发电量接近6亿度,日均发电量达到159万千瓦时。产生的电能随后通过一条长达23.7千米的输电线路被输送到"绿氢"工厂。在制氢车间内,52台电解槽利用这些绿色电能将碱液电解成氢气和氧气。经过提纯后的氢气被安全地储存到10个大型球形储罐中。值得一提的是,库车项目还采用了我国自主研发的"绿氢"生产智能管理系统,实现了生产过程的"智能排产"与"荷随源动",即根据电源情况灵活调整生产负荷,确保高效智能生产。此外,项目中的所有重大装备及核心材料均实现了国产化,展示了我国在"绿氢"生产领域的自主创新能力。

2022年,全国风电与光伏发电的年度发电量成功超越了1万亿千瓦时大关,占据全社会用电总量13.8%的份额。展望"十四五"规划期间,"三北"(即东北、华北、西北)区域的风电与光伏预计装机容量将达到惊人的6亿千瓦,为推进风光氢储(即风能、光能、氢能、储能)一体化发展奠定了坚实基础。从长远的低碳转型规划来看,中国电力行业若要实现1.5℃温控目标下的长期转型路径,自2020—2050年间,风能与太阳能发电的合计扩张速率需维持在每年166 GW的水平。就风电而言,内蒙古、新疆以及东北三省凭借其丰富的风力资源,成为风电机组的主要布局区域。预计到2050年,这三个地区的风电装机容量将分别跃升至当前水平的54倍、20倍及13倍。构建"电—氢"耦合体系与"风光氢储"一体化的发展模式,不仅能有效增强电力系统的稳定性,还能促使绿色能源以氢能的形式拓展至更多行业领域。特别是通过可再生能源制取的绿色氢气,可以替代工业领域内传统的化石能源制氢方式,进而推动冶金技术的进步,并为建筑、交通等领域提供减排的新途径。

中国石化在新疆库车实施的"绿氢"示范项目,凭借其四大显著优势——资源禀赋丰富、生产流程绿色低碳、规模化应用以及技术创新突破,成为首个完整覆盖从风光发电、绿色电力输送、绿电制氢、氢气储存与输送，直至"绿氢"炼化等全链条"绿氢"生产与应用流程的标志性示范工程。该项目的成功投产，将开创"绿氢"在炼化领域应用的新纪元，对引领炼化行业大规模采纳"绿氢"以实现碳减排目标具有深远且重大的示范效应。此外，该项目在装备国产化方面取得了重要进展，所有关键设备如光伏组件、电解水制氢的核心电解槽、储氢罐以及输氢管线等，均实现了国内自主研发与生产，这对于加速推动国内制氢设备产业的蓬勃发展具有不可估量的意义。

13.3 金融支持"绿氢"产业突破的策略与路径

第一，鉴于氢能等绿色产业展现出巨大的发展潜力，我国应借鉴国际在"绿氢"产业领域的政策措施，适度增强财政扶持力度。具体措施包括：扩大中央预算对氢能领域的投资，特别加强对西部地区等财政资源匮乏地区的定向援助；整合国家与地方财政资源，灵活运用补贴、贴息、税收优惠、政府采购等手段，对制氢、储氢、运输及应用等关键环节中的核心领域提供资金支持；同时，加大政府产业投资基金和政策性担保对氢能产业链各环节的倾斜，利用杠杆效应吸引社会资本投入。此外，需强化战略规划，确保产业链各环节均衡发展，预防产能过剩风险。

第二，推动碳市场交易以促进氢能产业进步。随着2023年全国碳排放权交易市场的重启及新碳减排方法学的征集，特别是北京已发布的《氢燃料电池汽车碳减排方法学》有望纳入全国碳市场，以及"绿氢"在化工、冶金等领域的应用，天然气掺氢、氢燃料电池船舶和飞机等领域的碳减排方法学开发也具备进入全国碳市场潜力。随着氢能应用的多元化融入碳市场，金融机构将能围绕核证自愿减排量开发多样化的金融产品，如收益权质押贷款、资产证券化、碳减排配额保险等。

第三，构建全面的绿色金融服务体系，并在绿色产业目录中纳入"绿氢"全产业链。2023年3月，国家发展改革委修订并发布了《绿色产业指导目录》的征求意见稿，新增了氢能全产业链装备制造、基础设施建设及运营等内容，这对氢能产业是重大利好（表13.18）。新版目录的实施将使"绿氢"全产业链同时契合绿色低碳发展、战略性新兴产业两大国家战略，并与乡村振兴、西部开发等国家规划相衔接,成为金融支持的重点领域。在资本市场方面,应积极鼓励私募、风险投资、证券基金等机构投资氢能企业,支持符合条件的企业和项目通过发行绿色债券、股票、房地产投资信托基金(REITs)等方式融资。在信贷领域,银行业应增加对氢能全产业链企业的贷款供给,针对"绿氢"生产、加氢站、输氢管道、燃料电池汽车等开发专属信贷产品,并建立氢能技术研发专项投贷联动机制和知识产权质押融资模式。

表13.18 《绿色产业指导目录》(征求意见稿)新增氢能产业多项环节

领　　域	具　体　项　目
船用和飞行器装备制造	包括利用液化天然气(LNG)、电池、甲醇、氢等船用绿色动力装备制造,以及提升船舶能效水平、减少船舶污染物排放有关动力系统和设备制造 电动、氢动力和可持续航空燃料动力飞行器制造
氢能基础设施建设和运营	包括可再生能源制氢(氨)、氢电耦合、氢气安全高效储存、加氢站、氢燃料电池运行维护、氢燃料电池汽车、氢燃料电池发电和氢能应用等设施建设和运营。需符合《氢气使用安全技术规程》(GB 4962)、《氢系统安全的基本要求》(GB/T 29729)、《水电解制氢系统技术要求》(GB/T 19774)、《氢气储存输送系统》(GB/T 34542)、《液氢贮存和运输技术要求》(GB/T 40060)、《氢气站设计规范》(GB 50177)、《加氢站技术规范》(GB 50516)、《示范运行氢燃料电池电动汽车技术规范》(GB/T 29123)、《固定式燃料电池发电系统》(GB/T 27748)等国家、地方相关标准规范要求
"制储输用"全链条装备制造	包括用于可再生能源制氢的碱性电解槽、PEM电解槽、SOEC电解槽、AEM电解槽、质子交换膜、双极板等装备,以及高压气态、低温液态、固态、深冷高压、有机液体等形态的氢储运所需铝内胆碳纤维全缠绕气瓶、塑料内胆碳纤维全缠绕气瓶、长管拖车和管束式集装箱、管道、氢气阀门等装备制造

参考文献

[1] 国际氢能委员会.零净氢能报告[R].2021.

[2] 曹文凯,朱信钊,陈记豪,等.碳中和目标时代绿色氢能发展技术路线研究[J].华北水利水电大学学报(自然科学版),2024(3).

[3] 邹才能,李建明,张茜,等.氢能工业现状、技术进展、挑战及前景[J].天然气工业,2022(4).

[4] 黄锡文,王正,刘帅.氢燃料电池汽车产业发展研究[J].汽车测试报告,2024(5).

[5] 戴远哲,涂远东,曹圆媛.我国氢能产业发展现状、制约瓶颈及应对策略[J].能源研究与利用,2024(4).

[6] 何建坤,卢兰兰,王海林.经济增长与二氧化碳减排的双赢路径分析[J].中国人口·资源与环境,2018(10).

[7] Global Hydrogen Review 2023. https://www.iea.org/reports/global-hydrogen-review-2023.

[8] Seck G S, Hache E, Sabathier J, et al. Hydrogen and the decarbonization of the energy system in europe in 2050: A detailed model-based analysis[J]. Renewable and Sustainable Energy Reviews, 2022, 167: 112-779.

[9] 吕建中.欧洲能源危机的启示与思考[J].世界石油工业,2022(1).

[10] Papadimitriou D, Duysinx P. FUTURE MOVE: A review of the main trends in the automotive sector at horizon 2030 in the Great Region[J]. 2022.

[11] 张传捷.碳中和的"变"与"坚持":基于英国应对能源危机战略的思考[J].国际金融,2023(5).

[12] 赵旭,杨艳,高慧.世界主要国家和能源企业加快氢能产业布局[J].中国石化,2019(5).

[13] The Breakthrough Agenda Report 2023[C]. IEA, 2023.

[14] Yolcan O O. World energy outlook and state of renewable energy: 10-Year evaluation [J]. Innovation and Green Development, 2023(4).

[15] 罗佐县,曹勇.氢能产业发展前景及其在中国的发展路径研究[J].中外能源,2020(2).

[16] 刘艳.日本能源政策新动向分析[J].中国石化,2022(7).

[17] 史冬梅,邱俊,王晶.美国先进电池领域发展态势及启示[J].储能科学与技术,2022(9).

[18] 施文博,蔡淳名,李德威,等.ISO/IEC,美日中氢能技术标准化体系比较与建议[J].化工进展,2022(12).

[19] 胡明月,刘萍,董娅楠,等.长三角地区加氢站发展现状、障碍分析及对策建议[J].南方能源建设,2023(3).

[20] 邵志刚,衣宝廉.氢能与燃料电池发展现状及展望[J].中国科学院院刊,2019(4).
[21] 胡华为,何青,孟照鑫.加氢站高压储氢容器安全性分析[J].现代化工,2022(6).
[22] 绿氢加速倡议：中国绿氢赋能措施建议报告.https://www3.weforum.org/docs/WEF_Green_Hydrogen_in_China_A_Roadmap_for_Progress_2023_CN.pdf.
[23] 梁锋.基于CO_2捕集和利用制甲醇方案的研究[J].能源化工,2023(2).
[24] 邹才能,李建明,张茜,等.氢能工业现状、技术进展、挑战及前景[J].天然气工业,2022(4).
[25] 李敬法,李建立,王玉生,等.氢能储运关键技术研究进展及发展趋势探讨[J].油气储运,2023(8).
[26] 李建,张立新,李瑞懿,等.高压储氢容器研究进展[J].储能科学与技术,2021(5).
[27] 郑津洋.高安全低成本大容量高压储氢[J].浙江大学学报(工学版),2020(9).
[28] Yue T, Qian Z, Tiejiang Y, et al. Key Technology Status and Outlook for Green Electricity-Hydrogen Energy-Multi-domain Applications Coupled Network[J]. Power Generation Technology, 2023(3).
[29] 韩利,李琦,冷国云,等.氢能储存技术最新进展[J].化工进展,2022(S1).
[30] 刘翠伟,裴业斌,韩辉,等.氢能产业链及储运技术研究现状与发展趋势[J].油气储运,2022(5).
[31] 董小平,张昭卿,杨丽颖,等.多组元化合物掺杂改善MgH_2释放氢的催化作用与催化机制研究进展[J].材料导报,2023(17).
[32] 何钰江,刘会灯,王皓宇,等."双碳"目标下氢能发展体系构建和产业创新布局展望[J].电工电能新技术,2023(9).
[33] 何盛宝,黄格省.化工新材料产业及其在低碳发展中的作用[J].化工进展,2022(3).
[34] 周青锋,陈润.LNG动力船舶应用小型撬装天然气制氢技术综述[J].船舶标准化工程师,2024(5).
[35] 徐衍会,陈浩维,胡俊杰.光伏电解水制氢典型工况及质子交换膜电解堆性能衰减研究[J].电工技术学报,2024(19).
[36] 朱玉婷,叶青,邓占锋,等.质子交换膜电解制氢膜电极制备技术研究进展[J].电源技术,2024(7).
[37] 史嘉为,徐真,左涛.氯碱企业副产氢气综合应用的新途径：氢燃料电池发电[J].中国氯碱,2023(9).
[38] 王华,张铎,王文秀,等.光、电、化学法催化制氢技术研究进展[J].电力勘测设计,2024(6).
[39] 陈鸿伟,郭成浩,宋杨凡,等.流化床厌氧微生物发酵制氢研究进展[J].现代化工,2023(11).
[40] 杨洋.氢气储存技术研究进展[J].石化技术,2023(8).
[41] 万亿蓝海市场,氢能未来可期.https://pdf.dfcfw.com/pdf/H3_AP202203231554449361_1.pdf?1648034612000.pdf.
[42] 李星国.氢能的发展机遇与面临的挑战[J].应用化学,2022(7).
[43] 孟翔宇,陈铭韵,顾阿伦,等."双碳"目标下中国氢能发展战略[J].天然气工业,2022(4).
[44] 高工产研氢电研究所.中国加氢站数据库[R].2022.
[45] 国际能源署.全球氢能回顾2023[R].2023.
[46] 德勤.绿氢：通过激励实现净零排放[R].2023.

[47] 李雪威,李鹏羽.中欧氢能竞争与合作新态势及中国应对[J].德国研究,2022(5).

[48] 国家发改委发布《氢能产业发展中长期规划(2021—2035年)》[J].稀土信息,2022(4).

[49] 丁瑶瑶.首个国家氢能全产业链标准体系建设指南出炉 标准化体系助推氢能产业发展步入快车道[J].环境经济,2023(15).

[50] 高驰.打通产业链,加快示范运营,哪些省市正加快布局氢燃料电池汽车?[J].汽车与配件,2023(8).

[51] 潘赟,李博.电力企业布局氢能产业的发展思路[J].企业管理,2023(S1).

[52] 胡明禹,刘亦凡,高蕙雯.氢能发展支持政策对比分析与对策建议[J].能源化工财经与管理,2024(1).

[53] 杜巧梅.建设加氢站最高补贴500万 北京推出20条措施支持氢能产业发展[N].21世纪经济报道,2022-08-23(2).

[54] 本刊编辑部.工信部等七部门联合印发《关于加快推动制造业绿色化发展的指导意见》[J].橡胶科技,2024(5).

[55] 六部门联合印发《氢能产业标准体系建设指南(2023版)》[J].开封市人民政府公报,2023(4).

[56] 赵志龙.绿色低碳氢冶金技术进展及前景展望[J].绿色矿冶,2023(5).

[57] 氢能规划出台引领产业发展:《上海市氢能产业发展中长期规划(2022—2035年)》解读[J].上海节能,2022(7).

[58] 世界银行&经合组织.扩大氢能融资发展规模报告[R].2024.

[59] Anthony Y. Ku, Chris Greig, and Eric Larson. Resolving Chicken-and-Egg Challenges to Deliver Net-Zero-America Clean Hydrogen Ambitions [R]. 2023. https://acee.princeton.edu/wp-content/uploads/2023/07/Princeton_H2_study_final_report_June_2023.pdf.

[60] 德勤.氢能先机系列之:为清洁氢能经济增速的创新业务模式[R].2024.

[61] 国际能源署.全球氢能回顾2022[R].2022.

[62] 中国能源网.安全+高效+经济:中氢源安助推双碳目标快速实现.https://www.china5e.com/news/news-1141122-1.html.

[63] 车明.推动城市氢能应用和产业发展的对策建议[J].城市管理与科技,2022(4).

[64] 本刊编辑部.2021石油和化工行业年终盘点:这一年我们不断奋进前行[J].中国石油和化工,2022(1).

[65] 中国新闻网.多地官宣加入氢能产业发展大军,央国企带头加速布局.https://www.chinanews.com.cn/cj/2022/06-09/9775514.shtml.

[66] 国务院国有资产监督管理委员会.国家电投:推动全产业绿色节能低碳发展.http://www.sasac.gov.cn/n4470048/n26915116/n28283133/n28283138/c28302749/content.html.

[67] 杨成玉.欧盟绿色发展的实践与挑战:基于碳中和视域下的分析[J].德国研究,2021(3).

[68] 魏凤,任小波,高林,等.碳中和目标下美国氢能战略转型及特征分析[J].中国科学院院刊,2021(9).

[69] Aditiya, H. B. and M. Aziz. Prospect of hydrogen energy in Asia-Pacific: A perspective review on techno-socio-economy nexusp [J]. International Journal of Hydrogen Energy

(2021): n. pag.

[70] 袁正清,江思羽.东盟能源治理:一种机制变迁的视角[J].国际观察,2021(3).

[71] 苗安康,袁越,吴涵,等."双碳"目标下绿色氢能技术发展现状与趋势研究[J].分布式能源,2021(4).

[72] 石舒婷."双碳"战略背景下 ESG 与绿色金融体系研究.https://www.crhcc.com/esgjm/2023/11/d996d3494e9049a28d97e554e9c14907.htm.

[73] 国家发展和改革委员会,国家能源局.氢能产业发展中长期规划(2021—2035 年)[R].北京:国家发展和改革委员会,2022.

[74] 傅奕蕾,戴佳浩,杨瑞波,等."双碳"目标下氢能产业发展现状及金融支持建议[J/OL].每经网,2023.

[75] 北京金正纵横信息咨询有限公司.中国氢能产业发展蓝皮书(2023)[R].北京:北京金正纵横信息咨询有限公司,2023.

[76] 初骁宇.BR 股份有限公司发展战略研究[D].吉林大学,2024.

[77] 中国改革报.绿色金融项下氢能项目融资途径[N/OL].新浪财经,2023.

[78] 国家能源局科技司.中国氢能发展报告(2023)[R].北京:国家能源局科技司,2023.

[79] 张艳艳.探讨财政税收制度创新对地方国有企业的影响[J].中国产经,2024(16).

[80] 王林.氢能保险创新站上风口[N].中国能源报,2024-07-29.

[81] 国际能源署(IEA).2024 年全球氢能回顾报告[R].氢能促进会,2024.

[82] 国家金融监管总局.关于推动绿色保险高质量发展的指导意见[EB/OL].碳索氢能网,2024.

[83] 德勤.氢能先机系列之:为清洁氢能经济增速的创新业务模式[R].2024.

[84] 中国石油新闻中心.灵活应用衍生品工具加强企业风险管理[N/OL].2022.

[85] 王方琪.以金融力量助氢能产业发展[N].中国银行保险报,2022-06-30.

[86] 氢能产业将步入"黄金发展期":创新加速应用普及 引领能源绿色转型[EB/OL].新华网,2024-08-26.

[87] 聂利彬.氢能发展要与碳市场充分融合[N].中国能源报,2022-07-11.